Lese-Rechtschreib-störungen

von

Andreas Warnke, Uwe Hemminger

und Ellen Plume

Göttingen · Bern · Toronto · Seattle · Oxford · Prag

Prof. Dr. med., Dipl.-Psych. Andreas Warnke, geb. 1945. Seit 1992 Lehrstuhlinhaber und Direktor der Klinik und Poliklinik für Kinder- und Jugendpsychiatrie und Psychotherapie der Universität Würzburg.

Dr. phil. Uwe Hemminger, geb. 1962. Seit 1990 Wissenschaftlicher Angestellter, seit 1997 leitender Klinischer Psychologe an der Klinik und Poliklinik für Kinder- und Jugendpsychiatrie und Psychotherapie der Universität Würzburg.

Dr. phil. Ellen Plume, geb. Roth, geb. 1968. Seit 1998 Wissenschaftliche Angestellte an der Klinik und Poliklinik für Kinder- und Jugendpsychiatrie und Psychotherapie der Universität Würzburg.

Wichtiger Hinweis: Der Verlag hat für die Wiedergabe aller in diesem Buch enthaltenen Informationen (Programme, Verfahren, Mengen, Dosierungen, Applikationen etc.) mit Autoren bzw. Herausgebern große Mühe darauf verwandt, diese Angaben genau entsprechend dem Wissensstand bei Fertigstellung des Werkes abzudrucken. Trotz sorgfältiger Manuskriptherstellung und Korrektur des Satzes können Fehler nicht ganz ausgeschlossen werden. Autoren bzw. Herausgeber und Verlag übernehmen infolgedessen keine Verantwortung und keine daraus folgende oder sonstige Haftung, die auf irgendeine Art aus der Benutzung der in dem Werk enthaltenen Informationen oder Teilen davon entsteht. Geschützte Warennamen (Warenzeichen) werden nicht besonders kenntlich gemacht. Aus dem Fehlen eines solchen Hinweises kann also nicht geschlossen werden, dass es sich um einen freien Warennamen handelt.

> **Bibliografische Information Der Deutschen Bibliothek**
>
> Die Deutsche Bibliothek verzeichnet diese Publikation in der Deutschen Nationalbibliografie; detaillierte bibliografische Daten sind im Internet über http://dnb.ddb.de abrufbar

© 2004 Hogrefe Verlag GmbH & Co. KG
Göttingen • Bern • Toronto • Seattle • Oxford • Prag
Rohnsweg 25, 37085 Göttingen

http://www.hogrefe.de
Aktuelle Informationen • Weitere Titel zum Thema • Ergänzende Materialien

Das Werk einschließlich aller seiner Teile ist urheberrechtlich geschützt. Jede Verwertung außerhalb der engen Grenzen des Urheberrechtsgesetzes ist ohne Zustimmung des Verlags unzulässig und strafbar. Das gilt insbesondere für Vervielfältigungen, Übersetzungen, Mikroverfilmungen und die Einspeicherung und Verarbeitung in elektronischen Systemen.

Satz: Ce Zet Mediengestaltung, Erkerode/Reitling
Druck: Schlütersche Druck GmbH & Co. KG, Langenhagen
Printed in Germany
Auf säurefreiem Papier gedruckt

ISBN 3-8017-1634-1

Einleitung: Grundlagen und Aufbau des Buches

Lese- und Rechtschreibstörungen haben viele Kinder und Jugendliche im Schulalter, aber auch Erwachsene aus ganz unterschiedlichen Gründen. Die „umschriebene Lese- und Rechtschreibstörung (LRS)" oder „Legasthenie" ist eine wichtige Sonderform für die Schwierigkeit im Erlernen von Lesen und Rechtschreiben. Auch mit guter schulischer Unterrichtung und Übung lernen die betroffenen Kinder und Jugendlichen nur sehr schwer so wie ihre Mitschüler zu lesen und zu schreiben, obwohl sie normal intelligent sind und keine körperliche, neurologische oder psychische Störung als Ursache auszumachen ist. Sie bedürfen einer längerfristigen Lese-Rechtschreibförderung, oft auch einer spezifischen Therapie und des schulischen und beruflich bildenden Nachteilsausgleichs.

Der vorliegende Leitfaden orientiert sich an Ergebnissen einer nun mehr als hundertjährigen internationalen wissenschaftlichen Bemühung, die Lese-Rechtschreibstörungen zu verstehen und zu behandeln. Der Leitfaden gründet auf den Leitlinien zur Diagnose und Behandlung der Lese- und Rechtschreibstörung, die die Deutsche Gesellschaft Kinder und Jugendpsychiatrie und Psychotherapie zusammen mit den kinder- und jugendpsychiatrischen Fachverbänden (2003) herausgegeben hat.

Der Leitfaden unterteilt sich in insgesamt *sieben Kapitel:*

1 Der erste Teil des Buches beinhaltet den *Stand der Forschung* hinsichtlich Symptomatik, Begleitstörungen (komorbide Störungen), Erklärungsansätze (Pathogenese), Verlauf, Therapie und Prävention, so dass die wissenschaftliche Begründung der Leitlinien gegeben ist.

2 Der zweite Teil beschreibt die *Leitlinien für die klinische Praxis* zur Durchführung von:
– Diagnostik und Verlaufskontrolle
– Behandlungsindikationen
– Therapie

3 Das dritte Kapitel beschreibt praxisorientiert die *Verfahren, die für die Diagnostik aktuell verfügbar* sind und sich praktisch bewährt haben.

4 Das vierte Kapitel widmet sich den Zugängen in der *Therapie.*

5 Das fünfte Kapitel stellt Verfahren vor, die für die *Prävention* verfügbar sind.

6 Das sechste Kapitel enthält *Materialien* bzw. *Formulierungsvorschläge* für gutachterliche Stellungnahmen, die im Rahmen der Elternberatung, der schulischen Kooperation und Eingliederungshilfe in der klinischen Praxis relevant sind.

7 Im siebten Kapitel wird mit Hilfe eines *Fallbeispieles* die Umsetzung der Leitlinien in die klinische Praxis veranschaulicht.

Die praktische Anleitung findet sich im Wesentlichen in den 18 Leitlinien zur Diagnostik, Behandlung und Prävention der Lese- Rechtschreibstörung, die in Kapitel 2 zusammengefasst sind.

Übersicht über die Leitlinien zur Diagnostik, Verlaufskontrolle, Behandlung und Prävention von Lese-Rechtschreibstörungen

L1	Exploration der Eltern, des Kindes und Jugendlichen und der Lehrer
L2	Durchführung der Exploration von Kindern und Jugendlichen mit Lese- und Rechtschreibstörung
L3	Standardisierte Fragebögen für Eltern, für das Kind bzw. den Jugendlichen sowie für Lehrer
L4	Testpsychologische Untersuchungen
L5	Körperlich-neurologische Untersuchungen
L6	Diagnose und Differenzialdiagnose – Entscheidungsbaum
L7	Verlaufskontrolle
L8	Indikationen für eine stationäre oder teilstationäre Therapie
L9	Indikationen für eine multimodale Behandlung bei Schulkindern – Entscheidungsbaum
L10	Indikationen für störungsspezifische Förderung und schulischen Nachteilsausgleich
L11	Indikationen für Eingliederungshilfe
L12	Beratung der Eltern und des Schülers (Psychoedukation)
L13	Interventionen in der Familie – Elterntraining
L14	Interventionen in der Schule – „Legasthenie-Erlasse"
L15	Eingliederungshilfe (Jugendhilfe)
L16	Medikamentöse Behandlung
L17	Augen- und ohrenärztliche Behandlung
L18	Prävention

Die praktische Umsetzung dieser Leitlinien wird in Kapitel 2 dargestellt. Die Benennung von Verfahren zur Diagnostik in Kapitel 3, zur Behandlung in Kapitel 4 und Prävention in Kapitel 5 soll den Zugriff auf diagnostisches und therapeutisches „Werkzeug" erleichtern. Das Kapitel 6 enthält Materialien zur Gutachtenpraxis. Dieser Band wird durch einen *Leitfaden für die Praxis „Legasthenie"* (Warnke et al.,

2002) und einen Ratgeber Lese- und Rechtschreibstörung (Warnke et al., 2004) ergänzt. Beide Schriften enthalten weiterführende Informationen für Betroffene, Eltern, Lehrer, Schulpsychologen, sowie alle Berufsgruppen, die in der Diagnostik, Behandlung, Prävention und Eingliederung der Schüler mit Lese- und Rechtschreibstörung betraut sind (Ärzte, Psychologische Psychotherapeuten, Kinder- und Jugendlichenpsychotherapeuten; Mitarbeiter der Jugendämter und Gesundheitsämter; Mitarbeiter von Jugendhilfeeinrichtungen, insbesondere Erziehungsberatungsstellen; Juristen). Der Leitfaden für die Praxis und der Ratgeber informieren über die Symptomatik, die Erklärungsansätze, den Verlauf, sowie über die Möglichkeiten der schulischen Förderung, des länderspezifischen Nachteilsausgleichs, der Therapie und Eingliederungshilfe. Die Bände enthalten insbesondere konkrete Ratschläge zum Umgang mit der Problematik in der Familie, Schule und Freizeit, so dass die Selbsthilfe erleichtert wird.

Inhaltsverzeichnis

1	**Stand der Forschung**	1
1.1	Symptomatik	1
1.1.1	Prävalenz	4
1.1.2	Differenzialdiagnose	5
1.2	Begleitstörungen – Komorbide Störungen	6
1.3	Pathogenese	10
1.3.1	Neuroanatomische und neurohistologische Korrelate	12
1.3.2	Neurophysiologische Befunde	13
1.3.3	Neuropsychologische Befunde und Modelle	14
1.3.4	Genetik	20
1.3.5	Psychosoziale Zusammenhänge	22
1.4	Verlauf	23
1.4.1	Der Verlauf in Bezug auf die Fertigkeiten des Lesens und des Rechtschreibens	23
1.4.2	Zum Verlauf der allgemeinen psychischen, schulischen und beruflichen Entwicklung und der sozialen Eingliederung	23
1.5	Therapie	26
1.5.1	Die multimodale Behandlung und Übungsbehandlung der Lese- und Rechtschreibstörung	27
1.5.2	Kindzentrierte Therapie: die Übungsbehandlung	28
1.5.3	Elternzentrierte Verfahren	30
1.5.4	Schulische Förderprogramme	30
1.5.5	Die Behandlung psychischer Begleitstörungen	32
1.5.6	Die Behandlung zusätzlicher Entwicklungsstörungen (Teilleistungsstörungen)	33
1.5.7	Augen- und ohrenärztliche Behandlung	33
1.5.8	Pharmakotherapie	34
1.6	Prävention	34
1.6.1	Vorsorgeuntersuchung: Früherkennung	35
1.6.2	Vorschulische Prävention im Kindergarten	36
2	**Leitlinien**	38
2.1	Leitlinien zu Diagnostik und Verlaufskontrolle	39
2.1.1	Exploration der Eltern und der Lehrer	39
2.1.2	Exploration, Verhaltensbeobachtung und psychopathologische Beurteilung des Kindes/Jugendlichen	61
2.1.3	Standardisierte Fragebögen	66
2.1.4	Testpsychologische Untersuchung	68
2.1.5	Körperliche und neurologische Untersuchung	71

2.1.6	Diagnose und Differenzialdiagnose – Entscheidungsbaum	72
2.1.7	Verlaufskontrolle	79
2.2	Leitlinien zu Behandlungsindikation	81
2.2.1	Indikationen für eine stationäre oder teilstationäre Therapie	82
2.2.2	Indikationen für eine multimodale Behandlung	83
2.2.3	Indikationen für schulische Förderung und Nachteilsausgleich (Die „Legasthenie-Erlasse")	88
2.2.4	Indikationen für Eingliederungshilfe (§ 35a SGB VIII)	90
2.3.	Leitlinien zur Therapie	91
2.3.1	Beratung der Eltern, der Lehrer und des Kindes/Jugendlichen (Psychoedukation)	92
2.3.2	Die Übungsbehandlung des Lesens und Rechtschreibens und die Behandlung von Begleitstörungen	97
2.3.3	Interventionen in der Schule	100
2.3.4	Eingliederungshilfe (Kinder- und Jugendhilfe)	105
2.3.5	Medikamentöse Therapie	109
2.3.6	Augen- und ohrenärztliche Behandlung	111
2.3.7	Prävention im Vorschulalter	112
3	**Verfahren zur Diagnostik**	**115**
3.1	Verfahren zur Diagnostik der Rechtschreibstörung	115
3.1.1	Weingartener Grundwortschatz Rechtschreibtest	115
3.1.2	Diagnostischer Rechtschreibtest	116
3.1.3	Salzburger Lese- und Rechtschreibtest	117
3.1.4	Westermann Rechtschreibtests	117
3.1.5	Hamburger Schreibprobe	117
3.1.6	Rechtschreibtests für ältere Schüler und Erwachsene	118
3.1.7	Zeitschema zum Einsatz der Rechtschreibtests im Schuljahr	118
3.2	Verfahren zur Diagnostik der Lesestörung	119
3.2.1	Zürcher Lesetest	119
3.2.2	Zürcher Leseverständnistest	120
3.2.3	Würzburger Leise Leseprobe	120
3.2.4	Salzburger Lese- und Rechtschreibtest	121
3.2.5	Knuspels Leseaufgaben	121
3.3	Verfahren zur Früherkennung von Lese-Rechtschreibschwierigkeiten	122
3.4	Verfahren zur Diagnostik der Intelligenz	123
3.5	Verfahren zur Diagnostik anderer Entwicklungsstörungen, emotionale Störungen und Verhaltensstörungen	125
3.5.1	Sprachtests	125
3.5.2	Rechentests	125
3.5.3	Motorische Tests	126
3.5.4	Verfahren zur Überprüfung der Aufmerksamkeit	126

3.5.5	Verfahren zur Erfassung von emotionalen und Verhaltensproblemen	127
4	**Verfahren zur Therapie**	**128**
4.1	Erwerb der alphabetischen Strategie	128
4.1.1	Der Kieler Lese- und Rechtschreibaufbau	128
4.1.2	Die Psycholinguistische Lese- und Rechtschreibförderung	129
4.1.3	Flüssig lesen lernen	129
4.1.4	Das Rechtschreibförderprogramm von Kossow	129
4.1.5	Die lautgetreue Rechtschreibförderung	130
4.2	Erwerb der orthographischen Strategie: Das Marburger Rechtschreibtraining	131
4.3	Computerlernprogramme	133
4.4	Weitere Verfahren	133
4.5	Elternratgeber	134
5	**Verfahren zur Prävention von Lese- Rechtschreibschwierigkeiten**	**135**
5.1	„Hören, lauschen, lernen"	135
5.2	„Hören, lauschen, lernen 2"	136
6	**Materialien**	**138**
M01	Explorationsschema für Lese- und Rechtschreibstörung (ESLRS)	139
M02	Checkliste zur organischen Diagnostik	148
M03	Muster für ein „Ärztliches Attest zur Vorlage beim Schulpsychologen"	149
M04	Muster für eine „Bescheinigung des schulpsychologischen Dienstes"	150
M05	Gliederung für die „ärztliche gutachterliche Stellungnahme zur Eingliederungshilfe nach § 35a SGB VIII" zur Vorlage beim Jugendamt	151
7	**Fallbeispiel**	**153**
8	**Literatur**	**160**

1 Stand der Forschung

1.1 Symptomatik

Lese-Rechtschreibstörung ist die Bezeichnung für eine umschriebene und bedeutsame Beeinträchtigung im Erlernen von Lesen und Rechtschreiben. Die Lese-Rechtschreibstörung ist dabei nicht Folge von unzureichender Beschulung, einer Intelligenzminderung, anderen körperlichen, neurologischen oder psychischen Erkrankungen und auch nicht Folge von unzureichender familiärer Förderung. Beeinträchtigt ist die Fähigkeit, Worte lesen zu lernen oder gelesene Worte wieder zu erkennen und sie vorzulesen. Dadurch sind auch das Leseverständnis und alle Leistungen, für die eine Lesefähigkeit nötig ist, erschwert. Fast immer ist auch das Erlernen der Rechtschreibung beeinträchtigt. Das Lesen wird meistens ausreichend erlernt, bleibt jedoch verlangsamt. Die Rechtschreibung ist bis in das Erwachsenenalter fehlerhaft. Der umschriebenen Entwicklungsstörung des Lesens und Rechtschreibens gehen oft im Vorschulalter Entwicklungsstörungen des Sprechens oder der Sprache voraus. Während der Schulzeit sind begleitende emotionale Störungen und Verhaltensstörungen häufig.

Umschriebene Entwicklungsstörung des Lesens und Rechtschreibens

Nach der „Internationalen Klassifikation psychischer Störungen" (ICD-10, Dilling et al., 1994) ist die umschriebene Lese-Rechtschreibstörung als „umschriebene Entwicklungsstörung schulischer Fertigkeiten" klassifiziert mit folgender Definition:

Definition

„Das Hauptmerkmal dieser Störung ist eine umschriebene und eindeutige Beeinträchtigung in der Entwicklung der Lesefertigkeiten, die nicht allein durch das Entwicklungsalter, durch Visusprobleme oder unangemessene Beschulung erklärbar ist. Das Leseverständnis, die Fähigkeit, gelesene Worte wiederzugeben, vorzulesen und die Leistungen bei Aufgaben, für welche Lesefähigkeit benötigt werden, können sämtlich betroffen sein. Mit Lesestörungen gehen häufig Rechtschreibstörungen einher. Diese persistieren oft bis in die Adoleszenz, auch wenn im Lesen einige Fortschritte gemacht wurden (…). Die Leseleistungen des Kindes müssen unter dem Niveau liegen, das auf Grund des Alters, der altersgemeinen Intelligenz und der Beschulung zu erwarten ist (…). In der späteren Kindheit und im Erwachsenenalter sind die Rechtschreibprobleme meist größer als Defizite in der Lesefähigkeit" (S. 257–258).

Mit dieser Definition einer „umschriebenen Lese-Rechtschreibstörung" ist zugleich ausgesagt, dass es noch andere Begründungen für Leistungsstörungen im Lesen und Rechtschreiben gibt (siehe Kapitel 1.1.2). Bei der umschriebenen Lese-Rechtschreibstörung wird angenommen, dass sie im engen Zusammenhang mit Besonderheiten der biologischen Reifung des zentralen Nervensystems steht (siehe Kapitel 1.3). Die diagnostische Besonderheit der umschriebenen Lese-Rechtschreibstörung liegt in dem *doppelten Diskrepanzkriterium:* 1. Diskrepanz: das Niveau im Lesen und in der Rechtschreibung ist mangelhaft oder ungenügend im Vergleich altersgleicher Schulpopulation; 2. Diskrepanz: das Niveau im Lesen und in der Rechtschreibung ist wesentlich niedriger als das gemessene Intelligenzniveau. Für die Diagnose ist schließlich ausschlaggebend, dass die Lese-Rechtschreibstörung die Bewältigung von schriftsprachlichen Anforderungen, wie etwa in Schule und Beruf, deutlich behindert (z. B. auf Grund von Rechtschreibfehlern und somit schlechter Deutschnote, wird dem grundsätzlich gymnasial begabten Schüler der Übertritt auf das Gymnasium verwehrt).

Doppeltes Diskrepanzkriterium

Klassifikatorisch ist die umschriebene Lese-Rechtschreibstörung im Multiaxialen Klassifikationsschema nach ICD-10 (MAS, Remschmidt et al., 2001) den „umschriebenen Entwicklungsstörungen schulischer Fertigkeiten" zugehörig (Achse 2; siehe Kapitel 1.1.2 und 2.1). In dem „Statistischen Manual psychischer Störungen" der Psychiatrischen Gesellschaft der USA DSM-IV (Saß et al., 1996) ist die Lese-Rechtschreibstörung als „Lernstörung" den klinischen Störungen (Achse 1 von DSM-IV) zugeordnet.

Isolierte Rechtschreibstörung

Eine *„isolierte Rechtschreibstörung"* (ICD-10 F81.1), die in der ICD-10 von der „umschriebenen Lese-Rechtschreibstörung" (ICD-10 F81.0) abgegrenzt wird, ist durch eine umschriebene und eindeutige Beeinträchtigung in der Entwicklung von Rechtschreibfertigkeiten ohne Vorgeschichte einer umschriebenen Lesestörung definiert. Diese gesonderte Gruppe von Personen mit ausschließlich Rechtschreibschwierigkeiten wird im DSM-IV nicht eigenständig klassifiziert.

Die *„Störung des schriftlichen Ausdrucks"* ist nur im DSM-IV als diagnostische Einheit eingeführt. Sie könnte nach ICD-10 als „andere umschriebene Entwicklungsstörung schulischer Fertigkeit" (F81.8) verschlüsselt werden. Bei der Störung des schriftlichen Ausdrucks bestehen Schwächen beim Abfassen schriftlicher Texte. Zusätzlich zu den Rechtschreibfehlern ist der Satzbau dysgrammatisch, die Strukturierung des Textes ist ungenügend und die Handschrift unleserlich. Entscheidend ist die Feststellung, dass die Person sich schriftsprachlich nicht alters- und begabungsadäquat auszudrücken vermag.

Lesestörung

Die Symptome der Lesestörung zeigen sich oft bereits in den ersten Schulwochen. Das Kind lernt nicht, die unterrichteten Wörter zu lesen oder auswendig zu schreiben, die gelernten Buchstaben werden nicht sicher beherrscht. Bei neuen Wörtern werden die gelernten Buchstaben nicht erkannt. Das Abschreiben, das ein Abmalen des Buchstabens ist, gelingt meist fehlerlos. Das Kind hat im Vergleich zu seiner Altersgruppe in der Klasse Schwierigkeiten, das Alphabet aufzusagen, Buchstaben zu benennen, Laute zu unterscheiden (z. B. „o" von „u") und Buchstabenfolgen im Wort zusammen zu lesen (aus „S-U-S-I" das Wort Susi zu lesen). Wenn es auch gelingt, den einzelnen Buchstaben zu lautieren, so misslingt es dem Kind beim Lesen, die Laute zum Wort zusammen zu fügen. Die Schwierigkeiten sind allen Kindern bei Beginn des Lese-Rechtschreibprozesses gegeben. Kinder mit Lese-Rechtschreibstörung jedoch verharren bei diesen Schwierigkeiten, auch wenn sie wie alle anderen Kinder beschult werden. In der Regel üben sie in der Hausaufgabensituation viel mehr als ihre Klassenkameraden und bleiben dennoch im Lesen und Rechtschreiben zurück. Die Symptome der Lesestörung sind in Tabelle 1 zusammengefasst:

Tabelle 1: Symptome der Lesestörung

– Auslassen, Ersetzen, Verdrehen oder Hinzufügen von Worten oder Wortteilen
– Verlangsamtes Lesetempo
– Beim Vorlesen Startschwierigkeiten, stockendes Lesen, Verlieren der Zeile im Text, nicht sinnhaftes Betonen
– Vertauschen von Wörtern im Satz oder von Buchstaben in den Wörtern
– Unfähigkeit, Gelesenes wiederzugeben, aus Gelesenem Schlüsse zu ziehen und/oder Zusammenhänge zu sehen

Merke: Fast alle Kinder mit Lese-Rechtschreibstörung lernen das Lesen im Laufe der ersten Schuljahre. Meistens jedoch werden sie im Vergleich zu Personen ohne Lese-Rechtschreibstörung mit mehr Mühe lesen und langsamer, so dass auch die Sinnentnahme erschwert ist.

Mit der Einschulung werden Lesen und Rechtschreiben dem Erstklässler gleichzeitig unterrichtet. Alle Kinder machen dabei Fehler. Diese unterscheiden sich in ihrer Art nicht von denen, die das Kind mit Lese-Rechtschreibstörung macht. Während jedoch das Schulkind ohne Lese-Rechtschreibstörung rasch schriftsprachliche Lernfortschritte macht, bleiben diese beim Kind mit Lese-Rechtschreibstörung aus und es scheint so, als müsse es immer wieder neu lernen, was es am Vortag eingeübt hat. Das gleiche Wort wird immer wieder unterschiedlich gelesen oder geschrieben. Intelligente Kinder, die rasch auswendig lernen, können ihre Lese- und Rechtschreibschwierigkeiten bis in die 3. Klasse, solange geübte Diktate und Aufsätze geschrieben werden, manche bis zur

Rechtschreibstörung

5. Klasse verbergen. Da ab der 3. Klasse ungeübte Texte zu schreiben sind, kann auch das sehr intelligente Kind sich nicht durch Auswendiglernen behelfen. Muss sich der Schüler im Gymnasium stärker auf Inhalte konzentrieren und fehlt ihm die nötige Konzentration auf die Rechtschreibung, so wird die Störung auch bei ihm sichtbar. Die Symptome der Rechtschreibstörung sind in Tabelle 2 aufgeführt.

Tabelle 2: Symptome der Rechtschreibstörung nach ICD-10

- Verdrehungen von Buchstaben (Reversionen): b/d; p/q; u/n
- Vertauschung der Buchstabenfolge im Wort (Reihenfolgefehler): sie/sei
- Auslassungen von Buchstaben: warnen/waren
- Einfügungen von Buchstaben: Sturtz/Sturz
- Dehnungsfehler: „ihm" anstatt „im"
- Regelfehler: Fehler in der Groß- und Kleinschreibung; Verwechslung von „ä" und „e" (sähen/sehen); Dopplungsfehler (Robbe/Robe)
- Verwechslung von Lautzeichen („Wahrnehmungsfehler"): d/t, g/k, v/f
- Inkonstanz von richtigem und falschem Schreiben: ein und dasselbe Wort wird immer wieder unterschiedlich geschrieben

> **Merke:** Es gibt keine Fehlertypologie der Lese-Rechtschreibstörung. Aus der Art und Häufigkeit der Fehler lässt sich die Diagnose allein nicht stellen. Ein Kind mit geistiger Behinderung macht grundsätzlich keine anderen Fehler als das gymnasial begabte Kind mit Lese-Rechtschreibstörung. Die Rechtschreibfehler sind jedoch Voraussetzung für die Diagnose der Lese-Rechtschreibstörung. Bei Diktaten kommt das Kind mit Lese-Rechtschreibstörung über die Noten 5 und 6 meistens nicht hinaus.

1.1.1 Prävalenz

Prävalenz 4 – 8 %

Die Häufigkeit der umschriebenen Lese-Rechtschreibstörung ist für den deutschen Sprachraum für die Schülerpopulation bei 4 bis 8 % anzunehmen. Die Prävalenzraten schwanken auf Grund unterschiedlicher Definitionskriterien. Sie liegen in den Grundschulklassen höher als in den späteren Altersstufen. Bei achtjährigen Schülern ergab sich in einer repräsentativen epidemiologischen Studie eine Punktprävalenz für umschriebene Lese- und Rechtschreibstörung von 2,7 % (Esser, 1991). Im Grundschulalter sind 10 bis 15 % der Schüler im Erlernen des Lesens und Rechtschreibens 1 bis 2 Schuljahresstufen zurück (Klicpera & Gasteiger-Klicpera, 1995). Schüler mit Lese-Rechtschreibstörung werden vorwiegend im Grundschulalter, aber auch noch bis zum Alter von 15 Jahren in klinischen Praxen und anderen Beratungsstellen (also im Rahmen einer „Inanspruchnahmepopulation") diagnostiziert. In der klinischen Praxis werden Jungen etwa 3- bis 4-mal häufiger als Mädchen wegen einer Lese-Rechtschreibstörung vorstellig. Im Rahmen von genetischen Studien jedoch gleicht sich das Geschlechterverhältnis weitgehend aus. Es gibt Hinweise dafür, dass Mädchen Lese-Rechtschreibschwierigkeiten besser überwinden und auch mehr von einer Lese-Rechtschreibförderung profitieren.

Jungen häufiger betroffen

Schüler mit Lese-Rechtschreibschwierigkeiten finden sich häufiger in sozioökonomisch schwachen und bildungsmäßig beeinträchtigen Bevölkerungsgruppen. Grundsätzlich aber kommt die Lese-Rechtschreibstörung in allen Bevölkerungsschichten vor.

Die Kopplung der Definition an eine Intelligenzmessung, die Normierungsprobleme bei Lese-Rechtschreibtestverfahren sowie unterschiedliche Schweregradskriterien lassen vorläufig keine genauen Prävalenzangaben zu. Während über die Jahrzehnte die Normen bei Intelligenztestverfahren angestiegen sind, sind die Normen für Rechtschreibverfahren im deutschen Sprachraum im gleichen Zeitraum gesunken (Strehlow & Haffner, 2002). Die methodische Diskussion zur exakten Messung der Lese-Rechtschreibstörung wird international ausführlich geführt (Rispens et al., 1998; Schulte-Körne et al., 2001; Siegel, 1998; Strehlow & Haffner, 2002; siehe Kapitel 2.1).

Legt man die diagnostischen Kriterien der Leitlinien der Deutschen Gesellschaft für Kinder- und Jugendpsychiatrie und Psychotherapie et al. (2003; siehe Kapitel 2.1) zu Grunde, so ergibt sich allein psychometrisch eine zu erwartende Prävalenz von etwa 6 %. Da neben dem Diskrepanzkriterium andere Ursachen der Lese-Rechtschreibstörung auszuschließen sind (z. B. Hörstörung, Zerebralparese etc.), ist die Prävalenz für die umschriebene Lese-Rechtschreibstörung in der Praxis niedriger anzunehmen.

1.1.2 Differenzialdiagnose

Die Differenzialdiagnostik wird in Kapitel 2 näher ausgeführt. Sie dient dazu, Lese- und Rechtschreibschwierigkeiten, die nicht im Sinne der Lese-Rechtschreibstörung definierbar sind, auszuschließen:

- Lese- und Rechtschreibschwierigkeiten *auf Grund mangelnder Unterrichtung (Analphabetismus)*. Schulische Fehlzeiten, häufiger

Analphabe-tismus

Klassen- und Schulwechsel in den ersten Grundschuljahren und natürlich die Fremdsprachigkeit des Kindes, das aus einem Ausland frisch hinzugezogen ist, erklären Lese- und Rechtschreibschwierigkeiten durch mangelnde Unterrichtung und Übung. Die Rechtschreibschwäche, die sich aus einer unzulänglichen Lese-Rechtschreibschulung erklärt, wird als „Analphabetismus" (ICD-10 Z 55.x) klassifiziert. Erfolgt eine qualifizierte Lese-Rechtschreibunterrichtung, so wird die Lese-Rechtschreibschwäche relativ rasch überwunden.

Neurologische Erkrankung

- Lese- und Rechtschreibschwierigkeiten auf Grund einer *neurologischen Erkrankung*. Zerebrale Bewegungsstörungen (Spastik, Athetose, ataktische Störung), ein epileptisches Anfallsleiden (Absencen, bei denen es durch sekundenlang anhaltende Bewusstseinsverluste zu Schriftsprachstörungen kommen kann; Rolando-Epilepsie, die gleichfalls mit schriftsprachlichen Störungen einhergehen kann), sowie Seh- und Hörstörungen können die Ursache für Lese-Rechtschreibschwierigkeiten sein. Die Diagnose einer Lese-Rechtschreibstörung setzt daher immer eine internistische und neurologische Untersuchung, insbesondere eine Untersuchung der Seh- und Hörfunktionen voraus (siehe Kapitel 2).

Psychische Störung

- die Lese- und Rechtschreibhemmung, die infolge einer anderen *psychischen Störung* besteht. Die Lese-Rechtschreibhemmung ist nicht spezifisch, sondern steht im Zusammenhang mit einer allgemeinen Lernleistungsbeeinträchtigung durch eine andere psychische Grunderkrankung, z. B. Depression oder Angststörung.

Körperliche Störung

- der Verlust einer bereits *erworbenen Lese- und Rechtschreibfähigkeit*. Dies kann durch eine *Gehirnentzündung oder (unfallbedingte) Hirnverletzung* geschehen. Bei Ausheilung der Grunderkrankung kann sich die Lese-Rechtschreibfähigkeit wieder normalisieren, so dass die Lese-Rechtschreibschwäche nur vorübergehend besteht. Der Verlust der Lese-Rechtschreibfertigkeit durch eine erworbene Beeinträchtigung der Hirnfunktion (Dyslexie, Alexie), wird nach ICD-10 mit der Ziffer R48.0 klassifiziert, der ausschließliche Verlust der Rechtschreibfähigkeit mit R48.8 (Dysgraphie, Agraphie).

1.2 Begleitstörungen – Komorbide Störungen

Komorbid sind Störungen, die zusätzlich zur Lese-Rechtschreibstörung bei einem betroffenen Kind vorliegen (Esser & Schmidt, 1993, 2001). Ein Teil der Kinder mit Lese-Rechtschreibstörung hat bereits vorschulisch mit Entwicklungsstörungen (z. B. Sprachstörung) und psychischen Schwierigkeiten (z. B. hyperkinetische Störung) zu kämpfen (primäre Komorbidität). Viele Kinder mit Lese-Rechtschreibstörung entwickeln jedoch erst im Rahmen ihrer schulischen Laufbahn infolge der psychischen Belastungen, die mit der Lese-Rechtschreibstörung einhergehen, psychische Störungen, z. B. Schulangst (sekundäre Komorbidität).

Primäre komorbide Störungen, die bereits vorschulisch als Risikoindikatoren für die Lese-Rechtschreibstörung gelten, die aber auch in die Schulzeit hinein zusätzlich zur Lese-Rechtschreibstörung bestehen können, sind:

<small>Primäre Komorbidität</small>

- *Sprachentwicklungsstörungen:* verspätete Sprachentwicklung, Artikulationsstörungen (Unfähigkeit sprachliche Laute altersgemäß zu beherrschen: Stammeln, z. B. Sigmatismus = Lispeln), Dysgrammatismus (nicht altersgemäßes grammatikalisches Formulieren), Wortfindungsstörungen (Schwierigkeit, ein gewusstes Wort dann, wenn es abgefragt wird, abzurufen: Das Kind ist gefragt, einen Bleistift zu benennen, „findet" jedoch das Wort nicht, kann es nicht aus seinem „sprachlichen Lexikon" abrufen und sagt umschreibend statt dessen für Bleistift: „Schreibding"). Kindern mit Lese-Rechtschreibstörung fällt oft auch auf Grund einer sprachgebundenen Gedächtnisschwäche das Auswendiglernen von Gedichten schwer. Gegenstände, Farben, Wochentage usw. können sie nicht so rasch benennen wie ihre altersgleichen Mitschüler. Von besonderer, auch wichtiger prognostischer Bedeutung ist eine sprachliche Fähigkeit, die „phonologische Bewusstheit" genannt wird. Der Begriff bezeichnet die Fähigkeit, die Lautstruktur einer Sprache zu erkennen und zu gebrauchen, z. B. Reime erkennen, Laute unterscheiden (weiterführend Kapitel 1.3.3).

<small>Sprachentwicklungsstörung</small>

- *psychomotorisches Ungeschick und Schwierigkeiten in visueller Wahrnehmung und visuomotorischer Koordination* sind bei einem Teil der Kinder mit Lese-Rechtschreibstörung bereits vorschulisch erkennbar. Erzieherinnen berichten den Eltern, dass ihr Kind nur ungern malt, sich schwer tut mit Zeichenstift und Schere. Eltern bemerken das Ungeschick des Kindes im Gebrauch von Besteck, beim An- und Auskleiden, Knöpfen und Schleifebinden. Manche der Kinder mit Lese-Rechtschreibstörung haben es schwer, die Uhrzeit nach dem Zeigerstand abzulesen, die Händigkeit zu benennen oder vorgegebene Figuren abzuzeichnen.

<small>Störung der Visuomotorik</small>

- *hyperkinetische Störung,* gekennzeichnet durch Aufmerksamkeitsschwierigkeiten, motorische Unruhe und Impulsivität. Die hyperkinetische Störung ist bei etwa 30 % aller Kinder mit umschriebener Lese-Rechtschreibstörung komorbid (zur hyperkinetischen Störung

<small>Hyperkinetische Störung</small>

siehe Döpfner et al., 2000a). Die Aufmerksamkeitsstörung ist eine erhebliche Bürde, die den Kindern mit Lese-Rechtschreibstörung zusätzlich eine fehlerlose Rechtschreibung erschwert. Diese Kinder machen auch beim Abschreiben bereits Fehler. Die Häufigkeit der Fehler nimmt mit der Länge des Textes, der zu schreiben ist, zu, so dass die Fehlerzahl in der zweiten Hälfte des Diktats oder des Aufsatzes oft wesentlich ansteigt.

> **Wichtig:** Sprachentwicklungsstörungen, visuomotorische Schwierigkeiten und eine hyperkinetische Störung im Vorschulalter lassen keine Prognose hinsichtlich einer späteren Lese-Rechtschreibstörung zu! Viele dieser so betroffenen Kinder werden keine umschriebene Lese-Rechtschreibstörung haben. Ihr schulisches Fortkommen in den Grundschuljahren sollte jedoch besonders aufmerksam überwacht werden, so dass bei aufkommenden Lernschwierigkeiten rechtzeitig Verständnis, multiaxiale Diagnostik und Hilfe gewährt werden. Den Schwächen in phonologischer Bewusstheit kommt ein besonderer Vorhersagewert zu (siehe Kapitel 1.3.3, 1.5 und Kapitel 2.3.3).

Sekundäre Komorbidität

Eine sekundäre Komorbidität entwickelt sich bei Schulkindern mit schwergradiger Lese-Rechtschreibstörung sehr rasch. Die Begeisterung des Einschulungstages ist schnell verflogen. Täglich kommt es zu Hausaufgabenauseinandersetzungen, Tränen fließen. Die Mitschüler lernen Woche für Woche einen neuen Buchstaben hinzu. Nach 12 Schulwochen werden bereits 30 Wörter von den Klassenkameraden beherrscht. Dies gelingt dem Kind mit Lese-Rechtschreibstörung trotz aller täglichen Bemühungen nicht. Im Unterricht gebeten, laut vorzulesen oder an die Tafel zu schreiben, erlebt das Kind als Bedrohung durch „Blamage", Versagen, „Dummheit". Fühlt es sich dadurch bloß gestellt und wird es noch zusätzlich von Mitschülern gehänselt, sitzt es bald mit Angst und Misserfolgserwartung im Unterricht und bei den Hausaufgaben, die Lernfreude ist vergangen. Die Sorge der Eltern wächst, dass mit ihrem Kind „etwas nicht stimmt". Der Hinweis des Lehrers, „bitte mehr üben", wird befolgt und dennoch reichen die zusätzlichen Hausaufgabenbemühungen nicht aus. Bei manchen, insbesondere sehr intelligenten Kindern, treten die Rechtschreibschwierigkeiten erst in der 3., 4. oder 5. Klasse auf, wenn ungeübte Texte geschrieben werden oder die Ansprüche in Realschule oder Gymnasium ansteigen. Das bislang Erfolg gewohnte Kind ist auf das plötzlich „unerklärliche" Versagen nicht vorbereitet. So ist es nicht erstaunlich, dass aus dieser alltäglichen schulischen Überforderung sekundäre *psychische Störungen* erwachsen können:

- *Konzentrationsstörungen und motorische Unruhe* im Unterricht und bei der Hausaufgabe als Folge der schriftsprachlichen Überforderung sind bei Kindern mit Lese-Rechtschreibstörung regelhaft zu beobachten. Ohne recht lesen und rechtschreiben zu können, sind die Schüler auch bei guter Intelligenz überfordert, über sechs Stunden im Schulunterricht bei der Sache zu sein und still zu sitzen. Im Unterschied zum Kind mit „hyperkinetischer Störung" zeigen sich Aufmerksamkeitsstörungen und motorische Unruhe nicht situationsübergreifend, sondern sehr spezifisch im Zusammenhang mit schriftsprachlichen Anforderungen.

Konzentrationsstörung

- *Motivationsverlust* bei schulischen Anforderungen tritt rasch ein. Den Kindern ist sehr bald der Spaß an jeglichem schulischen Lernen verdorben. Kinder, die schwer betroffen sind und trotz aller Bemühungen nur die Noten mangelhaft und ungenügend ernten, entwickeln Schlafstörungen. Sie verlieren das Interesse am Lernen und an Freizeitaktivitäten, ziehen sich sozial zurück, weinen bei den Hausaufgaben, äußern, dass all ihr Bemühen und vielleicht auch ihr Leben keinen Sinn habe, sie lieber nicht mehr leben wollten und sie nicht länger tägliche Sorge der Eltern sein möchten. 30 bis 40 % der 13-jährigen Schüler mit Lese-Rechtschreibstörung entwickeln behandlungsbedürftige psychische Störungen (siehe Kapitel 1.4). Bedeutsam sind insbesondere die *depressive und ängstliche Anpassungsstörung*.

Niedrige Leistungsmotivation

- *Schulangst* kommt auf. Am Abend oder am Morgen vor Schulbeginn beklagt das Kind Bauchschmerzen und Übelkeitsgefühle, das Kind fühlt sich krank, möchte nicht zur Schule. Nach der Schulzeit und am Freitagnachmittag lassen die Beschwerden nach, ebenso wie in den Ferienzeiten, um zu Beginn der Schulzeit wieder aufzutreten. Die körperlichen Beschwerden verbunden mit Symptomen der Schul- und Hausaufgabenverweigerung sind Zeichen einer Schulangst. Werden die körperlichen Beschwerden als organische Erkrankung und nicht als Anzeichen der Schulangst gewertet, so werden oft körperliche Behandlungsmaßnahmen eingeleitet. Krankschreibungen führen zu schulischen Fehlzeiten. Durch schulische Fehlzeiten werden die Lernrückstände noch verstärkt: ein „Teufelskreis".

Schulangst

Wichtig: Treten körperliche Beschwerden im Zusammenhang mit schulischen Anforderungen auf, lassen die Beschwerden an den Wochenenden und in den Ferienzeiten nach und bestehen Anzeichen der Schulunlust und Schulverweigerung, so ist an eine Schulangst zu denken. Die Behandlung der körperlichen Beschwerden besteht dann in einer Entlastung des Kindes von schulischer Überforderung. Obsolet sind: „Mutter-Kind"-Kur und Krankschreibung mit der Folge von Schulversäumnis!

Disziplin-schwierig-keiten

- *Erziehungsschwierigkeiten* im Unterricht und in der Familie ergeben sich aus der Überforderung des Kindes, das im Unterricht durch Konzentrationsschwierigkeiten, motorische Unruhe, störendes Verhalten, mangelhafte Mitarbeit und seine Rolle als „Klassenkasper" auffällt. Im familiären Rahmen eskalieren die Erziehungsschwierigkeiten in der Hausaufgabensituation. Die Gruppe der Schüler mit Lese- und Rechtschreibproblemen lernt in der Grundschulzeit täglich durchschnittlich mehr als zweieinhalb Stunden, meist unter Tränen und mit Streit (siehe zur Komorbidität im Verlauf Kapitel 1.4).

1.3 Pathogenese

Besonderheiten der Hirnreifung

Die Lese-Rechtschreibstörung wird aus dem Zusammenwirken neurobiologischer Lernvoraussetzungen und umweltgegebener schriftsprachlicher Lernanforderung erklärt. Dabei werden *Besonderheiten der Hirnreifung* als ausschlaggebend angesehen. Umweltgegebenen Lerneinflüssen, wie z. B. der Qualität des Unterrichts im Lesen und Rechtschreiben wird ein modifizierender Einfluss zugeschrieben. Die Lese-Rechtschreibstörung ist eine Veranlagung, die bei optimaler schriftsprachlicher Förderung meist hinreichend kompensiert werden kann, bei schlechter schriftsprachlicher Unterrichtung jedoch zu gravierendem Lese-Rechtschreibversagen führt. Erschwerend wirken sich zusätzliche Entwicklungsstörungen (Sprachentwicklungsstörung, Rechenstörung) andere psychische Störungen (z. B. hyperkinetische Störung), allgemeine Bedingungen des Lern- und Leistungsverhaltens (niedere Intelligenz, fehlende Hausaufgabenbetreuung, Qualität schulischer Unterrichtung; Interessensbildung, sozio-ökonomische Familienverhältnisse) aus. Die frühere Annahme, dass man bei einer Lese-Rechtschreibstörung von einer „minimalen cerebralen Dysfunktion"

Keine Hirn-schädigung

oder von einer „Hirnschädigung" ausgehen müsse, ist nicht gerechtfertigt. Genauso wenig, wie man bei einem Kind mit geringerem motorischen Geschick oder geringerer musikalischer Begabung von „Hirnschaden" spricht, so wenig kann man dies wissenschaftlich begründet bei einer umschriebenen Lese-Rechtschreibstörung. Die Annahme einer frühkindlichen Hirnschädigung steht im Zusammenhang mit dem Begriff der „minimalen cerebralen Dysfunktion". Diese Konzeption war nicht haltbar (Esser & Schmidt, 1987). Zwar finden sich in der Gruppe der Kinder mit Lese-Rechtschreibstörungen statistisch häufiger „körperliche Risikofaktoren" im Zusammenhang mit Schwangerschaft und Geburt und auch häufiger neurologische Symptome (z. B. Normabweichungen im EEG, minimale neurologische Symptome wie z. B. feinmotorisches Ungeschick; Klicpera, 1985). Diese so genannten „soft signs" sind jedoch unspezifisch und sie finden sich nicht gehäuft, wenn

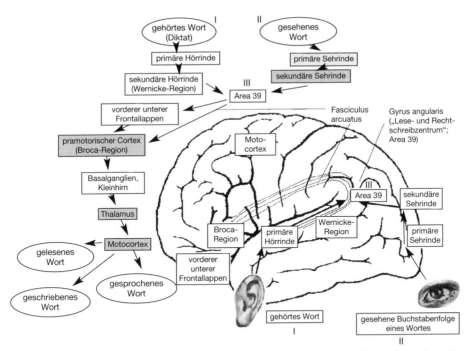

Abbildung 1: Modell zur Informationsverarbeitung beim Lesen und Rechtschreiben eines Wortes (nach Silbernagl & Lang, 1998, S. 345)

Legende: Die Area 39, genannt „Lese- und Rechtschreibzentrum" umfasst die Hirnwindungen Guyrus angularis und supramarginalis. In diesem Hirnrindengebiet werden visuelle Informationen, die über das Auge und die Sehrinde wahrgenommen werden (I), wie dies beim Lesen eines Wortes der Fall ist, mit den lautsprachlich über das Ohr und die Hörrinde wahrgenommenen Informationen (z. B. dem gehörten Wort beim Diktat: II) verbunden. Das laute Lesen vollzieht sich über die Einschaltung verschiedener Hirnregionen und letztendlich des Motocortex. Der neurobiologische Erklärungsansatz besteht darin, dass eine Lese-Rechtschreibstörung durch Dysfunktionen einer oder mehrerer der verschiedenen Stationen der Informationsverarbeitung beim Lesen und Rechtschreiben begründet ist. *Grundsätzlich könnte auf allen Schaltstationen, in demnach auch sehr unterschiedlichen Hirnregionen eine Dysfunktion vorliegen. Eine Möglichkeit besteht vor allem auch darin, dass der „Übersetzungsvorgang" zwischen visuellem und akustischem sprachlichen System,* wie er sich in Area 39 (III) vollzieht, bei einem Teil der Personen mit Lese-Rechtschreibstörung gestört ist. Neurophysiologische, neuropsychologische und neuroanatomische Befunde liegen sowohl für die akustische (I) als auch die visuelle (II) zentrale Verknüpfung bis zur Area 39 vor. Weitere Befunde finden sich z. B. im Bereich des prämotorischen Cortex (Broca-Region), den Basalganglien oder des Thalamus (Schema nach Silbernagl & Lang, 1998, S. 345)

man die Gesamtgruppe der Kinder mit Lese-Rechtschreibstörungen erfasst und nicht nur jene, die klinisch als Patienten in Erscheinung treten. Als ausschlaggebend werden *Besonderheiten der zentral-nervösen Informationsverarbeitung,* soweit sie für das Erlernen von Lesen und Rechtschreiben relevant sind, angesehen. Ein hirnfunktionelles Erklärungsmodell ist in Abbildung 1 dargestellt.

Störungen der Informationsverarbeitung

> **Merke:** Die neurobiologischen Korrelate zur Lese- und Rechtschreibstörung sind zahlreich und vielfältig. Sie betreffen neuroanatomische, histologische, neurophysiologische, neuropsychologische und genetische Besonderheiten. Die kausale Bedeutung dieser Besonderheiten ist im Wesentlichen allerdings noch unklar.

1.3.1 Neuroanatomische und neurohistologische Korrelate

Anatomisch-histologische Befunde betreffen vor allen Dingen *Hirnregionen, die mit der visuellen und sprachlichen Informationsverarbeitung verknüpft sind*. Besondere Aufmerksamkeit fanden die Beobachtungen der Arbeitsgruppe um Galaburda (1985; zur Übersicht Warnke, 2003).

Die wenigen „Post mortem"-Untersuchungen an Gehirnen von verstorbenen erwachsenen Personen mit Lese-Rechtschreibstörungen (die allerdings auch noch überwiegend andere neurologische Störungen hatten), gaben den Hinweis, dass anatomische und histologische Besonderheiten vorwiegend linkshemisphärisch u.a. auch im Bereich des so genannten Lese-Rechtschreibzentrums (Gyrus angularis und Gyrus supramarginalis) vorliegen können: ungewöhnliche Zellgruppen, abnorme Gefäßverläufe und Strukturen der Hirnrinde. Die gleiche Forschergruppe berichtete von histologischen Besonderheiten im ZNS. Im so genannten lateralen Nucleus geniculatus fanden sich ungewöhnlich kleine und in der Größe variablere Zellen. Über diese thalamische Region wird das Netzhautbild Punkt für Punkt zur Sehrinde geleitet (Livingstone et al., 1991; Galaburda & Livingstone, 1993). Eine relative Überzahl kleinerer Neuronen wurden bei Autopsien (Untersuchungen am Gehirn von Verstorbenen) im linken medialen Nucleus geniculatus, mit dem eine Umschaltung von Sprachlautreizen in das Gehirn erfolgt, festgestellt (Galaburda et al., 1994). Auch fanden sich veränderte Symmetrieverhältnisse in Hirnregionen, die für die sprachliche Informationsverarbeitung von Bedeutung sind (im Bereich des Planum temporale: Galaburda, 1985; Galaburda et al., 1987; zur Übersicht von Suchodoletz, 1999; Breitenbach & Lenhard, 2001; Warnke, 2003). Demnach finden sich histologische Besonderheiten sowohl in Kernen der Hörbahn wie auch der Sehbahn. Die Befunde bedürfen jedoch einer Bestätigung.

Linke Hemisphäre

Mit bildgebenden Verfahren konnten die neuroanatomischen Befunde nur teilweise repliziert werden (zur Übersicht Hynd & Hiemenz, 1997). Auch ist die Bedeutung der strukturellen hirnanatomischen Korrelate für die schriftsprachliche Informationsverarbeitung noch nicht hinreichend eindeutig aufgeklärt (von Suchodoletz, 1999; Pöppel, 1996). Als nicht zufällig muss jedoch gewertet werden, dass die neuroanatomisch-histologischen Abweichungen Nervenbahnen des visuellen und akustischen Systems betreffen und Hirnregionen einschließen, die für visuelle und akustisch-sprachliche Informationsverarbeitung von spezifischer Bedeutung sind.

1.3.2 Neurophysiologische Befunde

Neurophysiologische Korrelate der Lese-Rechtschreibstörung wurden mit bildgebenden Verfahren bestimmt. Stoffwechselvorgänge und hirnelektrische Vorgänge wurden bei zentralnervöser Informationsverarbeitung schriftsprachlich relevanter Aufgaben (z. B. Reimaufgaben; Buchstabenunterscheidung) bei Personen mit Lese-Rechtschreibstörung und Kontrollpersonen gemessen. Diese Studien haben den neurobiologischen Erklärungsansatz der Lese-Rechtschreibstörung ganz entscheidend gestützt. Die Befunde werden in höchstrangigen wissenschaftlichen Zeitschriften publiziert. Wiederum stehen bei diesen Studien Korrelate der visuellen Informationsverarbeitung bei Personen mit Lese-Rechtschreibstörung und Korrelate der akustisch-sprachlichen Informationsverarbeitung aber auch Aspekte der zeitlichen Informationsverarbeitung im Mittelpunkt des Interesses (siehe Abbildungen 2 bis 4). Für das visuelle System wurde eine Verlangsamung der hirnelektrischen Fortleitung visueller Potenziale bei Kindern mit Lese-Rechtschreibstörung im Vergleich zu Kontrollkindern gemessen (Warnke, 1990; Galaburda & Livingstone, 1993). Besonderheiten der Aktivierung im cortikalen visuellen System wurden auch mit funktioneller Magnetresonanztomographie (MRT) festgestellt (Eden et al., 1996; mit etwas anderer Methode von Vanni et al., 1997 nicht repliziert). Angesichts der erheblichen Anzahl von Studien, die bei Personen mit Lese-Rechtschreibstörung keine Beeinträchtigung in der visuellen Informationsverarbeitung nachweisen konnten, ist der Schluss zu ziehen, dass das visuelle System wahrscheinlich nur bei einem geringeren Teil der Personen mit Lese-Rechtschreibstörung von ausschlaggebender Bedeutung ist.

Störung des visuellen Systems

Zweifellos wichtiger ist die *Beeinträchtigung in der sprachlichen Informationsverarbeitung*. Hierzu haben die neurophysiologischen Studien mit bildgebenden Verfahren wichtige Nachweise erbracht. Dies gilt sowohl für Befunde im hirnelektrischen System (Warnke, 1990; Schulte-Körne, 2000) als auch für Stoffwechselkorrelate, wie sie mit Positronenemissionstomographie (PET) oder funktioneller Magnetresonanztomographie (MRT) erfasst werden können. Untersuchungen mit bildgebenden Verfahren verweisen auf hirnfunktionelle Besonderheiten bei Personen mit Lese-Rechtschreibstörung, wenn die Aufgabe gestellt

Störung der sprachlichen Informationsverarbeitung

wird, Wörter oder Pseudowörter zu lesen. Die Befunde sind jedoch nicht hinreichend eindeutig und als vorläufig zu werten. Es ist allerdings bekannt, dass im Bereich der linken okzipitalen-temporalen Hirnrinde Buchstaben, Silben und Wörter in ihrer Abfolge verarbeitet werden, während offenbar die visuellen Merkmale von Schriftsprache (z. B. Kontrast) beiderseits okzipital identifiziert werden. Linkshemisphärisch finden sich die meisten neurophysiologischen Korrelate von Befunden, mit denen sich Personen mit Lese-Rechtschreibstörung von Kontrollgruppen ohne Lese-Rechtschreibstörung unterscheiden ließen (weiterführend Schulte-Körne, 2002; von Suchodoletz, 1999; Breitenbach & Lenhard, 2001). Die Summe der Befunde spricht dafür, dass die defizitäre Verarbeitung phonologischer Informationen, das klinisch wichtigste Korrelat der Lese-Rechtschreibstörung, auch auf physiologischer Ebene bei Personen mit Lese-Rechtschreibstörung Besonderheiten aufweist. Die Befunde stützen die Annahme, dass bei sprachlich-akustischen Aufgabenstellungen die Informationen zwischen sprachrelevanten Hirnarealen (z. B. zwischen Broca-Wernicke-Region) nicht in gleicher Weise wie bei schriftsprachlich unbeeinträchtigten Kontrollpersonen verarbeitet werden. In der Summe verweisen die hirnelektrischen und Stoffwechselbefunde in beachtenswerter Übereinstimmung mit neuroanatomischen und neurohistologischen Befunden auf das klassische Lese-Rechtschreibzentrum, den *Gyrus angularis und supramarginalis der linken Hirnhälfte.* Angesichts der Streuung der Befunde, der geringen Zahl der Replikationen ist jedoch noch Vorsicht geboten, wenn man Schlussfolgerungen zur cerebralen Lokalisation kausal relevanter Hirnfunktionen bei Lese-Rechtschreibstörung schließen wollte (weiterführend Paulesu et al., 1996, 2000, 2001; Shaywitz, 1996, 2002; Georgiewa et al., 1999; eine Übersicht zu den Wechselwirkungen zwischen Genetik, Gehirn und Umwelt bei Lese-Rechtschreibstörung gibt Grigorenko, 2001).

Defizite in der phonologischen Verarbeitung

1.3.3 Neuropsychologische Befunde und Modelle

Die Feststellung von neuropsychologischen Besonderheiten der Lese-Rechtschreibstörung hat Kenntnisse zur Normalentwicklung des Erlernens von Lesen und Rechtschreiben zur Voraussetzung. Modellgebend für die Normalentwicklung waren u.a. Arbeiten von Frith (1986), Ehri (1997) und Scheerer-Neumann (1987; weiterführend Klicpera & Gasteiger-Klicpera, 1995). Das Modell von Frith (1986) geht davon aus, dass zunächst das Kind *logographisch* liest. In diesem *„logographischen Stadium"* wird ein Wort „gelesen" wie ein „Logo" ohne Buchstabenkenntnis, indem sich das Kind an auffallenden, visuellen Eigenschaften des Wortbildes oder an dessen Umgebung orientiert. An einem grün-weißen Auto wird der Schriftzug POLIZEI erkannt. Später nutzen Kinder die logographische Strategie im Schreiben, wenn sie das Schrift-

Schriftsprachmodelle

bild ihres eigenen Namens aus dem Gedächtnis abrufen und graphisch wiedergeben. Beginnend mit der Unterrichtung im Lesen und Schreiben erlernt das Kind die Buchstaben-Laut-Zuordnung. Die Schreibversuche im *„alphabetischen Stadium"* sind typischerweise lauttreu, d.h. das Schulkind schreibt „wie es spricht", ohne dabei Rechtschreibregeln zu beachten. Das Lesen eines Wortes erfolgt Buchstabe für Buchstabe (phonologisches Rekodieren), so dass bereits verschiedene Wörter gelesen werden. Das Lesetempo ist jedoch noch niedrig. Eine Automatisierung des Lesens und Rechtschreibens beginnt im *„orthographischen Stadium"*, in dem Rechtschreibregeln Berücksichtigung finden und im Gedächtnis größere Einheiten wie Morpheme, Silben oder häufige Buchstabenfolgen gespeichert werden. So erhöhen sich das Tempo beim Lesen und die Sicherheit beim Schreiben.

Stufenmodelle

Stufe	Lesen	Schreiben
1 a	Logographisches Stadium 1	symbolisch
1 b	Logographisches Stadium 2	Logographisches Stadium 2
2 a	Logographisches Stadium 3	Alphabetisches Stadium 1
2 b	Alphabetisches Stadium 2	Alphabetisches Stadium 2
3 a	Orthographisches Stadium 1	Alphabetisches Stadium 3
3 b	Orthographisches Stadium 2	Orthographisches Stadium 2

Beim Lese-Rechtschreiberwerb herrscht eine dynamische Wechselwirkung zwischen den Stadien (Frith, 1986). Zunächst fördert das Lesen den Übergang vom symbolischen Stadium zum logographischen Stadium beim Schreiben, während auf der 2. Stufe das alphabetische Prinzip des Schreibens den Übergang des logographischen Stadiums in das alphabetische Stadium des Lesens fördert, bevor schließlich das orthographische Lesevermögen in Stadium 3 auch das Rechtschreiben nach orthographischen Fertigkeiten begünstigt.

Da im deutschen Sprachraum bereits relativ früh Buchstaben-Laut-Beziehungen beim Lesen und Schreiben genutzt werden, wird das logographische Stadium relativ rasch durchlaufen. Alternativ empfehlen Klicpera und Gasteiger-Klicpera (1999) das Modell von Ehri (1997), das von Anfang an den Gebrauch der alphabetischen Strategie als grundlegende Fähigkeit für den Erwerb eines alphabetischen Schriftsystems hervorhebt. Das vierstufige Modell unterscheidet zwischen einer

1. voralphabetischen Stufe,
2. partiell alphabetischen Stufe,
3. entfalteten alphabetischen Stufe und
4. konsolidierten alphabetischen Stufe.

Während der Leseanfänger Wörter zunächst vor allem am Anfangs- und/oder Endbuchstaben erkennt, verbessert sich mit wachsender Buchstaben-Laut-Kenntnis die Lese- und Rechtschreibfähigkeit. Die alphabetische Strategie hilft dem Leser und Schreiber, mit bestimmten Buchstabenmustern vertraut zu werden. So prägen sich häufige Buchstabensequenzen im Gedächtnis ein, die sich zu einer „Einheit konsolidieren" (Morpheme, Silben etc.). Das Wissen um orthographische Regeln ergänzt schließlich die alphabetische Strategie, die immer wieder die Ausgangsbasis für das Lesen und Rechtschreiben darstellt.

Netzwerkmodelle

Moderne *„Netzwerkmodelle"* gehen davon aus, dass durch Lese- und Rechtschreibübung Zusammenhänge zwischen Buchstabenfolgen und Phonemfolgen gelernt werden, ohne dass hierzu „Stufen" oder „Stadien" durchlaufen werden müssen. Lesen und Rechtschreiben werden über „probabilistische" Verbindungen von zentralnervösen Repräsentationen, von orthographischen, phonologischen und semantischen Informationen ermöglicht (Seidenberg & McClelland, 1989). Diese Modellbeispiele machen deutlich, dass die neuropsychologischen Erklärungsansätze modellabhängig sehr unterschiedlich sein können. Beim Stufenmodell lässt sich ableiten, dass Störungen auf der Ebene jeder einzelnen Stufe möglich sein können. Beim Netzwerkmodell werden die Probleme in der zentralnervösen schriftsprachlichen Informationsverarbeitung durch dysfunktionale Module erklärt. Den gegenwärtigen Forschungsstand spiegelt das Erklärungsmodell der Abbildung 2 wider:

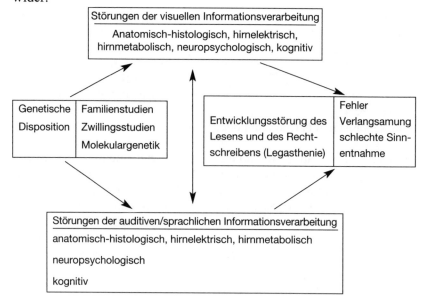

Abbildung 2: Vereinfachtes Ursachenmodell zur Lese-Rechtschreibstörung (Legasthenie)

Die neuropsychologischen Befunde lassen sich vereinfacht in Befunde zur visuellen Informationsverarbeitung (oder visuellen Wahrnehmung) und Befunde zur auditiv-sprachlichen Informationsverarbeitung (auditive Wahrnehmung) gliedern. Als *Erklärungsmodell zu Störungen der visuellen Informationsverarbeitung* eignet sich das Schema von Schulte-Körne (2002, vgl. Abbildung 3).

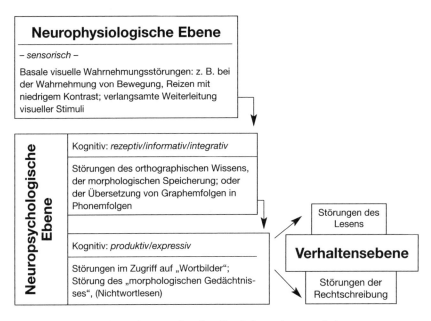

Abbildung 3: Modell zur Störung der visuellen Informationsverarbeitung (in Anlehnung an Schulte-Körne, 2002, S. 22)

Besonderheiten von „visuellen Wahrnehmungsstörungen" wurden in den Kapiteln 1.3.1 und 1.3.2 hinsichtlich anatomisch-histologischer und neurophysiologischer Korrelate dargestellt. Neben Studien zu Beeinträchtigungen des Schärfesehens und Störungen der Blicksteuerung dominieren gegenwärtig neurophysiologische Forschungen zur Bewegungswahrnehmung, Kontrastwahrnehmung, zur Beeinträchtigung der Verarbeitung rascher visueller Reizfolgen und zu Fertigkeiten der orthographischen Codierung. So ist etwa die *Reaktionszeit* von Personen mit Lese-Rechtschreibstörung bei einfachen Lichtreizen und bei visueller Vorgabe von Zahlen oder Buchstaben oft verlangsamt (Warnke, 1990). Defizite in der *orthographischen Codierung* zeigen sich darin, dass Personen mit Lese-Rechtschreibstörung Schwierigkeiten haben, phonologisch gleich lautende Worte und Pseudoworte (Scheinworte) durch orthographische Merkmale, also visuell zu unterscheiden (z. B. „sein/sain"). Störungen der *Bewegungswahrnehmung* ließen sich daran erkennen, dass Personen mit Lese-Rechtschreibstörung im Vergleich

Defizite in der orthographischen Verarbeitung

zur Kontrollgruppe unterschiedliche Geschwindigkeiten zweier sich schnell bewegender Reize schlecht unterscheiden konnten (Eden et al., 1996). Schwächen im *orthographischen Wissen* äußern sich darin, dass Personen mit Lese-Rechtschreibstörungen Regelmäßigkeiten von Buchstabenfolgen, von Wortbildern (Morphemen) und von grammatikalischen und semantischen Strukturen von Schriftsprache weniger zu nutzen verstehen, dass also Schwächen auf der Stufe des „orthographischen Lesens" bestehen. Beim orthographischen Wissen vermindern sich Fertigkeiten visueller und sprachlicher Informationsverarbeitung.

Ein akustisch-sprachliches Erklärungsmodell zeigt die Abbildung 4. Die Befunde sprechen dafür, dass bei der Genese von Lese- und Rechtschreibstörungen sowohl Schwierigkeiten der *akustischen Wahrnehmung* als auch Beeinträchtigungen der *Sprachverarbeitung* auf kognitiver Ebene vorliegen. Bei der akustischen Wahrnehmung spielen Fertigkeiten des Erkennens und des Unterscheidens zeitlich aufeinander folgender Tonreize eine Rolle. Auf der Ebene von Sprachverarbeitung fanden sich bei Personen mit Leseschwäche Defizite in der Fähigkeit Sprachreize zu verarbeiten, z.B. die Lautfolgen /da/ und /ga/ zu unterscheiden. Für solche Abweichungen von Qualität und Tempo von Sprachwahrnehmung fanden sich hirnelektrische und auch neuroanatomische Korrelate (Warnke, 2003; Schulte-Körne, 2001, 2002).

Phonologische Bewusstheit

Von größter Bedeutung für das Erlernen des Lesens und Rechtschreibens ist die lautsprachliche (phonologische) Informationsverarbeitung, insbesondere die so genannte *„phonologische Bewusstheit"*. „Phonologische Bewusstheit" bezeichnet die Fähigkeit, lautsprachliche Einheiten, wie Wörter, Silben, Reime und Laute in der gesprochenen Sprache zu erkennen und zu unterscheiden. Korrelative Langzeitstudien wie die Münchener LOGIK-Studie und die Bielefelder Studie zeigten einen engen Zusammenhang zwischen phonologischer Bewusstheit im Vorschulalter und späterem Schulerfolg im Lesen und Rechtschreiben für den deutschen Sprachraum (Jansen & Skowronek, 1997; Schneider & Näslund, 1999). Die phonologische Bewusstheit besitzt zudem einen spezifischen Prädiktionswert für die Schriftsprachkompetenz, da die Mathematik- und Intelligenzleistung nicht vorhergesagt werden können. Die Befundlage lässt die Schlussfolgerung zu, dass Vorschulkinder mit guten phonologischen Kenntnissen sehr wahrscheinlich problemlos lesen und schreiben lernen, während Vorschulkinder mit niedriger phonologischer Bewusstheit mit dem Risiko behaftet sind, Schwierigkeiten beim Erlernen des Lesens und Rechtschreibens zu entwickeln. Für die Auffälligkeit in der phonologischen Bewusstheit bei Personen mit Lese-Rechtschreibstörungen fanden sich hirnanatomische und auch hirnfunktionelle Korrelate (weiterführend Schulte-Körne, 2001; Blanz, 2002; Warnke, 2003). Wie bei der visuellen Wahrnehmung, so sind auch hier die Befunde noch als vorläufig anzusehen. Interessant sind insbesondere die Hinweise auf das klassische „Lese- und Rechtschreibzentrum" im Bereich des linken Gyrus angularis und supramarginalis. Dabei handelt es sich um eine Region, in der visuell aufgenommene schriftsprachliche Informationen „übersetzt" werden in akustisch-sprachliche Informationen. So könnte die Lese-Rechtschreibstörung auch Ergebnis einer Störung des Übersetzungsvorgangs von visuell schriftsprachliche Informationen in akustisch-sprachliche Informationen sein. Ein zusammenfassendes vereinfachendes Modell gibt die Abbildung 4 wieder.

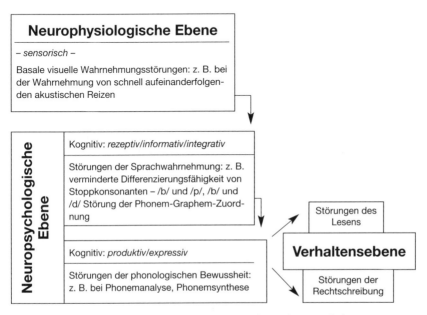

Abbildung 4: Modell zu Störungen der auditiven Informationsverarbeitung (in Anlehnung an Schulte-Körne, 2002, S. 15)

Eine weitere bedeutende Rolle beim Erwerb der Schriftsprache spielt die Verarbeitung lautsprachlicher (phonologischer) Informationen im Arbeits- und Langzeitgedächtnis. Der *schnelle Zugriff auf lautsprachliche (phonologische) Informationen im semantischen Lexikon* des Langzeitgedächtnisses stellt eine wesentliche Komponente dar. Beim Schriftspracherwerb müssen verschiedene Merkmale eines Wortes im Gedächtnis abgespeichert werden. Der Leseanfänger muss zunächst die Buchstaben und die dazugehörigen Phoneme im Gedächtnis behalten und erinnern können. Später muss schließlich das gesamte Wortbild und dessen Aussprache eingeprägt werden, um auf die Wortbedeutung schließen zu können, die ebenfalls im Gedächtnis gespeichert und verfügbar sein muss. Eine verlangsamte Zugriffsgeschwindigkeit auf das semantische Lexikon im Langzeitgedächtnis ist eng mit zukünftigen Lese-Rechtschreibschwierigkeiten verknüpft. Neben dem automatisierten Abruf aus dem Langzeitgedächtnis ist auch das kurzfristige Behalten

Langzeit-
gedächtnis

von Lauten, Buchstaben, Silben und Wörtern im *Arbeitsgedächtnis* notwendig für das Erlernen des Lesens und Rechtschreibens. Die lautsprachliche Information muss so lange im Arbeitsspeicher bereit gehalten werden, bis der Lese- oder Rechtschreibvorgang abgeschlossen ist. Beispielsweise muss die Phonem- oder die Buchstabenfolge kurzfristig gespeichert werden, bis das vollständige Wort geschrieben oder gelesen werden kann (= *phonetische Rekodierung im Arbeitsgedächtnis*). Kinder mit eingeschränkter sprachlicher Merkfähigkeit sind gefährdet, später Lese-Rechtschreibprobleme zu entwickeln.

Arbeitsgedächtnis

1.3.4 Genetik

Genetische Faktoren sind mit sehr hoher Wahrscheinlichkeit für manche Form der Lese-Rechtschreibstörung ausschlaggebend zu sehen. Kein Tier kann im menschlichen Sinne lesen und schreiben lernen. *Nur das menschliche Gehirn ist in der Lage, Lesen und Rechtschreibung in solch vollkommener Weise zu erlernen, so dass die entscheidende Bedeutung der Genetik offensichtlich ist.* Die Frage ist jedoch, welche genetisch beeinflussten Hirnfunktionen für den Erwerb der Schriftsprache bedeutsam und unverzichtbar sind und ob auch die Störung der Lese-Rechtschreibfähigkeit erworben oder genetisch bestimmt ist.

Familienstudien

Zunächst sind es *Familienstudien,* die eine familiäre Häufung der Lese-Rechtschreibstörung erkennen lassen. Diese Beobachtungen der frühesten Forschergeneration zur Lese-Rechtschreibstörung (Fisher, 1905; Hinshelwood, 1907) wurden durch größere Stammbaumanalysen bestätigt (Grimm & Warnke, 2002). Für eine Subgruppe der Lese-Rechtschreibstörung ist von einer autosomal-dominanten Vererbung auszugehen (autosomal = von den Körperchromosomen und nicht von den Geschlechtschromosomen bestimmt).

In Familienstudien und auch in klinischen Stichproben sind Jungen bis zu 4fach häufiger als Mädchen von der Lese-Rechtschreibstörung betroffen. Dieses Verhältnis ist bei epidemiologischen Studien (Bevölkerungsstichproben) weniger ausgeprägt (Verhältnis männlich zu weiblich 1,5 : 1; Shaywitz et al., 1990). In einer Familie mit einem Kind mit Lese-Rechtschreibstörung ist damit zu rechnen, dass zwischen 52 und 62 % der Geschwister und etwa 40 % der Eltern ebenfalls Lese-Rechtschreibstörungen haben (Schulte-Körne et al., 1996).

Zwillingsstudien

Zwillingsstudien bestätigen den genetischen Einfluss. Bei eineiigen Zwillingen fanden sich Konkordanzraten (also das Auftreten der Lese-Rechtschreibstörung bei beiden eineiigen Zwillingen) von bis zu 100 %, während die Raten bei zweieiigen Zwillingen 30 % nicht überstiegen. Die Erblichkeit für die Rechtschreibung wurde bei $h^2 = 0.62$ gemessen, jene für das Lesen bei $h^2 = 0.5$ (DeFries et al., 1997). Eine Erblichkeit von $h^2 = 0.62$ bedeutet, dass 62 % der Varianz der Rechtschreibstörung genetischen, 38 % nichtgenetischen Ursprungs sind. Da das Gehirn ein lernendes Organ ist, ist es nicht verwunderlich, dass mit dem Älterwerden der Personen mit Lese-Rechtschreibstörung offensichtlich die genetischen Einflüsse nach wie vor ausschlaggebend, aber doch auch weniger bedeutsam werden (Stevenson et al., 1987). Auch könnten „Nachreifungen" von schriftsprachlich relevanten Fertigkeiten diesen Befund erklären. Heritabilitätsschätzungen für das Lesen von Pseudowörtern (phonologisches Rekodieren) schwanken zwischen 0.59 (Olson et al., 1994) und 0.82 (Stevenson, 1990), für das Lesen von irregulären Wörtern oder pseudohomophones Erkennen (z. B. rein – rain; orthographische Fertigkeiten) zwischen 0.56 (Olson et al., 1994) und 0.68 (Stevenson, 1990).

Mit *molekulargenetischen Untersuchungen* gelangen Durchbrüche in der Aufdeckung von Genorten für schriftsprachliche Komponenten. Nach dem gegenwärtigen Forschungsstand, der rasch fortschreitet, sind Genorte auf den Chromosomen 1, 2, 3 und 18, insbesondere gut repliziert auf den Chromosomen 6 und 15 anzunehmen.

Molekulargenetik

Die bisherigen Befunde zur Genetik der Lese-Rechtschreibstörung lassen folgende Schlüsse zu:
– Es ist *nicht* davon auszugehen, dass es ein *„Legasthenie-Gen"* gibt, vielmehr ist wahrscheinlich, dass Lese-Rechtschreibstörungen durch verschiedene Genorte mitbestimmt werden (weiterführend Schulte-Körne, 2002; Grimm & Warnke, 2002).
– Lese- und Rechtschreibstörungen sind heterogen; dominante Erbgänge sind häufig.
– Da unterschiedliche Schriftsprachen gemäß bildgebender Verfahren unterschiedliche zerebrale Repräsentationen haben (das Muster zerebraler Aktivierung ist beim Lesen im Englischen unterschiedlich zum Lesen im Italienischen), ist anzunehmen, dass unterschiedliche genetische Zusammenhänge in unterschiedlichen Sprachen vorliegen.
– Der Mechanismus, durch den vom Gen ausgehend letztendlich die klinischen Symptome umschriebener Lese-Rechtschreibstörungen hervorgehen, ist noch unbekannt. Wahrscheinlich sind die Einflüsse der Gene derart, dass sie im komplexen Zusammenwirken mit anderen Genen letztendlich zu Besonderheiten der Hirnentwicklung beitragen, die schließlich eine Lese-Rechtschreibstörung begründen (Pennington, 1999).
– Die Ergebnisse der genetischen Forschung stützen die Annahme, dass für die Lese-Rechtschreibstörung auch nichtgenetische Faktoren eine kausale Rolle spielen (z. B. Qualität des Unterrichts der Schriftsprache).

Kein „Legastheniegen"

Komplexes Zusammenwirken von Genen

1.3.5 Psychosoziale Zusammenhänge

Lesen und Rechtschreiben werden erlernt. So ist es auch selbstverständlich, dass Lese- und Rechtschreibfertigkeiten von Umwelteinflüssen mitbestimmt sind. Lernerfolge sind von allgemeinen psychosozialen Einflüssen und insbesondere von der didaktischen Quantität und Qualität des Lese-Rechtschreibunterrichts abhängig (Klicpera & Gasteiger-Klicpera, 1995).

Grundsätzlich kommen umschriebene Lese-Rechtschreibstörungen in allen sozialen Schichten und unabhängig vom Bildungsniveau vor. Dafür ist das Beispiel des schwedischen Königs und seiner Tochter, die jeweils eine Lese-Rechtschreibstörung haben, ein Beleg. Dennoch finden sich Kinder mit Schwierigkeiten beim Erlernen des Lesens und Rechtschreibens gehäuft in *sozio-ökonomisch benachteiligten Familien* mit höherer Kinderzahl, schlechten Wohnverhältnissen und niedrigem beruflichen Status des Vaters. Angesichts der genetischen Beeinflussung von Lese-Rechtschreibstörung und der damit verbunden familiären Häufung, ist auch – durchaus nicht ausschließlich – davon auszugehen, dass der häufigere niedrigere Sozialstatus bereits Folge einer familiären schriftsprachlichen Beeinträchtigung mit entsprechenden Konsequenzen für Schulbildung und beruflichen Erfolg ist. Da schlechte sozioökonomische Verhältnisse oft auch grundsätzliche Nachteile für die schulische und berufliche Bildung eines Kindes mit sich bringen, dürften solche unspezifischen Beeinträchtigungen des allgemeinen Lernens für die Ausprägung einer Lese-Rechtschreibstörung relevant sein. *Die Zusammenhänge zwischen sozialer Schichtzugehörigkeit und Lese-Rechtschreibentwicklung sind zwar signifikant, aber doch relativ gering* (Korrelationsquotienten zwischen .23 und .30; White, 1982). Eine Korrelation von .30 würde bedeuten, dass nur 9 % der Varianz der Lese-Rechtschreibleistungen durch sozioökonomische Variablen erklärt sind.

Niedriger Sozialstatus

Qualifizierte Hausaufgabenhilfe

Eine *qualifizierte Hausaufgabenhilfe* und die elterliche Unterstützung bei Lese- und Rechtschreibübungen korrelieren mit positiver Lese- und Rechtschreibentwicklung. Zusammenfassend lässt sich sagen, dass die sozialen Einflüsse für das allgemeine Bildungsniveau und somit auch für die Lese-Rechtschreibentwicklung relevant sind, diese jedoch die Entstehung einer umschriebenen Lese-Rechtschreibstörung nur zum geringen Teil erklären können. Therapiestudien, in denen die Eltern in der häuslichen Förderung der Kinder mit Lese-Rechtschreibstörung geschult wurden, zeigen, dass eine fortgesetzte Unterrichtung im Lesen und Rechtschreiben und eine qualifizierte elterliche Förderung des Kindes dessen Lese-Rechtschreibentwicklung signifikant verbessert. Dass eine systematische Schulung phonologischer Fertigkeiten im Kindesalter eine günstigere Prognose des Lesens und Rechtschreibens im Grundschulalter ermöglicht, ist ebenfalls ein Hinweis auf die Bedeutung früher Bildungsförderung der Kinder. Je intensiver (häufiger) und qualifizierter der Erstlese- und Rechtschreibunterricht, desto besser ist das allgemeine Lese- und Rechtschreibvermögen des Durchschnitts einer Schulklasse.

1.4 Verlauf

1.4.1 Der Verlauf in Bezug auf die Fertigkeiten des Lesens und des Rechtschreibens

Lese- und Rechtschreibstörungen „wachsen" sich nicht einfach „aus", vielmehr sind sie sehr stabil (Strehlow, 1998). Schüler, die in der 1. und zu Beginn der 2. Grundschulklasse zu den 5 % der schwachen Leser und Rechtschreiber gehörten, waren in der Wiener Längsschnittstudie am Ende der Pflichtschulzeit (8. Klasse) auf dem Leistungsstand mittelguter Schüler der 1. und 2. Grundschulklasse (Klicpera & Gasteiger-Klicpera, 1995). In der Regel wird eine Lesefertigkeit erworben, wenn auch das Lesen im Vergleich zu Personen ohne Lese-Rechtschreibstörung langsamer gelingt. Die Rechtschreibschwierigkeiten bleiben deutlicher und oft bis in das Erwachsenenalter bestehen. Wichtig für den Verlauf ist die weitere regelmäßige Beschulung in der Schriftsprache. So machen Schüler mit Lese-Rechtschreibstörung, wenn sie weiterführende Schulen besuchen, noch deutliche Fortschritte im Lesen und Rechtschreiben, wobei offenbar Mädchen stärker profitieren als Jungen (Haffner et al., 1998).

Persistenz der Rechtschreibdefizite

1.4.2 Zum Verlauf der allgemeinen psychischen, schulischen und beruflichen Entwicklung und der sozialen Eingliederung

Die zusätzlichen Beeinträchtigungen, die bei Kindern mit Lese-Rechtschreibstörungen auftreten können, sind in den verschiedenen Altersstufen unterschiedlich.

Im Vorschulalter finden sich bei Kindern, die im Schulalter Lese-Rechtschreibstörungen haben, folgende Auffälligkeiten im Verhalten und in Teilleistungsbereichen (vgl. auch Kapitel 1.2):

Vorschulalter

– *Aufmerksamkeits- und Hyperaktivitätsstörungen* (bei etwa 30 % der Kinder mit Lese-Rechtschreibstörung ist mit einer hyperkinetischen Störung, also zusätzlich mit den Symptomen Aufmerksamkeitsstörung, Hyperaktivität und Impulsivität zu rechnen)

- *Entwicklungsstörungen der Sprache* (Artikulationsstörungen, beeinträchtigter Wortschatz, Dysgrammatismus, Defizite im „phonologischer Bewusstheit")
- *Visuo-motorische Beeinträchtigungen:* fein- und grobmotorisches Ungeschick (Ungeschick im Umgang mit der Schere und dem Zeichenstift, Ungeschick bei Bastelarbeiten)
- *Schwächen in der Figurhintergrundwahrnehmung, Raum-/Lagewahrnehmung*
- *Störungen im sozialen Verhalten*

Schulalter

Im Schulalter können die bereits im Vorschulalter bestehenden Entwicklungsschwierigkeiten fortdauern und, zusätzlich zu den Lese-Rechtschreibproblemen, den schulischen Fortschritt erschweren. Hinzu kommen jedoch psychische Folgen des Versagens beim Erlernen des Lesens und des Rechtschreibens und die Schwierigkeiten bei anderen schulischen Fächern mit schriftsprachlichen Anforderungen. Mit folgenden Symptomen bzw. Störungen ist insbesondere bis zum Jugendalter zu rechnen:

- *hyperkinetische Störung* (Hyperaktivität, Impulsivität, Aufmerksamkeitsstörungen)
- *emotionale Störungen* (Prüfungsängste, Versagensängste bei schulischen Anforderungen, Motivationsverlust für schulisches Lernen, Schulängste bis zur Schulverweigerung, depressive Entwicklungen)
- *Störungen des Sozialverhaltens* (Disziplinschwierigkeiten im Unterricht; Hausaufgabenkonflikte (Esser & Schmidt, 1993; Hynd et al., 1990; Klicpera et al., 1981; Schulte-Körne et al., 1991; Warnke et al., 1989))

Grundschüler mit Lese-Rechtschreibschwierigkeiten sind im Vergleich zu ihren Mitschülern doppelt so häufig psychisch auffällig. Im Alter von 8 und 13 Jahren waren in der Mannheimer Längsschnittstudie 43 bis 44 % der Schüler mit Lese-Rechtschreibstörung psychisch erkrankt, im Alter von 18 Jahren etwa 34 % und mit 25 Jahren noch 29 %. Charakteristisch waren Symptome der motorischen Unruhe, Konzentrationsstörungen und dissoziale Verhaltensprobleme. Die Tendenz, zu Tabak und Drogen zu greifen, ist bei Heranwachsenden mit Lese-Rechtschreibstörung (18 bis 25 Jahre) im Vergleich zur Gleichaltrigengruppe ohne Lese-Rechtschreibstörung signifikant erhöht (Esser & Schmidt, 2002).

Hausaufgabenkonflikte sind insbesondere im Grundschulalter regelhaft. Kindern mit Lese-Rechtschreibstörung fällt es oft schwer, sich an die Hausaufgaben zu setzen. Sie erledigen sie meist schlecht gelaunt, sie erscheinen unkonzentriert und sind auf die tägliche Hilfe der Eltern angewiesen (Warnke et al., 1989). Die Grundschüler mit Lese-Rechtschreibstörungen benötigen wesentlich länger für die Hausaufgaben als ihre Mitschüler. Nach der Längsschnittstudie von Klicpera und Gasteiger-Klicpera (1993, 1995) durchschnittlich 2,5 Stunden pro Schultag. In den späteren Schuljahren investieren sie deutlich weniger in die Hausaufgaben. Sehr wahrscheinlich ist die nachlassende Hausaufgabenbewältigung als wesentliches Zeichen der Resignation und Demotivierung zu werten.

Hausaufgabenkonflikte

Das schulische Fortkommen der Schüler mit Lese-Rechtschreibstörung ist erheblich beeinträchtigt. In den schwersten Fällen geraten auch gut begabte Kinder mit Lese-Rechtschreibstörung bereits in der 1. und 2. Klasse in schulische Nöte, so dass Klassenwiederholungen unvermeidbar sind. Spätestens in der 3. und 4. Grundschulklasse kommt es zu einer Generalisierung der Leistungsschwierigkeiten auf andere Schulfächer mit schriftsprachlichen Anforderungen, so etwa auch in Mathematik, wenn Textaufgaben eingeführt werden. Unter längsschnittlicher Sicht haben Schüler mit Lese-Rechtschreibstörung trotz ihrer durchschnittlichen allgemeinen Begabung wesentlich seltener als ihre gleich begabten Mitschüler weiterführende Schulabschlüsse. Nur etwa ein Drittel erreicht den Übergang in weiterführende Schulen, nur etwa 7 bis 9 % erreichen einen Realschulabschluss und nur etwa 2 % das Abitur (Haffner et al., 1998). Dabei hatte die Rechtschreibleistung am Ende der Grundschule einen höheren Vorhersagewert für den später erreichten Schulabschluss als der sprachfreie Intelligenztestwert. In der Mannheimer Längsschnittstudie hatte ein Fünftel der Schüler mit Lese-Rechtschreibstörungen im Alter von 8 Jahren mangelhafte Leistungen in mindestens einem der Kernfächer und etwa 50 % der Schüler mit Lese-Rechtschreibstörung hatten bereits die 1. Klasse wiederholt. Die Rate der Schulabbrüche und die mangelhafte Beschäftigung mit dem Lesen korrelierten mit dem Schweregrad der Lese-Rechtschreibstörung (Esser & Schmidt, 1993, 2002; Strehlow et al., 1992).

Niedriger Schulabschluss

Das berufliche Fortkommen wird ebenfalls erheblich behindert. In der Mannheimer Stichprobe waren 26 % der Personen, bei denen im Alter von 8 Jahren eine Lese-Rechtschreibstörung diagnostiziert worden war, im Alter von 25 Jahren arbeitslos (in der Kontrollgruppe bei gleichem Intelligenzquotient nur 4 %!). Es ist ein internationaler Befund, dass bei Gefängnisinsassen überdurchschnittlich häufig (26 bis 73 %) Lese- und Rechtschreibschwächen vorliegen (Weinschenk, 1981; Maughan et al., 1985). Auch in der Mannheimer Längsschnittstudie waren die Personen mit Lese-Rechtschreibstörung im Verlauf ihrer Entwicklung häufiger straffällig (im Alter von 18 Jahren waren 25 % durch ein Jugendgericht wegen strafrechtlicher Delikte verurteilt!). Dabei wirkten sich schlechte sozioökonomische Lebensverhältnisse sehr ungünstig aus (Esser & Schmidt, 2001).

Höhere Arbeitslosigkeit

> **Merke:** Bei der Lese-Rechtschreibstörung handelt es sich um eine Entwicklungsstörung, die bei entsprechendem Schweregrad und bei unzureichender Hilfestellung für die betroffenen Personen gravierende psychische, schulische, berufliche und sozialintegrative Nachteile mit sich bringt. Die frühzeitige Erkennung, eine qualifizierte schriftsprachliche Unterrichtung, die spezifische schulische Unterstützung durch Nachteilsausgleich, Therapie und integrative Maßnahmen haben eine sehr große Bedeutung.

1.5 Therapie

Die Behandlung der Lese-Rechtschreibstörung setzt eine *Zusammenarbeit des Kindes bzw. Jugendlichen, seiner Eltern und der Schule* voraus. Lese- und Rechtschreibstörungen wachsen sich nicht einfach aus, sie dauern an, in den schwersten Ausprägungsgraden ist das Lesen und Rechtschreiben lebenslang nicht fehlerfrei möglich. So ist die Behandlung bei schwerem Ausprägungsgrad nicht nur eine *Einübung von Lese- und Rechtschreibfertigkeiten*. Wichtig ist es auch, zu lernen, mit den Schwächen und Fehlern in allen schriftsprachlichen Anforderungen des Alltags zu recht zu kommen. So ist die Behandlung über eine Einübung des Lesens und Rechtschreibens hinaus ein *Begleiten des Kindes* durch seinen Schulweg, seine *Unterstützung in alternativen Begabungen* und im Erwerb von Fertigkeiten, sich trotz der Lese-Rechtschreibschwierigkeiten im Alltag, in der Schule und in der beruflichen Ausbildung und schließlich im Berufsleben zu behaupten. Wenn eine Überforderung nicht zu vermeiden ist und sich Schulängste mit körperlichen Beschwerden und Schlafstörungen, depressive Entwicklung mit Selbstwertzweifeln, allgemeine Lernunlust und schließlich auch eine allgemeine Verschlechterung der schulischen Leistungen eintreten, so können über die Übungsbehandlung hinaus *psychotherapeutische Hilfen* indiziert sein. Psychotherapeutische Hilfen und vielleicht auch eine psychopharmakologische Behandlung sind dann angezeigt, wenn komorbide Störungen, wie etwa die hyperkinetische Störung die grundsätzlichen Fähigkeiten zum Lernen beeinträchtigen. Diese Ausgangslage macht plausibel, dass nicht eine stereotype und isolierte Behandlungsmaßnahme, sondern Behandlungsprogramme die Regel sind, die jeweils auf die individuellen Besonderheiten des einzelnen Kindes bzw. Jugendlichen mit Lese- und Rechtschreibstörungen anzupassen sind (Dt. Gesellschaft für Kinder- und Jugendpsychiatrie und Psychotherapie et al., 2003, Leitlinien; Warnke et al., 2002, vgl. auch Kapitel 7).

Die Behandlung hat mehrfache *Ansatzpunkte:*
- die Zusammenarbeit mit dem Kind
- die Zusammenarbeit mit den Eltern
- die Zusammenarbeit mit der Schule bzw. dem Arbeitgeber
- sozialrechtliche Maßnahmen: Eingliederungshilfe

Die *Beratung* und so genannte Psychoedukation von Kind und Eltern und die *Kooperation mit der Schule* sind eine Grundlage aller Interventionen (Dt. Gesellschaft für Kinder- und Jugendpsychiatrie und Psychotherapie et al., 2003, Leitlinien). Systematische Untersuchungen zur Wirksamkeit liegen jedoch nicht für solche psychoedukativen Maßnahmen vor. Die Wirksamkeitsstudien betreffen Programme der Lese-Rechtschreibförderung bzw. die Übungsbehandlungen des Lesens und Rechtschreibens (siehe Kapitel 4). Bereits die Erklärung der Diagnose entlastet Kind und Eltern und auch die verantwortlichen Lehrer wesentlich. Sie gibt zugleich Orientierung für störungsspezifische Maßnahmen (siehe Kapitel 2.3.1 und 2.3.3).

Kooperation mit der Schule

1.5.1 Die multimodale Behandlung und Übungsbehandlung der Lese- und Rechtschreibstörung

Die Behandlung umfasst Interventionen, die in Tabelle 3 zusammengefasst sind.

Tabelle 3: Übersicht über Behandlungsansätze

1. *patientenzentrierte Interventionen* sind:
- die funktionelle Behandlung des Lesens und Rechtschreibens (Übungsbehandlung)
- die Unterstützung des Kindes bei der psychischen Bewältigung der Lese-Rechtschreibstörung (Problemmanagement)
- die Behandlung von Begleitstörungen (Psychotherapie und Pharmakotherapie)
- die Behandlung von Seh- und Hörstörungen (augen- und ohrenärztliche Hilfen)

2. *umweltzentrierte Verfahren* sind:
- Elterntraining zur Förderung des Kindes im Lesen und Rechtschreiben im familiären Rahmen
- Schulzentrierte Interventionen: Lehrerberatung, schulische Förderprogramme, schulischer Nachteilsausgleich

3. *Eingliederungshilfe*

1.5.2 Kindzentrierte Therapie: die Übungsbehandlung

Zu den folgenden Kapiteln 1.5.2 bis 1.5.4 erfolgt eine knappe Literaturübersicht zum Stand der empirischen Forschung von Behandlungsmaßnahmen. Die Möglichkeiten der Eingliederungshilfe werden in Kapitel 2.3.4 beschrieben.

Systematische Übungsbehandlung wirksam

Die Wirksamkeit von systematischer Übungsbehandlung ist erwiesen (zur Übersicht von Suchodoletz, 2003; Warnke, 2003; Warnke et al., 2002; siehe Kapitel 4). Die meisten Kinder und Jugendlichen mit einer Lese- und Rechtschreibstörung lernen ausreichend das Lesen und auch hinreichend verständlich zu schreiben. In den extremen Schweregraden wird keine Lese- und Rechtschreibfähigkeit, die einer schriftsprachlichen Verständigung genügt, erreicht. Mit einer Therapie und optimaler schulischer Unterrichtung wird bis auf Ausnahmen nicht das Lese- und Rechtschreibniveau der Kontrollgruppen erreicht. Bislang gibt es kein Therapieverfahren, das für sich behaupten kann, in jedem Einzelfall eine Normalisierung der Lese-Rechtschreibfähigkeit zu erreichen.

Training von basalen Funktionen nicht wirksam

Keine hinreichenden wissenschaftlichen Belege für eine signifikante Verbesserung der Lese-Rechtschreibentwicklung bieten Ansätze, die unabhängig vom Lese- und Rechtschreibvorgang, isoliert neurophysiologische oder neuropsychologische Funktionen trainieren. Das gilt für das apparativ gesteuerte Training von Augenbewegungen ebenso wie für apparative Verfahren zum Lautwahrnehmungstraining (Amorosa et al., 1994; Bischof et al., 2002; Dt. Gesellschaft für Kinder- und Jugendpsychiatrie und Psychotherapie et al., 2003; Klicpera & Gasteiger-Klicpera, 1995; Mannhaupt, 2002; Schulte-Körne, 2002). Berichte über positive Wirkungen des Trainings von „basalen Funktionen" (Bakker, 1990; Fischer & Hartnegg, 2000; Tallal et al., 1993) bedürfen der Bestätigung durch unabhängige Forschergruppen.

Inzwischen kann als gesichert gelten, dass ein gezieltes Training des Lesens und Rechtschreibens und der kognitiven Funktionen, die dem Lesen und Rechtschreiben impliziert sind (z. B. Fertigkeiten der phonologischen Bewusstheit, vgl. Kapitel 1.3.3, 1.6, 2.3.7 und Kapitel 5), wirksam ist. Hinreichende empirische Wirksamkeitsnachweise für den deutschen Sprachraum liegen für folgende Übungsprogramme vor: Förderprogramm von Kossow (1979, 1991, 1996; siehe hierzu auch Praxisbericht von Hoffmann & Koschay, 1996); die lautgetreue Rechtschreibförderung von Reuter-Liehr (2001), der Kieler Lese- und Rechtschreibaufbau (Dummer-Smoch & Hackethal, 1994, 1996; Strehlow et al., 1999) und das „Marburger Rechtschreibtraining" (Schulte-Körne & Mathwig, 2000; siehe hierzu Kapitel 5; zur Übersicht Beckenbach, 2000; Mannhaupt, 2002; von Suchodoletz, 2003; Warnke, 2003; vgl. Kapitel 5.2). Mit rechnergesteuerten Lese-Rechtschreibprogrammen

lassen sich nicht nur motivationale Impulse sondern auch Lernfortschritte bewirken (Castell & Le Pair, 2000). Den wirksamen Verfahren sind zumindest Teile folgender Elemente eigen:
- Die Einübung von Lautwahrnehmung, Lautsynthese, Lautanalyse, Lautunterscheidung (z. B. Kossow, 1991)
- Die Einübung der Buchstaben-Laut-Zuordnung (Phonem-Graphem Korrespondenz)
- Die Schulung der Lautanalyse und -synthese eines Wortes sowie die Fertigkeit, einen Einzellaut dem entsprechenden Buchstabenbild zuzuordnen (Kossow, 1991; Küspert & Schneider, 2000a; Plume & Schneider, 2004)
- Die Einprägung der bildhaft-graphischen (morphologischen) Wortmerkmale
- Sprech- und Hörübungen
- Beginn des Lesens und Rechtschreibens mit lautgetreuen Wörtern
- Das Einüben von Silbenwahrnehmung (Dummer-Smoch, 1989; Reuter-Liehr, 2001)
- Das Erlernen von Rechtschreibregeln und ihren Ausnahmen (z. B. Reuter-Liehr, 2001; Schulte-Körne & Mathwig, 2000; siehe Kapitel 5)
- Wortschatzübungen und Förderung des sprachlichen Wissens
- Staffelung der Übungseinheiten vom Leichten zum Schwierigen, von häufigen Worten zu seltenen (Reuter-Liehr, 2001)
- Die Nutzung der Lautgebärdensprache (mit Handzeichen werden Buchstaben mit Lauten kombiniert) (Dummer-Smoch & Hackethal, 1994, 1996; Noterdaeme et al., 2003)
- Die Nutzung rhythmisch-melodisch sprechenden Schreibens in Silbenschritten (Reuter-Liehr, 2001; weiterführend hierzu Beckenbach, 2000; siehe Kapitel 5.2)
- Die Verwendung standardisierter Handlungsvorschriften (Algorithmen) (Kossow, 1991)
- Visuelle Trainingseinheiten zu „Basisfunktionen" wie z. B. Figur-Grundbeziehung, Raum-Lage-Beziehung und Sensumotorik (Kossow, 1996; vgl. hierzu auch die Verfahren von Grissemann, 1998 und Schenk-Danzinger, 1993)
- Die Nutzung didaktischer, heilpädagogischer und verhaltenstherapeutischer Prinzipien zur Lernmotivierung (z. B. prompte Bestärkung richtiger Lese-Rechtschreibleistungen)
- Förderung von Lesestrategien zur Sinnentnahme und Ausnutzung von Kontextinformationen
- Die „kotherapeutische" Unterstützung durch Eltern (Schulte-Körne & Mathwig, 2000).

Die Untersuchungsergebnisse von Strehlow et al. (1999) weisen darauf hin, dass Fortschritte im Lesen und Rechtschreiben signifikant erreicht werden, wenn eine Therapie ein wöchentliches Einzeltraining von 45 Minuten über die Dauer eines Jahres umfasst und zusätzlich 5- bis 10-minütige Hausaufgabenübungen an vier Tagen der Woche und 15-minütige Einheiten lauten Lesens investiert werden. Die Therapie ist also eine überaus große Anstrengung! Die Befunde sprechen dafür, dass Mädchen von der Lese-Rechtschreibbehandlung besser profitieren als Jungen.

1.5.3 Elternzentrierte Verfahren

Die Unterstützung des Kindes in seiner Lese- und Rechtschreibentwicklung ist ganz entscheidend mitbestimmt von der familiären Unterstützung allgemeiner Lernvoraussetzungen (siehe Kapitel 1.3.5). Zweifellos ist dabei die Unterstützung des Kindes in der Hausaufgabensituation wichtig (siehe Kapitel 2.3.1). Die Erklärung der Bedeutung familiärer Unterstützung für die positive Lese-Rechtschreibentwicklung liegt in der unspezifischen Optimierung der Lernmöglichkeiten des Kindes und seiner schriftsprachlichen Förderung durch Hausaufgabenunterstützung, Vorlesen und das Angebot von Lesematerialien.

Eltern-Kind-Trainingsprogramm

Die Wirksamkeit eines Eltern-Kind-Trainingsprogramms für die Lese-Rechtschreibförderung des Kindes hat die Studie von Schulte-Körne und Mathwig (2000) für das „Marburger Rechtschreibtraining" nachgewiesen. Das Training, das *Eltern befähigt, ihrem Kind orthographisches Regelwissen* über einen Zeitraum von zwei Jahren zu vermitteln, vermochte den Prozentsatz an Rechtschreibfehlern im Mittel signifikant von 40 auf 15 % zu senken und die Diktatnote im Mittel von 4,6 auf 3,8. Zusätzlich ließ sich durch dieses Eltern-Kind-Trainingsprogramm das Selbstwertgefühl der Kinder verbessern. Mütter mit guten Rechtschreibkenntnissen und ohne außerfamiliäre Erwerbstätigkeit erreichten die größten Lernfortschritte. Die Übungsbehandlung wurde durch eine *Elternberatung hinsichtlich der erzieherischen Probleme* mit dem Kind erleichtert.

1.5.4 Schulische Förderprogramme

Die Wirksamkeit schulischer Förderkurse kann nach der kritischen Übersicht von Klicpera und Gasteiger-Klicpera (1995) nur dann als Erfolg versprechend gelten, wenn die schulischen Förderprogramme in Kleingruppen systematisch und unter Berücksichtigung der individuellen Lernvoraussetzung des einzelnen Kindes durchgeführt werden (Mannhaupt, 2002). Es ist auch der Nachweis gesichert, dass der Anteil der Schüler mit Lese-Rechtschreibschwierigkeiten signifikant reduziert werden kann, wenn Intensität und Qualität des Erstlese- und Rechtschreibunterrichts gut sind (Klicpera & Gasteiger-Klicpera, 1995). Die Studie von Reuter-Liehr (1993) wies nach, dass die systematische lautgetreue Rechtschreibförderung auch im Klassenverband zu wirksamen Fortschritten in der Rechtschreibbeherrschung führt. Mit der psycholinguistischen Lese- und Rechtschreibförderung von Grissemann (1998) steht ein Programm zur Verfügung, das neben den Übungen zur Lesemotivation und zur phonologischen Bewusstheit auch Trainingseinheiten zur Gedächtnisschulung und zur Semantik beinhaltet. Das Programm von Tacke (1999a, b) „Flüssig lesen lernen" eignet sich zur Leseförderung im Grundschulbereich bis einschließlich der 5. Klasse. Mit dem Kapitel von Scheerer-Neumann ließen sich gleichfalls im Klassenverband signifikante schriftsprachliche Fortschritte erreichen.

Systematische Förderung im Unterricht

Die „LRS-Förderstrategie in Mecklenburg-Vorpommern" ist eine in Deutschland einzigartige und in der wissenschaftlich begründeten Systematik vorbildliche Strategie zur Früherkennung und Frühförderung innerhalb des schulischen Bildungssystems. Das Programm stützt sich auf eine systematische Lehreraus- und -fortbildung (Behrndt & Steffen, 1996; Bildungsministerium des Landes Mecklenburg-Vorpommern, 1998, 2002). Das Lehrerausbildungsprogramm führt zur Qualifikation von „LRS-Lehrern". Die LRS-Förderstrategie gliedert sich in folgende Förderformen:

LRS-Lehrer

– *binnendifferenzierte Förderung:* Durch Berücksichtigung der individuellen Lernvoraussetzungen, des unterschiedlichen Leseverhaltens und Lesetempos der Schüler einer Klasse sollen Schüler mit vorübergehenden oder leichten Problemen aufgefangen werden.
– Förderung in Kleingruppen: Die LRS-Richtlinie ermöglicht Schülern der Klassenstufen 2 bis 4 mit dem Verdacht auf eine Lese- und Rechtschreibschwäche und darüber hinaus nach Beendigung der Grundschulzeit die Förderung in einer Kleingruppe. Dies betrifft Schüler, bei denen eine binnendifferenzierte Förderung nicht ausreicht. Als Gruppengröße sind 3 bis 6 Schüler vorgesehen, die durch speziell ausgebildete LRS-Lehrkräfte unterrichtet werden.
– *Selbstständige LRS-Kleinklassen* als eine Form der Intensivförderung: dies ist ein Angebot für Schüler, bei denen der Erwerb der Schriftsprache trotz binnendifferenzierter Förderung im Anfangsunterricht der Grundschule vollständig zu scheitern droht. Die Unterrichtung erfolgt durch Grundschullehrkräfte, die in Fortbildungskursen in den Bereichen Beratung, Diagnostik und Unterrichtung speziell zur Lese-Rechtschreibförderung vorbereitet wurden. Diese Lehrkräfte diagnostizieren in einem regionalen Einzugsbereich alle Schüler mit Leistungsversagen im 2. Halbjahr der Klassenstufe 2.
– LRS-Förderung nach Einzelfallentscheidung in allen Klassenstufen: Gesonderte Fördermaßnahmen sind für Schüler mit psychischen Be-

gleitstörungen, gravierender Schulunlust und schwersten Lese-Rechtschreibstörungen vorgesehen (Bildungsministerium des Landes Mecklenburg-Vorpommern, 1998, S. 18–19).

Dieses Förderprogramm wurde über ein Jahrzehnt wissenschaftlich begleitet. Es führte u.a. zu dem Ergebnis, dass Klassenwiederholungen für Schüler mit Lese-Rechtschreibstörung zu keinem entscheidenden Lerngewinn im Bereich des Lesens und Rechtschreibens beitragen. Die Ergebnisse sprechen dafür, dass unter dem Einfluss der Förderstrategie für viele Schüler mit Lese-Rechtschreibstörung entscheidende Notenverbesserungen im schriftsprachlichen Bereich erreicht wurden und durch die differenzierten LRS-Fördermaßnahmen der Anteil der Schülergruppe mit „extremen Schwierigkeiten" (Rechtschreibniveau < 10 %) wesentlich verringert werden konnte (1994 von 20,6 auf 12,7 % in der 4. Klasse, 1995 von 10,5 auf 8,9 % in der 3. Klasse; Bildungsministerium des Landes Mecklenburg-Vorpommern 1998, S. 39).

1.5.5 Die Behandlung psychischer Begleitstörungen

In den Kapiteln 1.2 und 1.4 sind die psychischen komorbiden Störungen angeführt, die relativ häufig und spezifisch bei Kindern und Jugendlichen mit Lese- Rechtschreibstörungen zusätzlich diagnostiziert werden. Es sind vorrangig hyperkinetische Störungen, emotionale Störungen und Störungen des Sozialverhaltens. Wenn diese Störungen Folge der Beeinträchtigungen und des Überforderungserlebens des Kindes mit Lese-Rechtschreibstörung sind, so kann die zunächst primäre Beratung und Therapie zur Lese- und Rechtschreibstörung, wenn sie zu einer Entlastung der schulischen Überforderung führt, bereits zu einer Minderung oder Auflösung der sekundären komorbiden Störungen (z. B. der Schulangst) führen. *Bei starker Ausprägung der komorbiden Störung und ihrer Chronifizierung kann jedoch zusätzlich zur Übungsbehandlung der Lese- und Rechtschreibstörung eine Psychotherapie oder auch Pharmakotherapie der Begleitstörung notwendig werden.* Diese Indikation besteht auch dann, wenn die komorbiden Störungen bereits im Vorschulalter bestanden haben und unabhängig von den Beeinträchtigungen der Lese- und Rechtschreibstörung sich ausgebildet haben (z. B. die Aktivitäts- und Aufmerksamkeitsstörung). *Je nach Art der komorbiden Störung sind psychotherapeutische* (z. B. bei Schulangst, Aktivitäts- und Aufmerksamkeitsstörung), spezifisch pädagogische und psychopharmakologische (z. B. bei Aktivitäts- und Aufmerksamkeitsstörung) *Interventionen indiziert*. Eine Orientierung zu den indizierten diagnostischen und therapeutischen Maßnahmen sind in den Leitlinien der Deutschen Gesellschaft für Kinder- und Jugendpsychiatrie und Psychotherapie et al. (2003) und in den Lehrbüchern der Kinder- und Jugendpsychiatrie und Psychotherapie zu finden.

1.5.6 Die Behandlung zusätzlicher Entwicklungsstörungen (Teilleistungsstörungen)

Zu den Entwicklungsstörungen, die besonders häufig mit Lese-Rechtschreibstörungen gemeinsam auftreten gehören:
- Sprachentwicklungsstörungen
- Rechenstörungen
- Motorische Entwicklungsstörungen
- Taktil-kinastetische Wahrnehmungsstörungen
- Aufmerksamkeitsstörungen (vgl. Kapitel 1.2)

Insoweit diese Beeinträchtigungen die allgemeine Lernbereitschaft und Lernbefähigung des Kindes mit Lese-Rechtschreibstörung betreffen, ist ihre Behandlung auch hilfreich für die Entwicklung des Lesens und Rechtschreibens. *Die Therapie dieser Störungsbereiche hat jedoch keine positive Auswirkung auf das Erlernen des Lesens und Rechtschreibens, wenn nicht eine zusätzliche spezifische Übungsbehandlung der primären Lese- und Rechtschreibstörung besteht.* Für Sprachentwicklungsstörungen kommen logopädische und sprachheilpädagogische Maßnahmen in Frage. Für Entwicklungsstörungen der Motorik, die im Rahmen von Krankengymnastik, Motopädie und Ergotherapie angegangen werden, gibt es spezifische psychomotorische Trainingsprogramme. Aufmerksamkeitsstörungen, die im Zusammenhang mit der Aktivitäts- und Aufmerksamkeitsstörung besonders Beachtung finden, lassen sich nach den psychotherapeutischen, pädagogischen und medikamentösen Prinzipien behandeln, wie sie im Leitfaden zu hyperkinetischen Störungen beschrieben sind (Döpfner et al., 2000a). Die Rechenstörung, deren Bedeutung nach wie vor unterschätzt wird, bedarf in ähnlicher Weise wie die Lese-Rechtschreibstörung einer systematischen störungsspezifischen Behandlung. Ein verhaltenstherapeutisches Vorgehen zur Therapie von Rechenstörungen haben Warnke und Küspert (2001) beschrieben (weiterführend auch Grissemann, 1996; Lorenz & Radatz, 1993).

1.5.7 Augen- und ohrenärztliche Behandlung

Die Sinnesfunktionsstörungen sind definitorisch als Ursache der Lese-Rechtschreibstörung auszuschließen. Dennoch sind Seh- oder Hörstörungen mögliche Gründe für Lese- und Rechtschreibschwierigkeiten. Die Sicherung einer optimalen Seh- und Hörfähigkeit dient den allgemeinen Lernvoraussetzungen, die grundsätzlich für die schriftsprachliche Entwicklung vorteilhaft sind. Die Bedeutung von visuellen und auditiv-sprachlichen Besonderheiten für die Lese-Rechtschreibentwicklung ist in den Kapiteln 1.3.2 und 1.3.3 beschrieben. Die ärztlichen Empfehlungen zur Sicherung von optimaler Seh- und Hörfähigkeit sind im Kapitel 2.3.6 zusammengefasst.

1.5.8 Pharmakotherapie

Eine medikamentöse Heilung der Lese-Rechtschreibstörung ist nicht möglich. Jedoch gibt es ein Medikament, das auf Grund sorgfältiger Wirksamkeitsstudien eine Zulassung zur Behandlung von Lese- und Rechtschreibstörungen „bei nicht intellektuell retardierten Kindern" hat. Die Wirksubstanz ist *Pirazetam*. In einer multizentrischen Studie konnte nachgewiesen werden, dass unter der täglichen Dosierung von drei Gramm Pirazetam bei Personen mit Lese-Rechtschreibstörung die Leseflüssigkeit verbessert wurde (Wilsher et al., 1985). In der ärztlichen Praxis konnte sich diese medikamentöse Behandlung jedoch bislang nicht durchsetzen, so dass es außerhalb der wissenschaftlichen Studien keine systematischen Praxiserfahrungen gibt. Für das Kindesalter wird z. B. die Dosierung von 2-mal täglich zwei Filmtabletten Nootrop® 800 empfohlen.

Eine medikamentöse Behandlung im Zusammenhang mit der Lese-Rechtschreibstörung kommt dann in Frage, wenn *psychische Begleitstörungen, für die eine medikamentöse Behandlungsmöglichkeit besteht,* gleichzeitig vorliegen. Das trifft vor allen Dingen für die hyperkinetische Störung zu (Döpfner et al., 2000a, b). Etwa ein Drittel der Kinder mit Lese-Rechtschreibstörung leidet gleichzeitig unter einer hypermotorischen Symptomatik und Aufmerksamkeitsstörung. Die Lese- und Rechtschreibleistung wird dann unabhängig von der Lese-Rechtschreibstörung von Fehlern verstärkt, die auf eine Aufmerksamkeitsbeeinträchtigung zurückzuführen sind („Flüchtigkeitsfehler"). Auch kann es bei starker hyperkinetischer Symptomatik zu graphomotorischen Schwierigkeiten kommen, die eine Schrift nahezu unleserlich erscheinen lassen. Unter diesen Bedingungen ist eine Stimulanzientherapie (Methylphenidat: z. B. Ritalin®, Medikinet®, Concerta®, Equasym®) nach qualifizierter Indikationsstellung möglich und oft auch notwendig, um die begabungsadäquate schulische Integration des Kindes zu sichern. Unter der Stimulanzienmedikation kommt es zur Abnahme von Flüchtigkeitsfehlern und die Handschrift kann harmonischer werden.

1.6 Prävention

Grundsätzlich ist die Lese- und Rechtschreibstörung erst nach der Einschulung, wenn eine Unterrichtung im Lesen und Rechtschreiben stattgefunden hat, möglich. Nun hat aber das Erlernen des Lesens und Rechtschreibens Voraussetzungen in bestimmten sprachlichen, visuo-motorischen, aufmerksamkeitsabhängigen und vielen anderen Teilleistungen. Aus den Erkenntnissen der wichtigen kognitiven Voraussetzungen des Schriftspracherwerbs und den Erkenntnissen aus längsschnittlichen Studien wurde es möglich, vorschulische *Screening-Untersuchungen* und Verfahren der *vorschulischen Förderung* zu entwickeln.

1.6.1 Vorsorgeuntersuchung: Früherkennung

Erste Screening-Verfahren im deutschen Sprachraum zur systematischen Bestimmung der Vorboten von Lese- Rechtschreibschwierigkeiten haben Breuer und Weuffen (1993) entwickelt. Sie schufen Aufgaben zur Überprüfung von akustisch-phonematischen und kinästhetisch-artikulatorischen Differenzierungsfähigkeiten im Vorschulalter. Beispiel für die akustisch-phonematische Differenzierungsprobe ist die Lautunterscheidung (z. B. Kanne, Tanne). Andere Aufgaben nützen Bildmaterialien zur Unterscheidung bedeutungsverschiedener Wortpaare, die aber im Klang ähnlich sind (z. B. bildliche Vorgaben von Topf und Kopf). Geprüft wird die Fähigkeit zur auditiven Unterscheidung von sprachlichen Lauten. Bei Aufgaben zur artikulatorischen Differenzierungsfähigkeit werden schwer zu sprechende Wörter vorgegeben (z. B. Schellfischflosse), die das Kind gebeten ist möglichst ohne Artikulationsfehler nachzusprechen. Breuer und Weuffen betonten neben diesen Fertigkeiten auch *optisch-graphomotorische, melodisch-intonatorische und rhythmische Differenzierungsfähigkeiten*.

Weitergehende Aufschlüsse ergaben sich durch die LOGIK-Studie, die die kognitiven Fähigkeiten der Kinder vom 3. bis zum 12. Lebensjahr längsschnittlich untersuchte. Ein wesentliches Ziel war, die spätere Lese- Rechtschreibfähigkeit durch lautsprachliche Fertigkeiten im Vorschulalter vorherzusagen. Auf der Grundlage der Bielefelder Längsschnittstudie wurde das Bielefelder Screening-Verfahren (BISC, Jansen et al., 1999) konzipiert, das ermöglicht, bereits im Vorschulalter mit guter Vorhersagegültigkeit jene Kinder zu ermitteln, die mit dem Risiko behaftet sind, im Grundschulalter beim Erlernen des Lesens und Rechtschreibens Schwierigkeiten zu entwickeln (vgl. Kapitel 5). Mit der Bielefelder Längsschnittstudie zur Früherkennung der Lese-Rechtschreibschwäche wurde die Vorhersagegüte des Screening-Verfahrens vom letzten Kindergartenjahr bis in das 9. Schuljahr hinein untersucht. Als Kriterium für die Rechtschreibleistung wurden standardisierte Rechtschreibtests eingesetzt, und die Leseleistung wurde unter anderem durch einen von Marx eigens entwickelten Lesetest („Knuspels Leseaufgaben" von Marx, 1998) erfasst. Kinder mit einem Prozentrang von kleiner als 15 % wurden als Schüler mit Lese-Rechtschreibschwäche

Bielefelder Screening-Verfahren

angenommen. Nach der Bielefelder Längsschnittstudie hat das Screening-Verfahren vom letzten Kindergartenjahr bis in das 9. Schuljahr eine sehr gute Vorhersagegüte. Zur prognostischen Validität des Bielefelder Screenings zur Früherkennung von Lese- und Rechtschreibschwierigkeiten siehe weiterführend Marx et al. (2000).

Auf der Grundlage von vorschulischen Ergebnissen aus dem Bielefelder Screening 10 und 4 Monate vor der Einschulung konnten die Lese-Rechtschreibleistungen Ende des 2. Grundschuljahres mit einer Gesamttrefferquote von 92,2 % richtig vorhergesagt werden. Von 26 „Risikokindern" hatten tatsächlich 20 Ende der 2. Klasse Schwierigkeiten im Lesen und Rechtschreiben, sechs jedoch nicht. Von den 127 Kindern, für die keine Lese-Rechtschreibschwierigkeiten prognostiziert wurden, hatten am Ende der 2. Klasse tatsächlich 113 weder im Lesen und Rechtschreiben Probleme, 14 Schüler jedoch hatten Schwächen entweder im Lesen oder im Rechtschreiben. Daraus wird erkennbar, dass bei der sehr guten Vorhersagegüte dennoch einige Schüler übersehen und andere irrtümlich als Risikokind klassifiziert werden. Dies unterstreicht die Wichtigkeit, dass für jeden einzelnen Schüler die Lese-Rechtschreibentwicklung in den ersten fünf Schuljahren von den Lehrern aufmerksam verfolgt werden muss.

1.6.2 Vorschulische Prävention im Kindergarten

Grundsätzlich lässt sich auch eine Prävention durch eine entsprechende *vorschulische Förderung der lautsprachlichen Entwicklung* von Kindern erreichen. Dazu wurde ein in Skandinavien entwickeltes Trainingsprogramm zur Förderung der phonologischen Bewusstheit (Lundberg, Frost & Petersen, 1988) von Schneider und seinen Mitarbeitern übernommen und bei Vorschulkindern im letzten Kindergartenjahr erprobt (zum inhaltlichen Programm siehe Kapitel 5). Die präventive Wirksamkeit der vorschulischen Förderung der phonologischen Bewusstheit wurde in *drei Würzburger Trainingsstudien* nachgewiesen (Küspert, 1998; Roth, 1999; Roth & Schneider, 2002; Schneider et al., 1997, 1999, 2000).

Förderung der phonologischen Bewussheit

In den ersten beiden Würzburger Trainingsstudien zeigte sich, dass geförderte Vorschulkinder im Vergleich zu nicht behandelten Kontrollkindern auch langfristig signifikant bessere Lese-Rechtschreibleistungen in der Schule erbrachten. Die vorschulische Förderung der phonologischen Bewusstheit konnte den Kindern den späteren Schriftspracherwerb deutlich erleichtern (Küspert, 1998; Schneider et al., 1997). Die Evaluation eines Trainings der phonologischen Bewusstheit in der ersten Grundschulklasse erbrachte zwar signifikante Trainingseffekte, die jedoch insgesamt geringer waren als die Effekte eines vorschulischen

Trainings (Einsiedler et al., 2002). In einer weiteren Würzburger Studie ließen sich signifikante Trainingserfolge auch für Risikokinder im Vorschulalter, die mittels des Bielefelder Screening-Verfahrens (Jansen et al., 1999; siehe Kapitel 3.3) klassifiziert wurden, nachweisen. Für die Förderung der damit identifizierten Risikokinder erwies sich insbesondere die Kombination des phonologischen Bewusstheitstrainings mit einem Buchstaben-Laut-Training als langfristig am erfolgreichsten (zum inhaltlichen Programm des Buchstaben-Laut-Trainings siehe Kapitel 5). Die kombinierte Trainingsversion erzielte die größten Effekte auf die schriftsprachliche Kompetenzen (Roth, 1999; Schneider et al., 2000). Die Befunde demonstrierten, dass auch Risikokinder erheblich von der vorschulischen Förderung profitieren. Diejenigen Risikokinder, die am kombinierten Training teilgenommen hatten, konnten ihren Leistungsvorsprung besonders im Rechtschreiben sogar bis ins dritte Grundschuljahr beibehalten. Die hohe Stabilität der Trainingseffekte spricht dafür, dass die Kinder der kombinierten Trainingsgruppe ihre Vorteile auch in der „kritischen" Phase der Grundschulzeit, nämlich im 3. Schuljahr, nutzen konnten. Die Befunde sind überdies von praktischer Relevanz, da der Großteil der Risikokinder, die an den verschiedenen Trainingsverfahren teilgenommen hatten, im Lesen und Rechtschreiben auf lange Sicht in den durchschnittlichen Leistungsbereich geführt werden konnte. Zwar befanden sich unter den geförderten Risikokindern am Ende des dritten Grundschuljahres vereinzelt noch schwache Leser und Rechtschreiber (6 % der Kinder in der kombinierten Trainingsgruppe erzielten einen Prozentrang von kleiner als 10 im Rechtschreibtest der 3. Klasse), doch der prozentuale Anteil der Kinder mit niedriger bzw. problematischer Rechtschreibleistung wäre in einer Risikogruppe erwartungsgemäß deutlich höher einzustufen. Zusammenfassend ließ sich schlussfolgern, dass die Intervention im Vorschulalter den schwachen Schulanfängern einen besseren Start verschaffte und die Entwicklung von Lese- und Rechtschreibdefiziten langfristig gezielt vorgebeugt werden konnte. Die geförderten Risikokinder konnten ihren im ersten Schuljahr erworbenen Vorsprung für die weitere Grundschulzeit weiterhin effektiv nutzen, wobei die kombinierte Förderung langfristig die größten Effekte auf die Lese-Rechtschreibleistung zeigte (Roth & Schneider, 2002).

Förderung der Buchstaben-Lautzuordnung

2 Leitlinien

2.1 Leitlinien zu Diagnostik und Verlaufskontrolle

Die Diagnostik der Lese-Rechtschreibstörung ist multiaxial (Remschmidt, Schmidt & Poustka, 2001; Döpfner et al., 2000c).

Multiaxiale Diagnostik

Die multiaxiale Diagnostik beinhaltet folgende Untersuchungsbereiche (Achsen):
– Lesen und Rechtschreiben sowie weitere Teilleistungsbereiche, nämlich die der Sprache, Motorik und des Rechnens (Achse 2)
– Intelligenz (Intelligenzniveau, Achse 3)
– psychische Gesundheit (klinisch-psychiatrische Befindlichkeit, Achse 1)
– körperliche Gesundheit (die körperliche und neurologische Entwicklung, Achse 4)
– psychosoziales Lebensmilieu (assoziierte aktuelle psychosoziale Umstände, Achse 5)
– psychosoziale Anpassung und Eingliederung (die globale Beurteilung des psychosozialen Funktionsniveaus, Achse 6).

Dieser multiaxiale Ansatz zur Diagnostik der Lese- und Rechtschreibstörung entspricht den allgemeinen Prinzipien zur Diagnostik psychischer Störungen im Kindes- und Jugendalter, wie sie von den deutschen Nachbargesellschaften für Kinder- und Jugendpsychiatrie und Psychotherapie verfasst wurden (Deutsche Gesellschaft für Kinder- und Jugendpsychiatrie und Psychotherapie et al., 2003) und im Leitfaden zur Diagnostik psychischer Störungen im Kindes- und Jugendalter beschrieben sind (Döpfner et al., 2000c; Herpertz-Dahlmann et al., 2003). Eine Übersicht über die diagnostischen Schritte gemäß der Leitlinien und zur Verlaufskontrolle bei Kindern und Jugendlichen mit Lese- und Rechtschreibstörungen gibt Tabelle 4.

Tabelle 4: Übersicht über die Leitlinien zur Diagnostik und Verlaufskontrolle

L1	Exploration der Eltern und Lehrer
L2	Exploration des Kindes/Jugendlichen
L3	Standardisierte Fragebögen für Eltern, für das Kind/den Jugendlichen und für Lehrer
L4	Testpsychologische Untersuchungen

L5	Körperlich-neurologische Untersuchungen
L6	Diagnose und Differenzialdiagnose – Entscheidungsbaum
L7	Verlaufskontrolle

> **Merke:** Ausschlaggebend für die Diagnose sind die Ergebnisse der Exploration zum schulischen Werdegang. Die schriftsprachliche Entwicklung und die Ergebnisse der testpsychologischen Untersuchungen zum Niveau des Lesens und Rechtschreibens (Kapitel 3.1, 3.2) und der Intelligenzentwicklung (3.4) sind diagnostisch grundlegend. Im Rahmen der körperlich-neurologischen Untersuchungen ist immer eine augenärztliche Untersuchung indiziert und bei Auffälligkeiten in der Sprachentwicklung auch eine Überprüfung der Hörfähigkeit (pädaudiologische Untersuchung).

Andere diagnostische Maßnahmen sind optional. Dazu gehören standardisierte Fragebögen zur Beurteilung der psychischen Entwicklung des Kindes, insbesondere hinsichtlich hyperkinetischer Symptomatik, Aufmerksamkeitsstörung, Angst und Depression. Bei entsprechendem Verdacht sind auch Tests zur Entwicklung im Rechnen, Motorik, Sprache und Aufmerksamkeit indiziert (siehe Kapitel 3.5).

2.1.1 Exploration der Eltern und der Lehrer

In der Regel kommen die Eltern bei der Erstvorstellung des Kindes bereits mit der Frage, ob eine Lese-Rechtschreibstörung vorliegt oder nicht. Oft genug allerdings sind es sehr *unspezifische Symptome,* die das Kind zur ambulanten Vorstellung führen: körperliche Symptome als Ausdruck einer Schulangst, familiäre und schulische Disziplinschwierigkeiten oder massive Hausaufgabenkonflikte. Daher sind neben der spezifischen Exploration der Lese- und Rechtschreibentwicklung die allgemeinen Explorationsleitlinien anzuwenden, die bei der Diagnostik psychischer Störungen von Kindern und Jugendlichen zu beachten sind (Döpfner et al., 2000c). Leitlinie 1 benennt die Sektionen (Verhaltensbereiche), auf die sich die allgemeine Exploration richtet. Ergibt sich im Rahmen dieser Exploration der Hinweis auf eine Lese-Rechtschreibstörung, dann sind spezifische diagnostische Schritte erforderlich. Die Eltern werden zu allen Fragenbereichen exploriert, die Lehrer optional hinsichtlich der allgemeinen schulischen Entwicklung des Kindes, insbesondere zu seinen Leistungen im Lesen und Rechtschreiben und anderen Schulfächern, sowie zum disziplinarischen und Lern-/Leistungsverhalten. Die Themenbereiche, die hauptsächlich für die Exploration der Eltern in Frage kommen, sind in Leitlinie 1 zusammengefasst.

Spezifische Exploration

Leitlinie 1: Exploration der Eltern und Lehrer

Sektion 1: Aktuelle Symptomatik des Lesens und des Rechtschreibens des Kindes/Jugendlichen

- Auftreten der *Leitsymptome* der Lese- und Rechtschreibstörung
- Schweregrad der Lese- und Rechtschreibstörung und deren Auswirkung auf die unterschiedlichen Schulfächer (z. B. die Frage, ob überhaupt eine Lesefähigkeit besteht, ob sich die Lesestörung auch bei mathematischen Textaufgaben nachteilig auswirkt; die Auswirkungen auf Diktat, Aufsatz, Fremdsprache)
- Grad der Beeinträchtigung und Belastung des Kindes und seines Umfeldes durch die Lese-Rechtschreibstörung (z. B. Hausaufgabenkonflikte, Beeinträchtigung der schulischen Lern-/Leistungsmotivation, Anzeichen von Schulverweigerung und Schulangst, disziplinarische Schwierigkeiten im schulischen Unterricht)
- Das Resultat in Schulzeugnissen und schulischen Arbeitsheften (Diktate, Aufsätze, schriftsprachliche Leistungen in anderen Schulfächern; die Frage nach der Diskrepanz zwischen schriftsprachlichen Leistungen und Leistungen in anderen Lernanforderungen, wie z. B. Mathematik)

Sektion 2: Spezifische psychische Komorbidität und Differenzialdiagnostische Abklärung

- *Intelligenzminderung* (Lernbehinderung oder geistige Behinderung)
- *Andere umschriebene Entwicklungsstörungen* (Sprache, Motorik, Rechnen)
- Depressive Störungen (Antriebsverlust, Freudlosigkeit, mangelndes Selbstvertrauen)
- Angststörungen (insbesondere schulische Versagensängste; Schulangst)
- Anpassungsstörungen (depressiv oder ängstlich; mit Störungen des Sozialverhaltens)
- Hyperaktivität und Aufmerksamkeitsstörungen
- Deprivation (unzureichende schulische und familiäre Förderung, Analphabetismus)
- Beeinträchtigte Beziehungen zu Gleichaltrigen, Mitschülern und Lehrern
- Andere psychopathologische Auffälligkeiten: Zwänge, autistisches Verhalten, Suizidalität
- Andere psychopathologische Auffälligkeiten: Zwänge, autistisches Verhalten, Suizidalität
- Essstörungen, Schlafstörungen, nächtliches Einnässen, Tics

Sektion 3: Stärken, Interessen und Wertvorstellungen des Kindes/Jugendlichen

- *schulische Zielsetzungen* (erwünschter Schulabschluss)
- Berufliche Zielsetzungen
- Gewissensbildung
- Religiöse und kulturelle Werte (jeweils Übereinstimmung mit elterlichen Vorstellungen)

- *Freizeitinteressen* und Aktivitäten, Hobbys, Vereinszugehörigkeiten, sportliche Begabung, musische Fähigkeiten
- *Soziales Geschick,* Sympathiefähigkeit; Fähigkeit, Freunde zu gewinnen und zu halten, Humor, Begeisterungsfähigkeit

Sektion 4: Störungsspezifische Entwicklungsgeschichte des Kindes/Jugendlichen

- Besonderheiten der *Sprachentwicklung:* Verspätete Sprachentwicklung, Stammeln (Artikulationsstörungen), Dysgrammatismus; Hinweise auf Störungen der phonologischen Bewusstheit (vgl. Kapitel 1.2.3)
- Psychomotorische Entwicklungsstörungen: Ungeschicklichkeiten in der fein- und grobmotorischen Entwicklung (im Kindergarten Abneigung gegen Bastelarbeiten, Malen oder Zeichnen, Schwierigkeiten beim Erlernen des Schleifebindens; verzögerte Entwicklung der Händigkeit, Schwierigkeiten beim Erlernen des Ablesens der Zeigeruhr, graphomotorische Schwierigkeiten)
- Besonderheiten der *Schullaufbahn:* schulische Fehlzeiten, Frage nach dem bisherigen Werdegang (Alter bei Einschulung, Klassenwiederholung, Schulwechsel, Übertritt in eine weiterführende Schule oder Umschulung von einem höheren Schultyp in niederen Schultyp – z. B. Gymnasium auf Realschule –, Frage nach Nachhilfe und spezifischen familiären oder außerfamiliären Therapien und spezifischen diagnostischen Maßnahmen zur Seh- und Hörfähigkeit)
- Hausaufgabenbetreuung: Regelmäßigkeit, Qualität, Konflikte
- *Beginn der Leitsymptome* der Lese- und Rechtschreibstörung: vor der 6. Schulklasse; Schwierigkeiten bereits in der 1. Klasse beim Erstlese- und Rechtschreibunterricht erkennbar oder erst ab der 3. Klasse, wenn ungeübte Diktate geschrieben wurden?
- *Verlauf der Symptomatik:* konstant, fluktuierend, Beeinflussung durch andere Belastungen
- *Situative Abhängigkeit der Symptomatik:* bereits Fehler beim Abschreiben; Fehler weniger beim Diktat als bei Aufsätzen; ausschließlich Rechtschreibschwierigkeiten oder Leseschwierigkeiten dominierend? Beeinflussung durch den Lehrer, Beeinflussung durch besondere Belastungen
- *Generalisierung* schriftsprachlicher Schwierigkeiten auch auf andere Schulfächer wie z. B. Mathematik (insbesondere Textaufgaben)

Sektion 5: Spezifisch medizinische Anamnese

- Informationen zu Schwangerschaft, Geburts- und Neugeborenenperiode
- Daten zu grob- und feinmotorischer Entwicklung, sprachlichen Meilensteinen und der Sauberkeitsentwicklung
- Pubertäre Entwicklung
- Körperliche Erkrankungen, Verletzungen, Krankenhausaufenthalte
- *Spezifisch:* Voruntersuchungen zu *Hör- und Sehfähigkeit* (augen- und ohrenärztliche Befunde)
- Regelmäßige Medikation? (Stimulanzienmedikation im Zusammenhang mit komorbider hyperkinetischer Störung; Antikonvulsiva, Antihistaminika, Sympathomimetika)
- *Bisherige* medizinische Voruntersuchungen und *Behandlungsmaßnahmen* (logopädische Behandlung, Ergotherapie, Krankengymnastik, Lese-Rechtschreibförderung)

Sektion 6: Spezifische Familienanamnese

- Die Entwicklung der Familie: Werdegang der Geschwister, Wohnsituation und Wohnortwechsel
- Berufliche Situation der Eltern, Elternbeziehung
- Beziehung des Kindes zu Eltern und Geschwistern
- Entwicklungs- oder *Lernstörungen bei Familienmitgliedern* (Wiederholungsrisiko der Lese-Rechtschreibstörung für Geschwister liegt zwischen 38 bis 62 %, für Eltern bei bis zu 54 %!)
- Schwergradige oder chronische, das Familienleben wesentlich beeinträchtigende, organische oder psychische Erkrankungen bei Familienmitgliedern
- Krisen oder besondere Belastungen in der Familie
- Ressourcen der Familie hinsichtlich der Erziehung und spezifisch der schulischen Förderung des Kindes (z. B. Hausaufgabenbetreuung, Umgangsfähigkeit mit Lehrern)

Sektion 7: Bedingungen der Schule und Beziehung zu Mitschülern

- *Lehrer-Kind-Beziehung* und Lehrer-Eltern-Beziehung
- Integration des Kindes im Klassenverband (Hänseleien wegen der Lese-/Rechtschreibprobleme?)
- Besondere *schulische Stärken* und Interessen
- Außerschulische Integration (Sozialkontakte zu Freunden, Ressourcen und Interessen im Freizeitbereich, Vereinszugehörigkeit)
- Die *Benotung* von schriftsprachlichen Leistungen und ihre Erklärung durch die unterschiedlichen Lehrkräfte, insbesondere dem Deutsch- und Klassenlehrer
- Die Qualität der Lese-Rechtschreibunterrichtung (spezifischer Förderkurs?)
- Die länderspezifischen, *schulrechtlichen Bestimmungen* zur Förderung von Kindern mit Lese-Rechtschreibstörungen („Legasthenie-Erlasse", die Umsetzung von spezifischer Lese-Rechtschreibförderung und Nachteilsausgleich)

Sektion 8: Therapie

- Bewältigungsversuche in der Familie: *Hausaufgabenbetreuung,* Kontakte zu verantwortlichen Lehrkräften
- *Vorbehandlung:* insbesondere Nachhilfe oder spezifische LRS-Therapie, Sprachtherapie, Ergotherapie, Motopädie, Psychotherapie, evtl. Pharmakotherapie einer Begleitstörung, wie z. B. der hyperkinetischen Störung
- Erklärungskonzepte der Eltern und Geschwister, der Lehrer und Klassenkameraden (Annahmen über die Ursachen der Störung und Möglichkeiten der Hilfe)
- Störungskonzepte, bisher konsultierte Fachkräfte, Ärzte, nichtärztliche Therapeuten, Schulpsychologen, Erziehungsberatungsstellen
- Therapieerwartungen des Kindes/Jugendlichen, der Eltern, Lehrer
- Bereitschaft und Fähigkeit von Kind/Jugendlichen, Eltern und Lehrern zur aktiven Mitarbeit in den diagnostischen, spezifisch pädagogischen und therapeutischen Bemühungen

- Behandlungsziele von Kind, Eltern und Lehrern
- Die Frage der *Finanzierung:* Leistungen der Krankenkasse, Beihilfe, des Jugendamtes (Eingliederungshilfe); ist gutachterliche Stellungnahme erforderlich?

Hilfreiche Materialien

Das E*xplorationsschema für Lese- und Rechtschreibstörung (ESLRS),* das in Kapitel 6 (siehe M01, S. 139) abgedruckt ist, orientiert sich an den in Leitlinie 1 dargestellten Explorationsbereichen.

Die Exploration der Eltern ist mit der Exploration der Lehrer, der Auswertung der schulischen Zeugnisse und schriftlichen Arbeiten sowie der standardisierten Testung des Lese-Rechtschreibniveaus und der Intelligenzmessung eine wesentliche Säule der Diagnostik. Die Exploration dient der Informationsgewinnung zu den in der Leitlinie 1 benannten 8 Sektionen. Mit der Exploration verbindet sich jedoch gleichzeitig auch das Ziel, eine therapeutische Beziehung zu den Eltern zu gewinnen und die Sorgen, Wünsche sowie Werthaltungen der Eltern zu erfahren.

Die *Exploration beider Elternteile* ist von Vorteil, da in Belangen der schulischen Entwicklung eines Kindes eigene elterliche schulische Erfahrungen, insbesondere auch in der Lese-Rechtschreibentwicklung, wie aber auch schulleistungsbezogene Zielsetzungen der einzelnen Elternteile relevant sind. Mit der Beteiligung beider Eltern an der Informationsgewinnung wird zugleich eine Voraussetzung für die weitere diagnostische und therapeutische Kooperation geschaffen. Bei Anwesenheit des Kindes sollte nicht über das Kind, sondern *mit* dem Kind gesprochen werden, um zu vermeiden, dass das Kind sich als (vielleicht sogar angeklagtes) „passives Objekt" wahrnehmen muss. In der Regel wird die Exploration orientierend gemeinsam mit Eltern und Kind eingeleitet mit dem Ziel, die wesentliche Fragestellung und Sorge und das weitere Vorgehen in der Diagnostik abzusprechen. Die weitere Exploration kann dann getrennt erfolgen, die Exploration der Eltern etwa parallel zur testdiagnostischen Untersuchung des Kindes (wenn zwei Untersucher zur Verfügung stehen). Dringend empfiehlt sich jedenfalls auch eine jeweils alleinige Exploration von Eltern und Kind.

Exploration der Eltern

Der Beginn der Exploration nimmt Bezug auf die von den Eltern gegebenen Vorinformationen. Fragen nach dem Vorstellungsanlass, den Sorgen, Erwartungen und Zielsetzungen der Eltern schließen sich an. Die weitere Exploration zielt darauf, die Informationen zu den einzelnen Sektionen (Leitlinie 1) zu gewinnen. Die Dauer des explorierenden Gesprächs ist mit 1 bis 2 Stunden einzuplanen, so dass in niedergelassener Praxis hierfür unter Umständen mehrere Termine vorzusehen sind.

Exploration der Lehrkraft

Die *Exploration des verantwortlichen* Lehrers (Klassenlehrers) und/oder des Deutschlehrers fernmündlich oder im persönlichen Gespräch ist bei Verdacht auf eine Lese-Rechtschreibstörung überaus wichtig. Für die Lehrerberatung ist das *Einverständnis der Eltern,* möglichst auch das des Kindes einzuholen. Die schulischen Informationen sind (leider nicht immer möglich) für die Diagnosestellung und die schulischen Fördermaßnahmen unverzichtbar. Schulzeugnisse – insbesondere auch der Grundschulklassen –, Klassenarbeiten und Schulhefte – insbesondere im Deutschen und in der Mathematik – geben entscheidenden Aufschluss zum allgemeinen Lern- und Leistungsvermögen, und zur Lese-Rechtschreibentwicklung. Das Gespräch über die vorgelegten schriftsprachlichen Leistungen und Beurteilungen des Kindes gibt reichlich Anstoß zu den Fragen nach den familiären Bemühungen, insbesondere den Hausaufgabenanstrengungen und den Interpretationen und Bewertungen des schulischen Leistungsverhaltens des Kindes. Ergeben sich aus der Exploration Hinweise, dass über die umschriebene Lese-Rechtschreibstörung hinaus Verhaltensstörungen bestehen, so kann die Exploration durch Fragebogenverfahren ergänzt werden (siehe Kapitel 2.1.2). Die Exploration der Lehrkräfte hat zum Ziel, Aufschluss über die Kooperationsmöglichkeiten zwischen Elternhaus und Schule zu erhalten. Im Fall der Lese-Rechtschreibstörung sind die Möglichkeiten der speziellen schulischen Förderung und des Nachteilsausgleichs gemäß der länderspezifischen „Legasthenie-Erlasse" zu klären. Die kooperative Mitarbeit der Lehrer ist in der Behandlung der Lese- und Rechtschreibstörung unerlässlich.

Im Folgenden werden die Leitlinien zu den Sektionen der Exploration von Eltern und Lehrern erläutert.

Sektion 1: aktuelle Symptomatik des Lesens und des Rechtschreibens des Kindes/Jugendlichen

Übersicht
Zu beachten sind vor allem:
– Auftreten der Leitsymptome der Lese- und Rechtschreibsstörung
– Schweregrad der Lese- und Rechtschreibstörung und deren Auswirkung auf die unterschiedlichen Schulfächer (z. B. die Frage, ob überhaupt eine Lesefähigkeit besteht, ob sich die Lesestörung auch bei mathematischen Textaufgaben nachteilig auswirkt; die Auswirkung auf Diktat, Aufsatz, Fremdsprache)
– Grad der Beeinträchtigung und Belastung des Kindes und seines Umfeldes durch die Lese-Rechtschreibstörung (z. B. Hausaufgabenkonflikte, Beeinträchtigung der schulischen Lern- und Leistungsmotivation, Anzeichen von Schulverweigerung und Schulangst, disziplinarische Schwierigkeiten im schulischen Unterricht)

– Das Resultat von Schulzeugnissen und schulischen Arbeitsheften (Diktate, Aufsätze, schriftsprachliche Leistungen in anderen Schulfächern, die Frage nach der Diskrepanz zwischen schriftsprachlichen Leistungen und Leistungen in anderen Lernanforderungen wie z. B. Mathematik)

Zunächst sind die Leitsymptome der Lese- und Rechtschreibstörung zu erfragen. Die Diagnose setzt voraus, dass die Schwierigkeiten im Lesen und Rechtschreiben spätestens in der 5. Klasse erkennbar geworden sind. In aller Regel jedoch wurden die Lese- und Rechtschreibschwierigkeiten bereits in der 1. oder 2. Klasse bemerkt. Bei Grundschulkindern berichten die Eltern fast immer, dass Lese- und Rechtschreibschwierigkeiten gleichzeitig bestehen. Im späteren Kindesalter sind es häufiger allein die Rechtschreibfehler, die beklagt werden, während das Lesen hinreichend – wenn auch relativ verlangsamt – gelingt. Bei sehr intelligenten Kindern mit gutem Gedächtnis kann es sein, dass Eltern und Lehrer die Lese- und Rechtschreibstörung in den ersten beiden Schulklassen und in Einzelfällen sogar nicht vor dem Wechsel in eine Realschule oder in das Gymnasium bemerkt haben, weil bis dahin das Kind die stets geübten Texte auswendig lernen konnte und in der Grundschule die Rechtschreibleistung dem Klassenniveau entsprach.

Zur Lesestörung berichten Eltern und Lehrer folgende Symptome (vgl. auch Dilling et al., 1991, S. 258; siehe Kapitel 1.1, Tabelle 1):
– das Kind liest langsam und stockend
– es lässt Buchstaben aus, ersetzt Buchstaben durch andere, vertauscht ihre Reihenfolge oder es fügt Buchstaben oder Wortteile hinzu
– es hat Startschwierigkeiten beim Vorlesen, zögert, verliert sich in den Textzeilen
– es stockt von Buchstabe zu Buchstabe oder von Wort zu Wort
– es betont nicht sinnhaft
– es vertauscht Wörter im Satz und es ist mehr oder weniger unfähig, das Gelesene wiederzugeben, aus dem Gelesenen Schlüsse zu ziehen und Zusammenhänge zu sehen, während grundsätzlich der Sinn – insbesondere wenn der Text dem Kind vorgelesen wird – dem Kind verständlich ist
– das Kind liest auch geübte Wörter immer wieder falsch, oft rät es beim Lesen

Die Exploration richtet sich nicht nur auf das Lesen im Deutschen. Auch das Lesen von Ziffernfolgen in späteren Schulklassen von mathematischen Textaufgaben und von fremdsprachlichen Texten gilt es einzuschätzen. Hinweise auf den Schweregrad ergeben sich auch aus Fragen, inwieweit das Kind überhaupt Bücher liest und im Alltag durch seine Leseschwierigkeiten beeinträchtigt ist (z. B. beim Einkauf).

Exploration der Leitsymptome

Zur Rechtschreibstörung schildern Eltern und Lehrer folgende Symptome (siehe 1.1, Tabelle 2):

- das Kind verdreht Buchstaben (es verwechselt z. B. b und d, p und q, ie und ei)
- es vertauscht die Reihenfolge der Buchstaben im Wort, es schreibt z. B. „Felher" anstatt „Fehler"
- es lässt Buchstaben aus, schreibt z. B. „fehte" anstatt „fehlte"
- es fügt falsche Buchstaben ein, schreibt z. B. „Artzt" anstatt „Arzt"
- es macht Dehnungsfehler, schreibt z. B. „Schühler" anstatt „Schüler"
- es verwechselt Buchstaben, z. B. d/t, g/k, v/f („Wahrnehmungsfehler")
- es macht Fehler in der Groß- und Kleinschreibung
- es macht „Regelfehler" und andere Fehler wie z. B. „schpielen" anstatt „spielen"; „Tase" anstatt „Tasse"
- es schreibt ein und dasselbe Wort immer wieder unterschiedlich, „heute richtig und morgen wieder falsch"

Diese von den Eltern und Lehrern berichteten Fehler in der Rechtschreibung lassen sich durch Einblick in die Schulhefte, insbesondere Diktat- und Aufsatzhefte bestätigen. Die Einsicht in die Klassenarbeiten und Schulhefte geben Aufschluss darüber, in welcher Weise die jeweils verantwortliche Lehrkraft die Rechtschreibfehler:

Einblick in Schulhefte

1. *erkennt:* Fehler „anstreicht", korrigiert;
2. *benotet:* bei Lese-Rechtschreibstörung nahezu ausschließlich die Noten 5 oder 6;
3. *interpretiert:* z. B. bei unverstandener Lese-Rechtschreibstörung: „bitte mehr üben", „ohne Fleiß kein Preis", „zu viele Flüchtigkeitsfehler", „du darfst nicht so klein schreiben", „du sollst meine Ratschläge befolgen"; oder bei verstandener Lese-Rechtschreibstörung: „von 84 Worten hast du 60 richtig geschrieben", „in der Rechtschreibung wegen der Lese-Rechtschreibstörung keine Benotung", „in der Rechtschreibung ungenügend, in der Grammatik gut", „wegen einer Lese-Rechtschreibstörung wird die Rechtschreibung nicht benotet, daher Gesamtnote gut";
4. *bewertet:* „du bist zu faul", „ist alles nur noch Tintenverschwendung", „das ist nur bodenlos und gar nicht mehr korrigierbar"; oder: „du hast dich sehr bemüht"; „du hast gute Fortschritte gemacht"; „weiter so"; „diesmal war es besonders schwer".

Es ist sehr wichtig, die vier Ebenen Fehlerfeststellung, Benotung, Interpretation (Erklärung) und Bewertung zu unterscheiden. In der Regel wurden bis zur Diagnosestellung die Fehler richtig festgestellt, die Benotungen entsprechend dem Klassenniveau richtig („gerecht") verteilt, während die Erklärung (Interpretation) der Lese-Rechtschreibstörung und die damit zusammenhängende Beurteilung der Person des Schülers mehr oder weniger willkürlich und subjektiv erfolgte. Sehr oft war die Erklärung unzutreffend, da die Lese-Rechtschreibstörung nicht erkannt wurde, das Kind irrtümlich für „faul", „unwillig", „unkonzentriert" oder „minderbegabt" gehalten wurde. Nicht selten rechnen die Eltern damit, dass ihr Kind „dumm" sein könnte, oder es „nur nicht will". Abbildung 5 zeigt ein Beispiel aus einer Klassenarbeit.

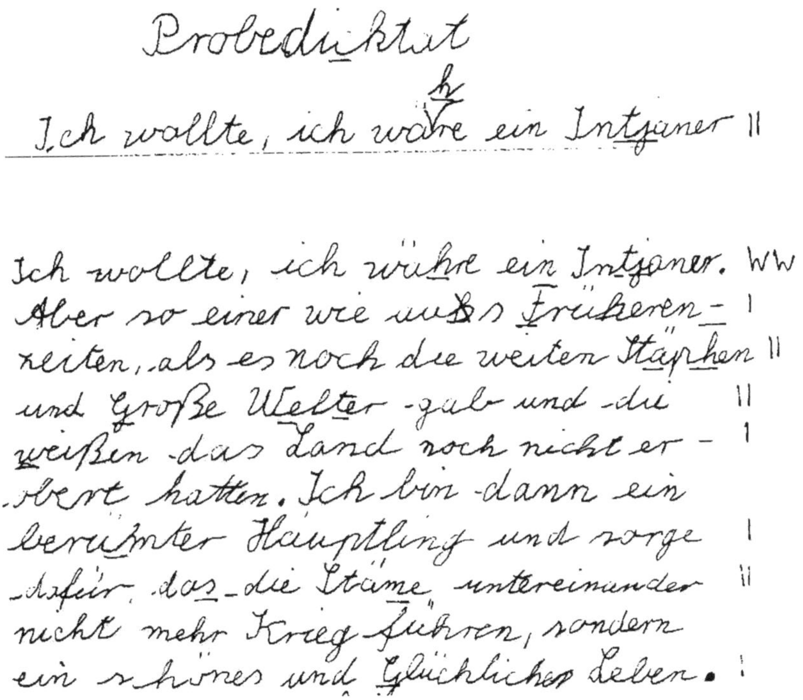

Probediktat

Ich wollte, ich wäre ein Intjaner.

Ich wollte, ich wühre ein Intjaner. Aber so einer wie in den Früheren- zeiten, als es noch die weiten Stäphen und Große Welter gab und die weißen das Land noch nicht er- obert hatten. Ich bin dann ein berümter Häuptling und sorge dafür, das die Stäme untereinander nicht mehr Krieg führen, sondern ein schönes und Glückliches Leben.

Abbildung 5: Diktatbeispiel

Im Unterschied zur ICD-10 wird im DSM-IV eine „Störung des schriftsprachlichen Ausdrucks" unterschieden. *Symptome des schriftsprachlichen Ausdrucks sind* (entspricht F81.8 nach ICD-10; 315.3 nach DSM-IV):
– Schwierigkeiten beim Abfassen schriftlicher Texte: gewöhnlich im Zusammenhang mit einer Lese-Rechtschreibstörung oder Rechenstörung
– Grammatik- und Interpunktionsfehler innerhalb von Sätzen: Satzzeichen werden falsch gesetzt sind, Sätze unvollständig geschrieben, Artikel fehlerhaft gebraucht

– unleserliche Handschrift: Das Urteil des Lehrers wird beispielsweise in Abbildung 6 verständlich: „wie fast immer steht man recht hilflos vor der Arbeit – trotz eingehendster Einlesearbeit!".

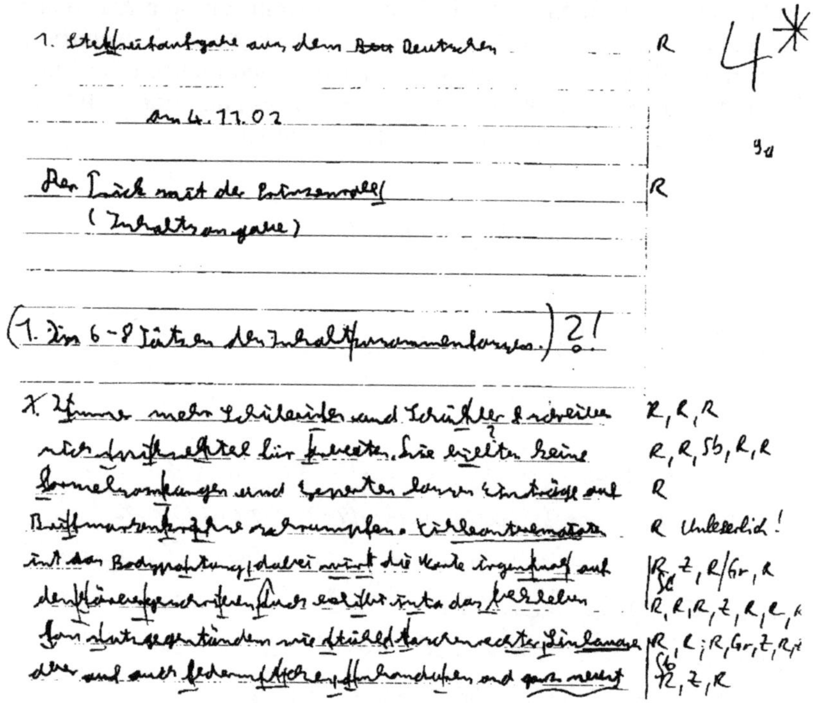

Abbildung 6: Auszug aus einer Stegreifaufgabe und Kommentar des Lehrers:

Lehrerkommentar:

* Der Schüler ist „schulpsychologisch anerkannter" Legastheniker, die entsprechenden Bestimmungen bezüglich der Korrektur wurden eingehend berücksichtigt.

Wie fast immer steht man recht hilflos vor der Arbeit – trotz eingehender Einlesearbeit! Allerdings ist deutlich zu erkennen, dass du den Inhalt bis auf den Schluss richtig erfasst hast. Der Formalbereich wird nicht bewertet, sprachlich missfallen viele Satzbaumängel durch völlig verschachtelte Satzgefüge. Bilde hier besser mehr kurze Satzreihen!

Hilfreiche Materialien

Zur klinischen Beurteilung der Symptomatik des Lesens und Rechtschreibens stehen die standardisierten Lese- und Rechtschreibtests zur Verfügung (siehe Abschnitte zu Leitlinie 3 und Verfahren zur Diagnostik in den Kapiteln 3.1 und 3.2).

Für die Diagnose wird vorausgesetzt, dass die Lese- und Rechtschreibstörung die schulischen Leistungen oder Aktivitäten des täglichen Lebens, bei denen die Lese- und Rechtschreibfertigkeit benötigt wird, erheblich beeinträchtigt. Dieses Kriterium ist im DSM-IV in die Definition der Lese-Rechtschreibstörung eingeführt.

Zur Klassifikation ist eine genaue Exploration der Leseentwicklung des Kindes wichtig. In aller Regel ist eine Lesestörung mit einer Rechtschreibstörung verknüpft, wenn nach ICD-10 als F81.0 eine „Lesestörung" klassifiziert wird, so ist damit auch eine „Lese- und Rechtschreibstörung" gemeint. Dieser Klassifikation entspricht auch nach DSM-IV die *„Lesestörung"* (315.00). Die *isolierte Rechtschreibstörung* (ICD-10 F81.1) wird klassifiziert, wenn eine umschriebene und bedeutsame Beeinträchtigung der Entwicklung von Rechtschreibfertigkeiten besteht, ohne die Vorgeschichte einer Lesestörung. *Daher ist insbesondere im späteren Schulalter gezielt die Leseentwicklung in den ersten Grundschuljahren zu erfragen.* Lagen niemals Leseschwierigkeiten, sondern stets nur Rechtschreibprobleme vor, so ist nach ICD-10 eine „isolierte Rechtschreibstörung" zu klassifizieren.

Die *Störung des schriftlichen Ausdrucks* wird nur im DSM-IV (315.2) klassifiziert; sie lässt sich nach ICD-10 unter „sonstige Entwicklungsstörungen schulischer Fertigkeiten" (F81.8) einordnen (vgl. Kapitel 1).

Sektion 2: spezifische psychische Komorbidität und Differenzialdiagnostische Abklärung

Übersicht

Zu beachten sind vor allem:
- Intelligenzminderung (Lernbehinderung oder geistige Behinderung)
- Andere umschriebene Entwicklungsstörungen (Sprache, Motorik, Rechnen)
- Depressive Störungen (Antriebsverlust, Freudlosigkeit, mangelndes Selbstvertrauen usw.)
- Angststörungen (insbesondere schulische Versagensängste; Schulangst)
- Anpassungsstörungen (depressiv oder ängstlich; mit Störung des Sozialverhaltens)
- Hyperaktivität und Aufmerksamkeitsstörungen
- Deprivation (unzureichende schulische und familiäre Förderung, Analphabetismus)
- Beeinträchtigte Beziehungen zu Gleichaltrigen, Mitschülern und Lehrern
- Andere psychopathologische Auffälligkeiten: Zwänge, autistisches Verhalten, Suizidalität
- Essstörungen, Schlafstörungen, nächtliches Einnässen, Tics

Die wichtigsten komorbiden Störungen bei Lese-Rechtschreibstörung sind:

Andere Entwicklungsstörungen

– *andere umschriebene Entwicklungsstörungen.* Dazu gehören insbesondere die der Sprachentwicklung, aber auch der motorischen Entwicklung und – von besonderer schulischer Relevanz – des Rechnens. Wenn die Exploration Hinweise zu anderen Entwicklungsstörungen gibt, so sind weitergehende Untersuchungen angezeigt (siehe hierzu Kapitel 2.1.3 standardisierte Fragebögen und Kapitel 2.1.4 testpsychologische Untersuchung).

Aktivitäts- und Aufmerksamkeitsstörungen

– *Aktivitäts- und Aufmerksamkeitsstörungen.* Sie kommen bei $^1/_3$ der Kinder mit Lese- und Rechtschreibstörung zusätzlich vor. In der Regel fallen die Kinder mit Lese-Rechtschreibstörung im schulischen Unterricht und in der Hausaufgabensituation durch motorische Unruhe und Abgelenktheit auf. Dieses mangelnde Aufmerksamkeitsverhalten ist häufig jedoch Folge der Überforderung, denen ein Schulkind mit schwergradiger Lese-Rechtschreibstörung in sechs Stunden schulischer Unterrichtung ausgesetzt ist. *Daher ist sorgfältig zu explorieren, ob die motorische Unruhe und Abgelenktheit situativ ausschließlich im Zusammenhang mit den schulischen, insbesondere schriftsprachlichen Anforderungen auftreten oder ob eine allgemeine situationsübergreifende Aktivitäts- und Aufmerksamkeitsstörung („hyperkinetische Störung") vorliegt, die bereits im Vorschulalter bestanden hat.* Die hyperkinetische Störung ist dann nicht Folge einer Überforderung bei Lese-Rechtschreibstörung, sondern ein eigenständiges Krankheitsbild, das durch Aufmerksamkeitsstörung, Überaktivität und Impulsivität gekennzeichnet ist (siehe hierzu weiterführend den Leitfaden von Döpfner et al., 2000a). Für eine störungsspezifische Diagnostik kann im Rahmen der Elternexploration der Fremdbeurteilungsbogen für hyperkinetische Störungen (FBB-HKS, siehe Döpfner & Lehmkuhl, 2000) herangezogen werden.

Hyperkinetische Störung des Sozialverhaltens

– *Hyperkinetische Störungen des Sozialverhaltens.* Im Jugendalter sind Personen mit schwergradiger Lese-Rechtschreibstörung gefährdet, Störungen des Sozialverhaltens zu entwickeln. In diesen Fällen ist exploratorisch herauszuarbeiten, wie weit zusätzlich zur Lese-Rechtschreibstörung eine „hyperkinetische Störung des Sozialverhaltens" (ICD 10 F90.1) vorliegt.

Störungen des Sozialverhaltens

– *Störung des Sozialverhaltens.* Unabhängig von der hyperkinetischen Störung kann aber auch als eigenständiges Störungsbild zusätzlich zur Lese-Rechtschreibstörung, die Störung des Sozialverhaltens vorliegen. Eine Verweigerung von schulischen Anforderungen, von Schulbesuch oder von Hausaufgabenerledigung kann dann sowohl Ausdruck der schriftsprachlichen Überforderung durch die Lese-Rechtschreibstörung aber auch Ausdruck der *Störung des Sozialverhaltens* selbst sein. Zur differenzialdiagnostischen Klärung ist daher eine sorgfältige Exploration der lebensgeschichtlichen Entwicklung des Kindes im Sozialverhalten vorzunehmen. Sie ist bei manchen Kindern mit Lese-Rechtschreibstörung bereits vorschulisch zu erkennen, tritt aber häufiger erst im Jugendalter auf. Die Störung des Sozialverhaltens ist nicht nur durch Schulverweigerung und Hausaufgabenprobleme gekennzeichnet, sondern betrifft ein prinzipielles oppositionelles und aggressives Verhalten, wobei das Kind auch dazu neigt, zu lügen und zu stehlen und Regeln ganz allgemein zu missachten.

- *Anpassungsstörungen.* Sie sind im späteren Kindesalter häufig bei Personen mit Lese-Rechtschreibstörung. Exploratorisch ergibt sich ein zeitlicher Zusammenhang schulischen Versagens in Folge der Lese-Rechtschreibstörung mit der Entwicklung von depressiven Reaktionen (F43.20, F43.21), ängstlich depressiven Reaktionen (F43.22) oder von einer Anpassungsstörung mit vorwiegender Störung des Sozialverhaltens (F43.24).

Anpassungsstörungen

- *Depressive Symptome* in Folge der Misserfolgserfahrungen im Zusammenhang mit der Lese-Rechtschreibstörungen sind im späteren Kindesalter häufig. Im Jugendalter können, wenn die Lese-Rechtschreibstörung nicht hinreichend aufgefangen werden kann und chronische schulische Misserfolge, berufliches Scheitern und soziale Isolierung eingetreten sind, suizidale Entwicklungen eintreten. Depressive Symptome können sich aber auch sehr rasch bereits im Grundschulalter einstellen, wenn die Lese-Rechtschreibstörung zu einer generellen Überforderung des Kindes im schulischen Alltag und auch am Nachmittag in der Hausaufgabensituation führt. Gereiztheit, traurige Verstimmung, Selbstwertverlust, soziale Isolierung, Interessenverlust, Appetit- und Schlafstörungen treten in der Schulzeit verstärkt auf. Psychomotorische Unruhe, Konzentrationsstörungen und Stimmungslabilität kommen hinzu. Wenn alle Lern- und Leistungsbemühungen des Kindes zu keinem Erfolg führen und das Kind in der Schule – sei es durch Hänseleien, Unverstandensein oder chronisch schlechte Benotung – sich immer wieder als erfolglos erlebt und die täglichen Hausaufgaben in Konflikten enden, so sind Äußerungen „ich will nicht mehr leben", „das Lernen hat keinen Sinn", oder „keiner mag und versteht mich" nicht selten.

Depressive Störungen

- *Die Schulangst.* Sie äußert sich in einer Schulverweigerung und Hausaufgabenverweigerung. Charakteristisch ist es, dass die Symptome der Angst in zeitlichem und situativem Zusammenhang mit schulischen Anforderungen auftreten. Verzögerung des morgendlichen Aufstehens, Appetitlosigkeit beim Frühstück, Schulunlust, körperliche Beschwerden und Versagensängste sind charakteristische Symptome. Die Beschwerden nehmen nach Schulschluss am Freitagnachmittag in der Regel ab oder verschwinden ganz, um spätestens am Sonntagabend und insbesondere am Montagmorgen vor dem als bedrohlich erlebten Schulbeginn wieder aufzutreten. In den Ferien sind die Beschwerden „wie weggeblasen", gegen Ferienende jedoch werden sie wieder beklagt. Für die Verlaufscharakteristik ist auch

Schulangst

kennzeichnend, dass die emotionalen Anpassungsstörungen häufiger in den ersten Schuljahren, Störungen des Sozialverhaltens eher in der Adoleszenz auftreten und dann auch mit niedrigem Selbstwertgefühl einhergehen. Führt die Schulangst zu Schulverweigerung und in der Folge zu weiteren schulischen Fehlzeiten, so können die Lernschwierigkeiten im Zusammenhang mit der Lese-Rechtschreibstörung rasch auf andere Fächer generalisieren und die Schulangst zusätzlich verstärken. Die Ängste können sich auch in Form von Müdigkeit und Schlafstörungen äußern. Kommen Interessenverlust, Appetitlosigkeit, betrübte Stimmung, Misserfolgserwartungen und Selbstwertzweifel hinzu, so vermischen sich Schulangst und depressive Entwicklung.

Psychosomatische Störungen
– *Somatische Störungen* („psychosomatische Symptome") sind Anzeichen der Überforderung und auch der Schulangst, die auf Grund der schulischen Versagenserfahrungen in Folge der Lese-Rechtschreibstörung entstehen kann. Kennzeichnend sind Kopf- und Bauchschmerzen, Schwindel, Übelkeitsgefühle bis hin zum Erbrechen. Wiederum ist die Verlaufscharakteristik typisch: Die körperlichen Beschwerden treten in den ersten Grundschuljahren im Zusammenhang mit den schulischen Anforderungen auf und sind an Wochenenden oder in den Ferienzeiten weniger ausgeprägt.

Hausaufgabenkonflikte
– *Hausaufgabenkonflikte.* Sie ergeben sich aus den allgemeinen Lernschwierigkeiten, die durch die Lese-Rechtschreibstörung eintreten. Sie könnten als Mangel erzieherischer elterlicher Kompetenz einerseits oder als Aktivitäts- und Aufmerksamkeitsstörung mit Störung des Sozialverhaltens *fehl interpretiert* werden. Tatsächlich sind die Hausaufgabenkonflikte Zeichen einer Überforderung von Kind und Eltern, weil die schriftsprachlichen Aufgabenstellungen zu schwierig und zu umfangreich sind, als dass sie ein Kind mit Lese-Rechtschreibstörung bewältigen könnte. Die Exploration der Hausaufgabensituation kann durch die Checkliste für Eltern über Verhaltensprobleme bei den Hausaufgaben, HPC-D (Döpfner & Lehmkuhl, 2000) ergänzt werden. Charakteristisch für den Hausaufgabenkonflikt bei einer Lese-Rechtschreibstörung ist es, dass sich die erzieherischen Auseinandersetzungen in dieser Schärfe immer wieder im Zusammenhang mit schulischen Leistungsanforderungen, insbesondere mit der Hausaufgabensituation, entzünden (weiterführend Klicpera & Gasteiger-Klicpera, 1995; Warnke et al., 1989; Warnke et al., 2002).

Hilfreiche Materialien

Die Befragung entsprechend der Übersicht des Explorationsschemas zu Sektion 2 ermöglichst die Differenzialdiagnose und die Ermittlung von anderen psychischen Störungen, die gleichzeitig zur Lese-Rechtschreibstörung vorliegen („komorbide psychische Störungen"). Der orientierenden Erfassung psychischer Störungen dienen eine Reihe von

Untersuchungsverfahren (siehe Leitfaden Diagnostik psychischer Störungen im Kindes- und Jugendalter von Döpfner et al., 2000c; spezifisch zur Lese-Rechtschreibstörung Warnke et al., 2002):
- Elternfragebogen über das Verhalten von Kindern und Jugendlichen CBCL für das Alter von 1 ½ bis 18 Jahren (Arbeitsgruppe Deutsche Child Behaviour Checklist 1993a, b, 1998a, b, c, d, 2000a, b)
- Fragebogen für Jugendliche YSR (Arbeitsgruppe Deutsche Child Behaviour Checklist, 1998b)
- Checkliste für Eltern über Verhaltensprobleme bei den Hausaufgaben HPC-D (siehe Döpfner & Lehmkuhl, 2000; weiterführend Kapitel 3.5.4 und 3.5.5)

Sektion 3: Stärken, Interessen und Wertvorstellungen des Kindes/Jugendlichen

Übersicht
Beispiele sind: - schulische Zielsetzungen (erwünschter Schulabschluss) - berufliche Zielsetzungen - Gewissensbildung - Religiöse und kulturelle Werte (jeweils Übereinstimmung mit elterlichen Vorstellungen) - Freizeitinteressen und Aktivitäten, Hobbys, Vereinszugehörigkeiten, sportliche Begabung, musische Fähigkeiten - Soziales Geschick, Sympathiefähigkeit, Fähigkeit Freunde zu gewinnen und zu halten, Humor, Begeisterungsfähigkeit

Die Lese- und Rechtschreibstörung „wächst sich" nicht „einfach aus". Eine schwergradige Lese-Rechtschreibstörung bedeutet eine erhebliche Beeinträchtigung auch bis in das Erwachsenenalter hinein. Umso mehr kommt es darauf an, Stärken und Interessen zu fördern, so dass dem Kind und Jugendlichen Erfolgserfahrungen möglich werden. Diese die Entwicklung des Kindes stützenden Fähigkeiten, Freizeitinteressen und auch spezifische schulische Stärken lassen sich sehr gut auch im gemeinsamen Gespräch mit Eltern und Kind explorieren. Damit erfährt das Kind, dass die Kooperation mit den Fachkräften dazu dient, seine Begabungen und Interessen zu fördern.

Freizeitaktivitäten stärken

Sektion 4: Störungsspezifische Entwicklungsgeschichte des Kindes und Jugendlichen

Übersicht

Zu berücksichtigen sind:

– Besonderheiten der Sprachentwicklung: verspätete Sprachentwicklung, Stammeln (Artikulationsstörungen), Dysgrammatismus; Hinweise auf Störungen der phonologischen Bewusstheit (vgl. Kapitel 1.3.3)

– Psychomotorische Entwicklungsstörungen: Ungeschicklichkeiten in der fein- und grobmotorischen Entwicklung (im Kindergarten Abneigung gegen Bastelarbeiten, Malen oder Zeichnen, Schwierigkeiten beim Erlernen des Schleifebindens; verzögerte Entwicklung der Händigkeit, Schwierigkeiten beim Erlernen des Ablesens der Zeigeruhr, graphomotorische Schwierigkeiten)

– Besonderheiten der Schullaufbahn: schulische Fehlzeiten, Frage nach dem bisherigen Werdegang (Alter bei Einschulung, Klassenwiederholung, Schulwechsel, Übertritt in weiterführende Schule oder Umschulung von einem höheren Schultyp in niederen Schultyp – z. B. Gymnasium auf Realschule –, Frage nach Nachhilfe und spezifischen familiären oder außerfamiliären Therapien und spezifischen diagnostischen Maßnahmen zur Seh- und Hörfähigkeit)

– Hausaufgabenbetreuung: Regelmäßigkeit, Qualität, Konflikte

– Beginn der Leitsymptome der Lese- und Rechtschreibstörung: vor der 6. Schulklasse; Schwierigkeiten bereits in der 1. Klasse beim Erstlese- und Rechtschreibunterricht erkennbar oder erst ab der 3. Klasse, wenn ungeübte Diktate geschrieben wurden?

– Verlauf der Symptomatik: konstant, fluktuierend, Beeinflussung durch andere Belastungen

– Situative Abhängigkeit der Symptomatik: bereits Fehler beim Abschreiben; Fehler weniger beim Diktat als bei Aufsätzen; ausschließlich Rechtschreibschwierigkeiten oder Leseschwierigkeiten dominierend? Beeinflussung durch den Lehrer, Beeinflussung durch besondere Belastungen

– Generalisierung schriftsprachlicher Schwierigkeiten auch auf andere Schulfächer wie z. B. Mathematik (insbesondere Textaufgaben)

Die störungsspezifische Entwicklungsgeschichte wird mit den Eltern und dem Kind bzw. Jugendlichen im Rahmen der Anamnese erhoben. Bei Kindern mit Lese-Rechtschreibstörungen sind folgende Entwicklungsbereiche besonders relevant:

– *Besonderheiten der Sprachentwicklung:* Bei mindestens 60 % der Kinder mit Lese- und Rechtschreibstörung können die Eltern von

Auffälligkeiten der Sprachentwicklung berichten, bei einem Teil der Kinder lassen sich solche Sprachentwicklungsstörungen auch noch im Schulalter erkennen. Der Beginn der Sprachentwicklung war verzögert, ebenso das deutliche Aussprechen von Sprachlauten (Artikulationsstörungen) und das altersgemäße grammatikalische Sprechen. Doch finden sich solche Entwicklungsstörungen der Sprache durchaus nicht bei allen Kindern mit Lese-Rechtschreibstörungen. Spezifische Vorboten der Sprachentwicklung sind Fertigkeiten, die mit dem Begriff der „phonologischen Bewusstheit" benannt sind und die eine Vorhersage des Risikos für eine Lese-Rechtschreibentwicklung bereits im Kindergarten ermöglichen (vgl. Kapitel 1.3.4 und Kapitel 1.6). Sprach-
störung

– *Psychomotorische Entwicklungsstörungen.* Die Eltern berichten von einer zeitlichen Verzögerung beim Erlernen des freien Laufens, beim Erlernen des Fahrradfahrens oder Schwimmens. Im Kindergarten wurde bemerkt, dass sie im Vergleich zu den Gleichaltrigen sich schwer taten bei Bastelarbeiten, dem Gebrauch der Schere, beim Schleifebinden oder dem Knöpfen. Manche der Kinder haben noch im späteren Grundschulalter Schwierigkeiten die Zeigeruhr zu lesen. Das feinmotorische Ungeschick kann sich auch in einer unleserlichen Handschrift (graphomotorischen Störung) auswirken. Diese Entwicklungsstörungen der motorischen Fertigkeit sind jedoch bei einer Gesamtpopulation der Kinder mit Lese- und Rechtschreibstörungen wesentlich seltener als die Sprachentwicklungsstörungen. Störung der
Psycho-
motorik

– *Besonderheiten der schulischen Entwicklung.* Die Exploration der schulischen Laufbahn ist von zentraler Bedeutung für die Beurteilung der Lese- und Rechtschreibentwicklung. Besonders wichtig ist die Information zu der Qualität und Intensität des Lese- und Rechtschreibunterrichts in den ersten Grundschulklassen, zu Schulwechsel und schulischen Fehlzeiten. Informativ ist auch die Entwicklung der emotionalen Einstellung des Kindes zu den schriftsprachlichen und nicht-schriftsprachlichen schulischen Lernanforderungen. Ergänzend zu den Informationen zur aktuellen Lese- und Rechtschreibfertigkeit konzentriert sich die Exploration auf die Entwicklung des Lesens und Rechtschreibens mit Beginn der Einschulung. Die Befragung wird wesentlich ergiebiger, wenn Schulhefte der 1. und 2. Grundschulklasse eingesehen werden können. Einblicke in Schulhefte und Schulzeugnisse lassen erkennen, inwieweit das Kind von seinen Lehrkräften Verständnis und Bestärkung erfahren hat. Oft wissen die Eltern von schulischem Förderunterricht zu berichten. Der Einblick in Schulhefte der Mathematik und der Fremdsprachen, gibt rasch Aufschluss darüber, inwieweit Schreibfehler im Rechnen und Rechtschreibfehler in der Fremdsprache sich nachteilig in der Benotung auswirken (Beispiel siehe Abbildung 7). Für das Verständnis der aktuellen Befindlichkeit des Kindes und seiner schulbezogenen Einstellungen sind Informationen zu Beziehungen des Schülers zu den Schulische
Entwicklung

Lehrern und Mitschülern in den einzelnen Schulklassen, insbesondere im Zusammenhang mit den Lese- und Rechtschreibschwierigkeiten hilfreich.

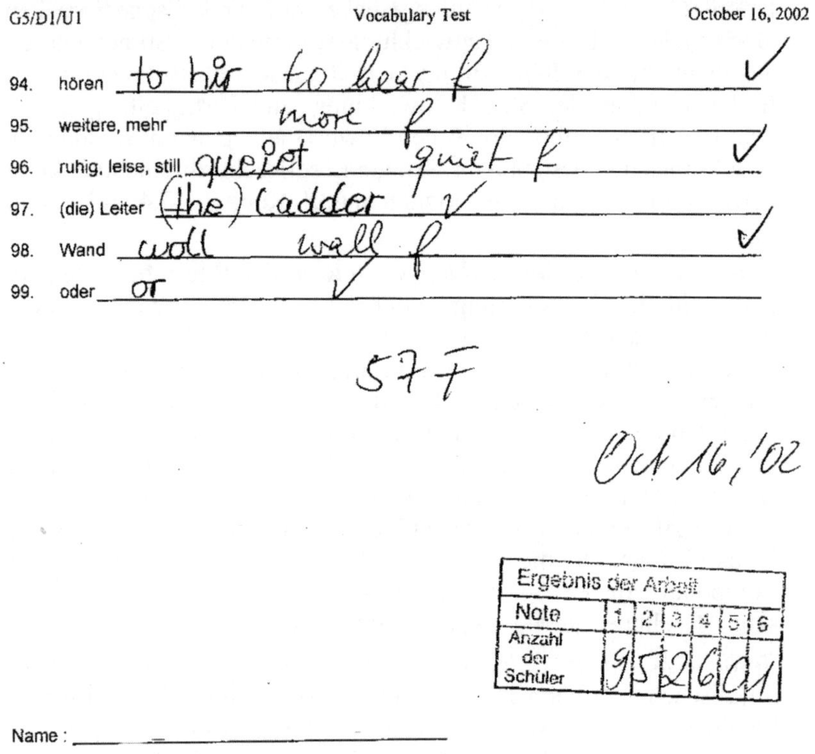

```
G5/D1/U1              Vocabulary Test              October 16, 2002

94.  hören       to hir   to hear                      ✓
95.  weitere, mehr      more                           ✓
96.  ruhig, leise, still  quiet    quiet               ✓
97.  (die) Leiter   (the) ladder  ✓
98.  Wand     woll    wall                             ✓
99.  oder    or    ✓
                              57 F
                                      Oct 16, '02
```

Ergebnis der Arbeit						
Note	1	2	3	4	5	6
Anzahl der Schüler	9	5	2	6	0	1

Name: _____

Abbildung 7: Auszug aus einem Vocabulary Test und Benotung

Sektion 5: Spezifisch medizinische Anamnese

Übersicht
Zu berücksichtigen sind: – Informationen zu Schwangerschaft, Geburts- und Neugeborenenperiode – Daten zu grob- und feinmotorischer Entwicklung, sprachlichen Meilensteinen und der Sauberkeitsentwicklung – Pubertäre Entwicklung – Körperliche Erkrankungen, Verletzungen, Krankenhausaufenthalte – Spezifisch: Voruntersuchungen zu Hör- und Sehfähigkeit (augen- und ohrenärztliche Befunde)

- Regelmäßige Medikation (insbesondere bei Stimulanzienmedikation im Zusammenhang mit komorbider hyperkinetischer Störung: Antikonsulsiva, Antihistaminika, Sympathomimetika)
- Bisherige medizinische Voruntersuchungen und Behandlungsmaßnahmen (logopädische Behandlung, Ergotherapie, Krankengymnastik, Lese-Rechtschreibförderung)

Die Fragen nach Verlauf von Schwangerschaft, Geburt- und Neugeborenenperiode, sowie zu den Zeitpunkten und der Qualität der motorischen, sprachlichen und Sauberkeitsentwicklung lassen Eltern gelegentlich vermuten, dass die Entwicklungsstörung des Lesens und Rechtschreibens in einer frühkindlichen Hirnschädigung wurzeln könnte. Dieser Nachweis fehlt. Die Konzeption der frühkindlichen Hirnschädigung oder der „minimalen cerebralen Dysfunktion" als Erklärungsansatz für die umschriebene Lese-Rechtschreibstörung ist verlassen worden (siehe Kapitel 1.3). Die Fragen sind jedoch von differenzialdiagnostischer Bedeutung um z. B. Hirnschädigungen, Zerebralparese, cerebrale Anfallsleiden, autistische Störungen oder Intelligenzminderung auszuschließen. Die Fragen nach motorischen und sprachlichen Entwicklungsschritten sind hinsichtlich möglicher Komorbidität bei schriftsprachlichen Störungen relevant. Körperliche Erkrankungen und Krankenhausaufenthalte mit Schulversäumnis können im Zusammenhang mit allgemeinen Leistungsschwierigkeiten stehen. Beeinträchtigungen der Hör- und Sehfähigkeit sind bei schriftsprachlichen Störungen auszuschließen. Die Angaben zu medizinischen Vorbehandlungen geben Aufschluss über gesundheitliche Sorgen, Krankheitsverständnis und Behandlungsmaßnahmen. Von den Kinderkrankheiten sind von besonderer Relevanz: Schädel-Hirnverletzungen, Hirn- und Hirnhautentzündungen (Enzephalitis, Meningitis), zerebrale Anfallsleiden (Epilepsien). Bei hyperkinetischer Symptomatik können internistische Erkrankungen eine Rolle spielen (Stoffwechselstörungen, Allergien und ihre medikamentöse Behandlung).

Differenzialdiagnostische Fragen

Sektion 6: Spezifische Familienanamnese

Übersicht

Zu berücksichtigen sind:
- Die Entwicklung der Familie: Werdegang der Geschwister, Wohnsituation und Wohnortwechsel
- Berufliche Situation der Eltern, Elternbeziehung
- Beziehung des Kindes zu Eltern und Geschwistern

> - Entwicklungs- oder Lernstörungen bei Familienmitgliedern (Wiederholungsrisiko für Geschwister liegt zwischen 38 bis 62 %, für Eltern bei bis zu 54 %!)
> - Psychische Störungen oder schwergradige oder chronische, das Familienleben wesentlich beeinträchtigende Erkrankungen bei Familienmitgliedern
> - Krisen oder besondere Belastungen in der Familie
> - Ressourcen der Familie hinsichtlich der Erziehung und spezifisch der schulischen Förderung des Kindes (z. B. Hausaufgabenbetreuung, Umgangsfähigkeit mit Lehrern)
> - Qualität der Eltern-Kind-Beziehung

Die Fragen nach der Lebenssituation und Geschichte der Familie sind sensibel zu stellen. Manche Angaben unterliegen insbesondere der Schweigepflicht. Voraussetzung einer Vertrauensbildung ist die Haltung den Eltern gegenüber, dass es nicht um die Aufklärung von Schuldfragen geht, sondern um Informationen, die zum Verstehen der Sorgen und der Möglichkeiten der Hilfe beitragen. Bei Kindern mit Lese- und Rechtschreibstörungen sind folgende Gesichtspunkte der Familienanamnese besonders zu beachten:

Familiäre Belastung
- Die eigene Erfahrung von Eltern und Geschwistern in der schulischen Laufbahn und insbesondere hinsichtlich der schriftsprachlichen Fertigkeiten. Da Geschwister und auch Eltern des Kindes mit umschriebener Lese-Rechtschreibstörung ebenfalls Schwierigkeiten im Erlernen des Lesens und Rechtschreibens haben, können Eltern oft von eigenen Erfahrungen oder von Erfahrungen bei den Geschwistern und auch Großeltern und anderen Verwandten berichten. Kenntnisse über die wohnliche Situation, die Eltern-Kind-Beziehung, Geschwisterbeziehung, besonderer Belastungen in der Familie (z. B. Pflege kranker Angehöriger; Arbeitslosigkeit, finanzielle Probleme) sowie familiäre Ressourcen lassen eine Einschätzung zu, inwieweit diagnostische Maßnahmen, eine schulische Unterstützung des Kindes oder ambulante Therapiemaßnahmen seitens der Familien unterstützt werden können.
- Für die schulische Unterstützung des Kindes sind insbesondere die elterliche Aufgabenteilung, die zeitlichen Ressourcen der Eltern, der gewöhnliche Tagesablauf und das Verhältnis zu Nachbarn und zur weiteren Familie hilfreich.
- Liegen chronische Belastungen vor (z. B. chronische Erkrankungen eines Familienmitgliedes, elterliche Konflikte) so sollte die Anpassung des Kindes hinsichtlich dieser Belastungen erfragt werden.

Hausaufgabensituation
- Die Exploration der Hausaufgabensituation und der Beziehung von Kind und Eltern zur Schule sind von großer Relevanz. Nicht selten sind insbesondere die Mütter durch die täglichen Auseinandersetzun-

gen in der Hausaufgabensituation erzieherisch erschöpft, und umgekehrt ist das Kind in den täglichen Hausaufgabenanforderungen überfordert und darin unglücklich. Das Erziehungsverhalten und die situativen Umstände der Hausaufgabensituation sollten exploriert werden: Zeitpunkt und Dauer; inwieweit ist die Anwesenheit einer Bezugsperson notwendig, wie groß ist das Ausmaß der erforderlichen Hilfestellung? Gibt es Konflikte, Strafen, Belohnungen?

Hilfreiche Materialien

Für eine nähere Exploration der Hausaufgabensituation: HPC-D Checkliste für Eltern über Verhaltensprobleme bei den Hausaufgaben (siehe Döpfner & Lehmkuhl, 2000).

Ergeben sich Hinweise für weitere Problemsituationen in der Familie und erscheinen diese relevant für die diagnostische Beurteilung und Behandlung, so kommt auch in Frage: Elternfragebogen über Problemsituationen in der Familie (HSQ-D), (siehe Kapitel 3.5; siehe Döpfner & Lehmkuhl, 2000).

Sektion 7: Bedingungen in der Schule und Beziehungen zu Mitschülern

Übersicht

Beispiele sind:
- Die Benotung von schriftsprachlichen Leistungen und ihre Erklärung durch die unterschiedlichen Lehrkräfte, insbesondere dem Deutsch- und Klassenlehrer
- Die Qualität der Lese-Rechtschreibunterrichtung (spezifischer Förderkurs?)
- Die länderspezifischen, schulrechtlichen Bestimmungen zur Förderung von Kindern mit Lese-Rechtschreibstörungen („Legasthenie-Erlasse", die Umsetzung von spezifischer Lese-Rechtschreibförderung und Nachteilsausgleich)
- Lehrer-Kind-Beziehung und Lehrer-Eltern-Beziehung
- Integration des Kindes im Klassenverband (Hänseleien wegen der Lese-Rechtschreibprobleme?)
- Besondere schulische Stärken und Interessen
- Außerschulische Integration (Sozialkontakte zu Freunden, Ressourcen und Interessen im Freizeitbereich, Vereinszugehörigkeit)

Die Angaben zu den Bedingungen in der Schule ergeben sich aus der Exploration des Kindes bzw. Jugendlichen, der Eltern und Lehrkräfte. Schüler mit Lese-Rechtschreibstörung erleben nahezu täglich schulische Enttäuschungen, teilweise werden sie gehänselt (wenn sie laut vorlesen müssen oder die Fehler im Diktat bekannt werden). Der Enthusiasmus, den das Kind mit der Zuckertüte am ersten Schultag in die Schule einbrachte, ist rasch verflogen. Motivationsverlust, Lernunlust und in schweren Fällen Schulangst und Schulverweigerung sind die Folge. Daher kommt der Beziehung der Eltern und des Schülers zum Lehrer und der des Schülers zu seinen Klassenkameraden eine große Bedeutung zu. Es gilt bei allen Problemen nicht zu vergessen, nach den schulischen Stärken und den besonderen schul- und freizeitrelevanten Interessen und sozialen Beziehungen zu fragen. Die Exploration mit dem Lehrer gibt Aufschluss über die Einschätzung des Lern- und Leistungsvermögens des Kindes aus Sicht der Schule und Erkenntnisse darüber, wie die einzelne Lehrkraft das Lernversagen im Lesen und Rechtschreiben des Schülers erklärt (nicht hinreichender Fleiß, mangelnde Intelligenz, Flüchtigkeit und Unaufmerksamkeit?). Der Lehrer vermag auch über die Stellung des Kindes im Klassenverband zu berichten. Wichtig sind auch Informationen, inwieweit innerhalb des Unterrichts eine Binnendifferenzierung bzw. ein spezifischer Förderkurs seitens der Schule angeboten werden kann. Es sind die Möglichkeiten zu eruieren, inwieweit innerhalb der Schule entsprechend des länderspezifischen Legasthenie-Erlasses ein Nachteilsausgleich gewährt wird (siehe hierzu Leitlinie 14). Die Exploration des Lehrers setzt eine vorhergehende (möglichst schriftliche) Einwilligung der Eltern (besser auch zusätzlich des betroffenen Kindes) voraus.

Schulische Situation des Kindes

Sektion 8: Therapie

Übersicht
Von Bedeutung sind:
– bisherige eigene Bewältigungsversuche
– bisherige schulische Fördermaßnahmen
– bisherige Schullaufbahn
– bisherige Therapie-Erfahrungen
– jetzige Erwartungen zum Umgang mit der Problematik
– Motivation für schulisches Lernen, insbesondere für eine LRS-Therapie
– Behandlungsziele

Der Erstkontakt mit den Eltern kommt in der Regel dann zustande, wenn die Eltern alle Hilfe für das Kind, die ihnen möglich war, letztendlich vergeblich und oft bis zur Erschöpfung investiert haben. Die Exploration der bisherigen diagnostischen und therapeutischen Bewältigungsversuche, wie sie die Übersicht zu Sektion 8 zusammenfasst, gibt wichtige Anhaltspunkte über bereits durchgeführte diagnostische und therapeutische Maßnahmen:

- *Bewältigungsversuch in der Familie:* In der Regel ist es die Mutter, die dem Kind wesentlich bei den Hausaufgaben über die Lese- und Rechtschreibschwierigkeiten hinweg zu helfen versucht. Die elterlichen Versuche, die Unterstützung von Lehrkräften, Nachhilfelehrern und Therapeuten zu gewinnen, geben Aufschluss, welche bisherigen Ansatzpunkte für Kind und Familie vergleichsweise hilfreich waren. Die gewählten diagnostischen und therapeutischen Maßnahmen lassen erkennen, welches Störungsverständnis und Therapieverständnis die Eltern haben. Die Erklärungskonzepte sollten direkt erfragt werden. Notwendig ist auch die Frage nach den Behandlungszielen, den Erwartungen der Eltern an die Schule und die Therapie. Erklärungskonzept der Eltern

- *Ziele:* Die Exploration sollte in einer Klärung der Frage münden, welches die nächsten wesentlichen und vorrangigen diagnostischen und therapeutischen bzw. schulischen Ziele für Kind, Eltern und letztendlich auch Lehrer sind und inwieweit Eltern und Lehrer willens und in der Lage sind, die angestrebten Ziele durch eigene Bemühungen zu unterstützen. Klärung der Ziele

- *Zur Finanzierung der Behandlung:* Die Finanzierung einer Therapie im Lesen und Rechtschreiben wird in aller Regel nicht von den Krankenkassen und auch nicht von der Beihilfe übernommen. Bei der Exploration der Therapieerwartungen ist daher immer auch zu explorieren, inwieweit die Kosten der Therapie durch die Familie selbst getragen werden, oder ob die Absicht besteht, eine Kostenerstattung durch einen entsprechenden Antrag bei dem örtlich zuständigen Jugendamt zur Eingliederungshilfe zu erreichen. In diesem Fall ergibt sich auch die Frage nach dem Bedarf einer gutachterlichen Stellungnahme zur Vorlage in der Schule (Schulpsychologischer Dienst, Vertrauenslehrer, entscheidungsrelevante Schulbehörde usw.) oder beim Jugendamt (siehe hierzu Warnke et al., 2002; vgl. Kapitel 2.3.4). Finanzierung der Therapie

2.1.2 Exploration, Verhaltensbeobachtung und psychopathologische Beurteilung des Kindes/Jugendlichen

Exploration: Vom Schulalter an ist eine Exploration *mit* dem Kind möglich. Die Exploration des Kindes erfolgt meistens bereits in Anwesenheit der Eltern und sie wird während der psychodiagnostischen Untersuchungen eingeflochten und fortgeführt. In der Regel können die Kinder selbst sehr eindrücklich ihre schulischen Schwierigkeiten im Lesen und Rechtschreiben schildern und auch zur Hausaufgabensituation berichten. Die Leitlinie 2 benennt die wichtigsten Explorationsinhalte:

L2 Leitlinie 2: Exploration der Eltern und Jugendlichen	
Sektion	Explorationsbeispiele (Einstiegsfragen)
A) Beziehungsaufbau – Befragung des Kindes zu seinem Alltag, insbesondere Fragen zu seinen Freizeitaktivitäten	– Was machst du gerne in deiner Freizeit, außerhalb der Schule? – Was ist dein Lieblingsfach in der Schule?
B) Hinführung zur Exploration der Veränderungswünsche – Befragung nach der eigenen Sorge, dem Veränderungsbedürfnis	– Was stört dich am meisten in der Schule? – Was wünschst du dir für zu Hause, was soll sich ändern?
Sektion 1: aktuelle Lese- und Rechtschreibsymptomatik Insbesondere: Wie nimmt das Kind die Lese-Rechtschreibstörung wahr? – Welche Belastungen erlebt das Kind durch die Lese-Rechtschreibstörung?	– Woran merkst du, dass du schlechter liest als deine Mitschüler? – Woran merkst du, dass du beim Schreiben sehr viel mehr Fehler machst als deine Mitschüler? – Woran merkst du in deiner Freizeit außerhalb der Schule, dass du im Lesen und Rechtschreiben dich schwer tust?
Sektion 2: spezifische psychische Komorbidität und differenzialdiagnostische Abklärung insbesondere: – Entwicklungsstörungen der Sprache, der Motorik und des Rechnens – hyperkinetische Symptome und Aufmerksamkeitsschwierigkeiten – Symptome der Schulangst – depressive Symptomatik – Störungen im Sozialverhalten – körperliche Beschwerden – Schlafstörungen	– Denkst du, dass du im Sprechen oder beim Sport ungeschickter bist als deine Mitschüler? – Bist du im Rechnen besser als im Rechtschreiben? – Gehst du noch gerne zur Schule? – Kommt es vor, dass du die Schule nicht besuchen kannst? – Geht es dir in den Ferien gesundheitlich besser als in der Schulzeit? – Bist du öfter traurig?

Sektion	Explorationsbeispiele (Einstiegsfragen)
	– Denkst du, die anderen Mitschüler könnten alles besser als du? – Hast du Schwierigkeiten beim Einschlafen, wachst du nachts öfter auf und fühlst dich unwohl? Hast du Albträume? – Hast du häufiger Kopfschmerzen, Bauchschmerzen oder Übelkeit? – Weißt du, wann du diese Beschwerden bekommst?
Sektion 3: Relative Stärken und Interessen des Kindes/ Jugendlichen insbesondere: – Freizeitaktivitäten – Interessen, Fähigkeiten – Sympathiefähigkeit, Begeisterungsfähigkeit, Charme	– Was machst du gerne in deiner Freizeit? – Wofür interessierst du dich? – Was denkst du, kannst du besonders gut? – Wofür kannst du dich begeistern? – Was bringt dich zum Lachen? – Wem denkst du, bist du sympathisch?
Sektion 4: Störungsspezifische Entwicklungsgeschichte des Kindes/Jugendlichen insbesondere hinsichtlich: – Beginn der Schwierigkeiten im Lesen und der Rechtschreibung – Damalige Reaktionen von Eltern und Lehrern – Entwicklung der Schulnoten im Diktat	Die Hausaufgabensituation: – Wann hast du gemerkt, dass Lesen und Schreiben für dich schwieriger ist als für deine Mitschüler? – Weißt du noch, was deine Lehrer in den früheren Klassen gesagt haben, als du dir im Lesen und Rechtschreiben so schwer getan hast? – Was haben denn in den früheren Klassen deine Mitschüler gesagt, wenn du nicht richtig gelesen hast oder im Diktat schlechte Noten hattest? – Was haben denn am Anfang deine Eltern gedacht, als es mit dem Lesen und Rechtschreiben schwer wurde? – Wie ging es früher mit den Hausaufgaben?

Sektion	Explorationsbeispiele (Einstiegsfragen)
Sektion 5: Spezifische medizinische Anamnese insbesondere: – Hörfähigkeit – Sehfähigkeit	– Denkst du manchmal, du kannst schlechter oder besser hören als andere Kinder? – Kannst du den Lehrer in der Klasse gut hören und verstehen, wenn er im Unterricht etwas sagt? – Denkst du oft, dass viele Leute zu leise sprechen, dass du sie nicht verstehst? – Kannst du das, was an der Schultafel steht, scharf sehen? – Siehst du oft Dinge doppelt, z. B. wenn du aus dem Schulbuch oder von der Schultafel lesen willst?
Sektion 6: familiäre Bedingungen und Beziehungen insbesondere: – Beziehungen zu den Eltern und Geschwistern ganz allgemein – Beziehungen zu den Eltern in der Hausaufgabensituation	– Wie kommst du mit deinen Eltern und Geschwistern aus? – Was macht ihr gerne in der Freizeit gemeinsam? – Wer hilft dir bei den Hausaufgaben? – Wie lange benötigst du für die Hausaufgaben? – Kommt es immer wieder zu Streit bei den Hausaufgaben?
Sektion 7: Bedingungen in der Schule und in der Gleichaltrigengruppe Insbesondere: – der Umgang der Lehrer mit der Lese-Rechtschreibstörung – der Umgang der Mitschüler mit der Lese-Rechtschreibstörung – die Integration des Kindes im Klassenverband und in Freizeitgruppen – die Beziehung zu den Lehrern – Besonderheiten im schulischen Unterricht	– Wie reagieren deine Mitschüler auf deine Schwierigkeiten im Lesen und Rechtschreiben? – Wie kommst du mit deinen Mitschülern aus? Hast du einen Freund in der Schule? – Wie reagieren deine Lehrer auf deine Lese- und Rechtschreibschwierigkeiten? – Hast du am Nachmittag außerhalb der Schule Freunde? Wie heißt dein bester Freund? Was könnt ihr zusammen in der Freizeit machen?

Sektion	Explorationsbeispiele (Einstiegsfragen)
	– Mit welchen Lehrern kommst du gut aus, mit welchen eher schlecht? – Hast du im Unterricht viel Ärger? Gibt es für dich ein Lieblingsfach in der Schule? Was ist das schlimmste Fach in der Schule?
Sektion 8: Therapie – bisherige eigene Bewältigungsversuche – bisherige schulische Fördermaßnahmen – bisherige Schullaufbahn – bisherige Therapieerfahrungen – jetzige Erwartungen zum Umgang mit der Problematik – Motivation für schulisches Lernen, insbesondere für eine LRS-Therapie – Behandlungsziele	– Welche Schule hast du denn bislang besucht? – Hast du einen Förderkurs zum Lesen und Rechtschreiben besucht? – Wie gehen die Lehrer mit dir um, wenn du im Unterricht Schwierigkeiten beim Lesen und Rechtschreiben hast? – Wie hast du bisher versucht, dein Lesen und Rechtschreiben zu verbessern? – Hast du mit deinen Eltern zu Hause besonders geübt? – Hast du eine Nachhilfe oder Therapie erhalten? – Was soll sich ändern? – Hast du eine Idee, was wir noch tun können?

Erstes Ziel der Kontaktaufnahme mit dem Kind/Jugendlichen ist es, sein Vertrauen zu gewinnen, dass es nämlich nicht um Bloßstellungen und um ein Versagen geht, sondern um Verständnis, Entlastung und die Förderung von Interessen und Begabungen. Die Kinder wissen nicht, was sie erwartet. So ist es zumeist zweckmäßig, zunächst mit dem Kind über sein zu Hause und seine Freizeitaktivitäten zu sprechen und ihm zu sagen, was am Tag der Untersuchung mit ihm geplant ist. Bei Schülern mit Lese-Rechtschreibstörung ist es in der Regel kein Problem, auf die Schwierigkeiten im Lesen und Rechtschreiben und die damit verbundenen Probleme in der Schule und insbesondere der Hausaufgabensituation zu sprechen zu kommen.

Kontaktaufnahme mit dem Kind

Die Exploration der *aktuellen Symptomatik der Lese- und Rechtschreibstörung* lässt sich am besten bei der gemeinsamen Betrachtung von Schulheften durchführen. Dies führt allerdings dazu, dass weniger das Lesen als die Rechtschreibung exploriert wird. Bei Betrachtung der Korrekturen und Kommentare der Lehrer lassen sich auch die Erfahrungen des Kindes im schulischen Unterricht mit Lehrern und Mit-

Exploration der aktuellen Symptomatik

schülern eruieren. Ergiebig ist auch die Befragung des Kindes zur Hausaufgabensituation. Jüngere Kinder können öfter nicht angeben, wie lange sie an den Hausaufgaben sitzen, sie können jedoch beantworten, ob ihnen noch am Nachmittag Zeit für Freizeitaktivitäten bleibt und was sie dabei gerne tun.

Exploration der Komorbidität

Bei der *Exploration der spezifischen psychischen Komorbidität und der differenzialdiagnostischen Abklärung* sind die Symptome von Schulangst, Angst vor Leistungsversagen, soziale Angst, depressive Symptome und körperliche Beschwerden vom Kind gut zu erfragen. Schwieriger ist es, die Symptome der Störung des Sozialverhaltens, von Aufmerksamkeitsstörungen und Impulsivität zu eruieren, die jedoch verlässlich von Eltern und Lehrern exploriert werden können. Dem gegenüber sind Symptome der Angst und Depression Eltern und Lehrern oft verborgen geblieben, so dass in der Exploration gezielt nach Symptomen von Depression und Angststörungen zu fragen ist.

Exploration der Hausaufgabensituation

Bei der Exploration der *familiären Bedingungen* (Sektion 6) stehen die Fragen nach der Hausaufgabensituation im Mittelpunkt. Vom Kind lässt sich gut erfragen, wer ihm bei den Hausaufgaben hilft und ob es dabei immer wieder zu Tränen und Streitigkeiten kommt.

Mit der Befragung zu den *Bedingungen in der Schule und der Gleichaltrigengruppe* (Sektion 7) lassen sich vielfach schon Informationen zur aktuellen Symptomatik der Lese- und Rechtschreibstörung gewinnen. Näheres kann das Kind zu Art und Qualität des bisherigen Förderunterrichts zum Lesen und Rechtschreiben berichten.

Zur *Therapie* (Sektion 8) weiß das Kind/der Jugendliche sehr gut seine subjektiven Erfahrungen zu schildern. Weniger sind die Kinder in der Lage, Inhalt und Systematik der Therapie zu beschreiben. Die Bemühungen, die das Kind selbst als hilfreich erlebt hat, geben Aufschluss über mögliche Therapieansätze. Dies gilt in gleicher Weise zu Therapieerfahrungen. Wichtig ist die Frage, welche Erklärung das Kind für sein Versagen im Lesen und Rechtschreiben durch die Fachkräfte vermittelt bekam. Dabei kann die Frage aufschlussreich sein, ob die Erklärungen der Eltern, Lehrer und Therapeuten mit dem eigenen Störungskonzept des Kindes übereinstimmen.

2.1.3 Standardisierte Fragebögen

Standardisierte Fragebögen dienen nicht der Ermittlung der Kernsymptome der Lese-Rechtschreibstörung, sie sind optional. Sie haben die Funktion, die Rahmenbedingungen, die für die diagnostische Einschätzung und Therapieplanung wichtig sein können, mitzuerfassen. Die Empfehlungen sind in Leitlinie 3 zusammen gefasst.

> **L3 Leitlinie 3:**
> **Standardisierte Fragebögen für Eltern, für das Kind/den Jugendlichen und für Lehrer**
>
> – Elternfragebogen zur Erfassung von emotionalen Störungen und Verhaltensstörungen bei Kindern und Jugendlichen
> – Fragebogen über Verhaltensprobleme bei den Hausaufgaben
> – Eltern- und Lehrerfragebogen zur Erfassung hyperkinetischer Symptome

Die angeführten Verfahren sind alle nicht störungsspezifisch hinsichtlich der Lese-Rechtschreibstörung. Die in Tabelle 5 benannten Fragebogenverfahren dienen dazu, Informationen über ein breites Spektrum von möglichen emotionalen Symptomen und Verhaltensstörungen aus Sicht der Eltern oder des Jugendlichen selbst, sowie aus Sicht der Lehrer zu erhalten.

Hilfreiche Materialien

Tabelle 5: Übersicht über Fragebogenverfahren zur Erfassung psychischer Störungen

Elternurteil	Lehrerurteil	Selbsturteil (ab 10–11 Jahre)
CBCL (4–18 Jahre) Elternfragebogen über das Verhalten von Kindern und Jugendlichen	**TRF (6–18 Jahre)** Lehrerfragebogen über das Verhalten von Kindern und Jugendlichen	**YSR** Fragebogen für Jugendliche
HPC-D Checkliste für Eltern über Verhaltensprobleme bei den Hausaufgaben		

Die Verfahren in Tabelle 5 und ergänzende Verfahren werden im Kapitel 3.5.5 und im Leitfaden zur Diagnostik psychischer Störungen (Döpfner et al., 2000c) näher beschrieben. Die Checkliste für Eltern über Verhaltensprobleme bei den Hausaufgaben (HPC-D) gibt Aufschluss über Erziehungsschwierigkeiten in der Hausaufgabensituation, wie sie häufig bei Schülern mit Lese-Rechtschreibstörungen auftreten (siehe Kapitel 1.2, 2.3.1, sowie Kapitel 5.5).

2.1.4 Testpsychologische Untersuchung

Diagnostik der Intelligenz und der Lese-Rechtschreibleistung

Die testpsychologischen Untersuchungen der Intelligenzentwicklung und der Entwicklung des Lesens und Rechtschreibens sind von zentraler Bedeutung für die Diagnose. Während die Fragebogenverfahren in Kapitel 2.1.3 optional sind, sind die testpsychologischen Untersuchungen der Intelligenz und der Lese- und Rechtschreibentwicklung unverzichtbar (Deutsche Gesellschaft für Kinder- und Jugendpsychiatrie und Psychotherapie et al., 2003, Leitlinien). Da sich die Definition darauf gründet, dass die Lese- und Rechtschreibentwicklung gemäß Lese-Rechtschreibtest signifikant unterdurchschnittlich ist (als Leitlinie Prozentrang < 10) und in Diskrepanz dazu der psychometrisch erfasste Intelligenzquotient signifikant höher liegt (1 bis 1,5 Standardabweichungen), setzt die Diagnose die Durchführung von Lese- und Rechtschreibtest und Intelligenztest voraus. Auf Grund der Schwächen, die den Gütekriterien psychosymetrischer Verfahren anhaften, und den Besonderheiten, die der Diskrepanzdefinition der Lese-Rechtschreibstörung zukommen (vgl. Kapitel 1.1.2), wird die Diagnose dennoch immer auch eine klinische Diagnose bleiben müssen. Die geforderte Diskrepanz von 1 bis 1.5 Standardabweichungen zwischen höheren Intelligenzquotienten und Lese-Rechtschreibniveau ist im IQ-Bereich zwischen 70 und 85 kaum zu erreichen. Umgekehrt liegen bei hohem Intelligenzbereich die Lese- und Rechtschreibtestwerte oft oberhalb von Prozentrang 10, auch wenn klinisch eine Lese-Rechtschreibstörung vorliegt (vgl. Kapitel 1.1.2 und 2.1.6). Daher kommen der Anamnese und Exploration und dem Einblick in Schulzeugnisse, schulische Arbeitshefte, Diktat- und Aufsatzhefte ergänzend zu den testpsychologischen Untersuchungen zur Intelligenz- und Lese-Rechtschreibentwicklung eine diagnoseleitende Bedeutung zu.

Die Leitlinie 4 fasst die Empfehlung zur Durchführung testpsychologischer Untersuchungen zur Lese- und Rechtschreibentwicklung und zur Intelligenzentwicklung zusammen.

L4 Leitlinie 4: Testpsychologische Untersuchungen

- die Untersuchung der Lese-Rechtschreibentwicklung mit standardisierten Lese- und Rechtschreibtests ist obligatorisch
- die ausführliche testpsychologische Untersuchung des Intelligenzniveaus ist ebenfalls obligatorisch

Die Testung der Lese- und der Rechtschreibentwicklung erfolgt durch standardisierte Lese- und Rechtschreibtests. Eine Übersicht über die geeigneten Verfahren in den einzelnen Klassenstufen findet sich in den Kapiteln 3.1 und 3.2.

Die Tests sind zu einem Zeitpunkt durchzuführen, zu dem eine optimale Leistungsfähigkeit des Kindes zu erwarten ist. *Daher sollten die Prüfungen zur Lese-Rechtschreibentwicklung und Intelligenzentwicklung grundsätzlich vormittags durchgeführt werden.* In aller Regel lassen sich im Rahmen eines Vormittags Lese- und Rechtschreibtestung, ausführliche Intelligenztestung und orientierend eine Aufmerksamkeitsprüfung mit dem Kind/Jugendlichen durchführen. Während dieser Zeit kann durch einen zweiten Untersucher mit den Eltern eine ausführliche Exploration, Anamnese und auch die Beantwortung von Fragebogenverfahren erreicht werden. Im Rahmen einer Vormittagsuntersuchung lässt sich bei entsprechenden örtlichen Möglichkeiten vor der psychometrischen Testung noch eine EEG-Untersuchung und im Anschluss an die Psychodiagnostik eine körperliche und neurologische Untersuchung durchführen.

Bei Kindern mit Hyperaktivitäts- und Aufmerksamkeitsstörungen kann es notwendig sein, von den vorgegebenen Testanweisungen abzuweichen und das Kind stärker erzieherisch zu leiten (siehe hierzu weiterführend Döpfner, Frölich & Lehmkuhl 2002, Leitlinie 4, Kapitel 2).

Die Wahl des Intelligenztestverfahrens ist von individuellen Gegebenheiten abhängig. Bei Schülern mit sehr guten Leistungen in allen Fächern, die im Wesentlichen unabhängig von der Lese-Rechtschreibleistung sind, kann, wenn vom Untersuchungsergebnis keine gutachterliche Stellungnahme abgeleitet werden soll, ein *kürzeres Intelligenztestverfahren* ausreichen. Dazu kommen in Frage:

Intelligenztests

– Grundintelligenztest (CFT 1, CFT 20)
– Progressive Matrizentests nach Raven (SPM, APM)
– Snijders-Oomen nonverbaler Intelligenztest in der revidierten Form (SON-R 2½–7 Jahre, 5½–17 Jahre). Dies ist ein ausführlicher sprachfreier Intelligenztest.

Eine Indikation für sprachfreie Verfahren besteht auch dann, wenn das Kind eine Sprachentwicklungsstörung hat oder vorrangig fremdsprachig aufgewachsen ist.

Bei allgemeinen problematischen Schulleistungen, wenn die IQ-Werte im sprachfreien Verfahren unterdurchschnittlich ausgefallen sind (IQ = 70 bis 85) und wenn von den Testergebnissen eine gutachterliche Stellungnahme abhängig ist, so sind die *ausführlichen, intelligenzdiagnostischen Testbatterien* dringend anzuraten. Dazu empfehlen sich:
– Hamburg-Wechsler Intelligenztest für Kinder in der 3. Fassung (HAWIK-III)

- Hamburg-Wechsler-Intelligenztest für Erwachsene (HAWIE-R)
- Adaptives Intelligenzdiagnostikum (AID 2)
- Intelligenz-Struktur-Test (I-S-T 2000)
- Kaufman Assessement Battery for Children (K-ABC)

Eine ausführlichere Stellungnahme zu den intelligenzdiagnostischen Verfahren findet sich in Kapitel 3.4. Die Besonderheiten ihrer Bewertung zur Feststellung der Diagnose einer Lese-Rechtschreibstörung sind in den Kapiteln 1.1.2 und 2.1.6 dargelegt.

Die standardisierte Erfassung des Rechtschreibniveaus erfolgt durch Rechtschreibtests. Eine Übersicht zu den geeigneten Rechtschreibtestverfahren findet sich in Kapitel 3.2. In der Regel handelt es sich um Lückentextdiktate, die als Papier- und Bleistifttests vorliegen. Die Tests verfügen in der Regel über Parallelformen. Sie sind als Einzel- oder Gruppentests durchführbar. Die Lückentextdiktate verlangen vom Kind die Niederschrift eines einzeln diktierten Wortes. Dadurch wird die Rechtschreibanforderung, wie sie etwa in einem Aufsatz oder in einem vollständigen Textdiktat verlangt wird, nicht repräsentativ abgebildet. So kann es sein, dass Schüler mit relativ gut kompensierter Rechtschreibstörung in den Lückentextdiktaten zu durchschnittlichen Ergebnissen kommen, während sie nachweislich im Rahmen der schulischen Anforderungen bei Aufsätzen und Textdiktaten in der Kontrolle der Rechtschreibung überfordert sind und damit stark fehlerhaft schreiben. Dies ist in solchen Fällen bei der diagnostischen Beurteilung zu beachten. Auch bleibt zu bedenken, dass die Testverfahren eine begrenzte Qualität in den Gütekriterien haben und die Ergebnisse von individuellen Tagesschwankungen wie aber auch vom Niveau der bisherigen Lese-Rechtschreibunterrichtung abhängen (weiterführend zur Frage der Beurteilung: Warnke et al., 2002; vgl. Kapitel 3).

Eine *qualifizierte Erfassung des Rechtschreibniveaus* ist durch folgende Verfahren möglich:

- Weingartener Grundwortschatz Rechtschreib-Testreihe (WRT 1+, 2+, 3+; GRT 4+, Birkel, 1994a, 1994b, 1995, 1998). Die WRT-Testserie verfügt über ein breiteres Normenspektrum, was bei Verlaufsmessungen zur Beurteilung von Therapieerfolgen von Vorteil sein kann.
- Diagnostische Rechtschreibtests (DRT 1, DRT 2, DRT 3; Müller, 1994, 1996a, b; DRT 4, DRT 5; Grund et al., 1994, 1995). Die DRT-Testserie ermöglicht eine qualitative Fehlerauswertung.
- Salzburger Lese- und Rechtschreibtest (SLRT, Landerl et al., 1997). Der Test ermöglicht eine individuelle Fehleranalyse hinsichtlich des Lesens und des Rechtschreibens.

- Westermann Rechtschreibtest WRT 4/5 (Rathenow, 1980) und WRT 6+ (Rathenow et al., 1981). Die Tests ermöglichen eine Rechtschreibeinschätzung bis zur 8. Schulklasse und Vergleiche zwischen Haupt-, Real- und Gymnasialanforderungen.
- Rechtschreibungs-Test in Neunormierung (Kersting & Althoff, 2003). Das Verfahren ist das Einzige, das auch für die Untersuchung von Erwachsenen geeignet ist, wenngleich die gebrauchten Wörter teilweise veraltet sind.

Lesetests sind erst in letzten Jahren weiter entwickelt worden. Folgende Lesetestverfahren stehen zur Verfügung:
- Zürcher Lesetest (ZLT, Linder & Grissemann, 5. Auflage, 1996). Dieser renommierte Test überprüft ebenfalls Lesegenauigkeit (Fehler) und Lesetempo (Zeit)
- Zürcher Leseverständnistest für das 4. bis 6. Schuljahr (ZLVT 4.-6., Grissemann & Baumberger, 1986). Das Verständnis für laut und still gelesene Texte wird geprüft, so dass das Verfahren den Zürcher Lesetest ergänzt.
- Würzburger Leise Leseprobe (WLLP, Küspert & Schneider, 2000b). Im Gruppen- und Einzeltest wird die Wortlesegeschwindigkeit erfasst. Die Normen liegen für Jungen und Mädchen getrennt bis zum 4. Grundschuljahr vor.
- Salzburger Lese- und Rechtschreibtest (SLRT, Landerl et al., 1997). Der Individualtest gibt Aufschluss über Defizite der Worterkennung und des lautierenden Lesens.
- Knuspels Leseaufgaben (Marx, 1998). Im Einzel- oder Gruppentest werden das Erkennen lautgleicher Wörter (Rekodierfähigkeit), das Erkennen von Wortbedeutungen (Dekodierfähigkeit) und das Leseverständnis auf Satzebene geprüft (weiterführend Kapitel 3.1 und 3.2).

Lesetests

2.1.5 Körperliche und neurologische Untersuchung

Die Diagnose einer umschriebenen Lese- und Rechtschreibstörung setzt eine orientierende internistische und eine ausführliche neurologische Untersuchung, eine Überprüfung der Seh- und Hörfähigkeit voraus. Eine fachärztliche Überprüfung der Hörfähigkeit bei einem niedergelassenen Hals-Nasen-Ohrenarzt oder in einer pädaudiologischen Abteilung ist dann obligatorisch, wenn eine Sprachentwicklungsstörung mit der Lese-Rechtschreibstörung verbunden ist.

Internistische und neurologische Untersuchung

Die orientierende internistische Untersuchung dient dem Ausschluss körperlicher Erkrankungen, die das allgemeine Lernvermögen des Kindes beeinträchtigen könnten.

L5 Leitlinie 5: Körperliche und neurologische Untersuchung

- eine orientierende internistische und ausführliche neurologische Untersuchung
- eine augenärztliche Überprüfung der Sehfähigkeit
- ohrenärztliche (pädaudiologische) Untersuchung der Hörfähigkeit (obligatorisch bei Sprachentwicklungsstörung)
- eine Komorbidität der Lese-Rechtschreibstörung mit der Aktivitäts- und Aufmerksamkeitsstörung, die medikamentös behandelt wird, bedarf weiterer medizinischer Untersuchungen (siehe Kapitel 2.3.5 Medikamentöse Therapie und Kapitel 1.5.7 und 2.3.6 augenärztliche und pädaudiologische Behandlung)

Mit der neurologischen Untersuchung werden u.a. Seh- und Hörfähigkeit, Hirnnervenfunktionen, Reflexe, Sensibilität und insbesondere fein- und grobmotorische Koordination (Zerebralparese, graphomotorische Störung, umschriebene Entwicklungsstörung motorischer Fertigkeiten) überprüft. Zur neurologischen Untersuchung gehört auch die Ableitung der Hirnströme (Elektroenzephalogramm = EEG).

Hilfreiche Materialien

Beim diagnostischen Vorgehen kann die Checkliste zur organischen Diagnostik, die in Kapitel 6 (siehe M02, S. 148) abgedruckt ist, herangezogen werden.

2.1.6 Diagnose und Differenzialdiagnose – Entscheidungsbaum

Die Diagnose der Lese- und Rechtschreibstörung ergibt sich aus der multiaxialen Diagnostik, wie sie in den Leitlinien 1 bis 5 dargestellt ist. Dieser Abschnitt ist eine Anleitung, die diagnostischen Befunde gemäß der Leitlinien 1 bis 5 multiaxial zu ordnen und in einen diagnostischen und differenzialdiagnostischen Entscheidungsbaum einzuführen.

L6 Leitlinie 6: Diagnose und Differenzialdiagnose – Entscheidungsbaum[1]

Grundlagen der diagnostischen Entscheidung sind die Ergebnisse, die sich aus der Exploration von Kindern/Jugendlichen, Eltern, Lehrern, sowie aus den psychodiagnostischen Untersuchungsergebnissen und der körperlich-neurologischen Untersuchung ergeben haben. Auf der Grundlage dieser multimodalen diagnostischen Bemühungen, wie sie in den Leitlinien 1 bis 5 beschrieben wurden, lässt sich eine Zuordnung der Befunde auf 6 Achsen des multiaxialen Klassifikationsschemas (Remschmidt et al., 2001) vornehmen und auf dieser Basis der diagnostische Entscheidungsbaum im Rückgriff auf die Störungsdefinitionen von ICD-10 (Dilling et al., 1991) differenzialdiagnostisch aufschlüsseln (siehe Abbildung 8).

Die multiaxiale Diagnostik beinhaltet:

- Achse I: Klinisch-psychiatrisches Syndrom. Es ist festzustellen, ob zusätzlich zu einer Lese-Rechtschreibstörung eine andere seelische Störung vorliegt. Bei der Lese-Rechtschreibstörung ist insbesondere an die Aktivitäts- und Aufmerksamkeitsstörung, Schulangst und Störung im Sozialverhalten zu denken.
- Achse II: *Umschriebene Entwicklungsstörungen*. Dies ist eine entscheidende Achse für die Diagnose der Lese-Rechtschreibstörung. Zusätzlich ist zu prüfen, ob die Befunde Anhaltspunkte für weitere Entwicklungsstörungen der Motorik (Graphomotorik!), der Sprache und des Rechnens ergeben haben (siehe Abbildung 8).
- Achse III: *Intelligenzniveau*. Die Feststellung der Intelligenzentwicklung ist ausschlaggebend für die Beurteilung, inwieweit die Lese-Rechtschreibstörung diskrepant ist zu der allgemeinen Intelligenzentwicklung. Auch dieses Kriterium ist diagnostisch ausschlaggebend (vgl. Abbildung 8).
- Achse IV: *Körperliche Symptomatik:* Mit der körperlichen und neurologischen Untersuchung ergibt sich die Antwort darauf, inwieweit die Lese-Rechtschreibstörung durch eine körperlich/neurologische Erkrankung oder Behinderung (Hör-, Sehstörung, motorische Störung) verursacht ist.
- Achse V: *Aktuelle Abnorme psychosoziale Umstände*. Die Feststellung der Lebensumstände des Kindes soll Aufschluss darüber geben, in welchem familiären und auch schulischen Umfeld das Kind aufgewachsen ist. Insbesondere gilt es auszuschließen, dass eine mangelhafte Beschulung die Lese-Rechtschreibstörung begründet.
- Achse VI: *Der Grad der psychosozialen Anpassung*. Die Einschätzung des Schweregrads, mit dem das Kind durch die Lese-Rechtschreibstörung in seinem Lebensalltag beeinträchtigt ist spielt für die Feststellung des schulischen Förderbedarfs und für die Therapieindikation eine Rolle. Als Maß der Beeinträchtigung ist die Achse 6 Kriterium für die Gewährung der Eingliederungshilfe nach § 35a SGB VIII.

Diagnostischer Entscheidungsbaum:

- *Exploratorische* Feststellung der Lese- und Rechtschreibstörung bei schulischen Anforderungen
- Bestätigung der Störung im Erlernen des Lesens und Rechtschreibens anhand von Schulheften, schulischen Zeugnissen und Diktatnoten

---

[1] In Anlehnung an die Leitlinien der Deutschen Gesellschaft für Kinder- und Jugendpsychiatrie und Psychotherapie et al., 2003

- Ausschluss von anderen Ursachen der Lese- und Rechtschreibstörung: erworbene Hirnschädigung, neurologische Erkrankung, unzureichende Unterrichtung, unzureichende allgemeine Intelligenzentwicklung
- Feststellung des Ausmaßes der Lese-Rechtschreibstörung mittels standardisierter Lese- und Rechtschreibtests
- Feststellung der Diskrepanz der Lese- und Rechtschreibtestleistung zum Intelligenzquotienten
- Überprüfung der Frage, ob ausschließlich eine Rechtschreibstörung oder auch – zumindest in der Anamnese – eine Lesestörung gegeben ist oder früher vorlag
- Prüfung der Frage, ob zusätzlich zur Lese-Rechtschreibstörung auch noch eine Rechenstörung vorliegt

Die diagnostische Entscheidung ist im diagnostischen Entscheidungsbaum (Abbildung 8) schematisiert.

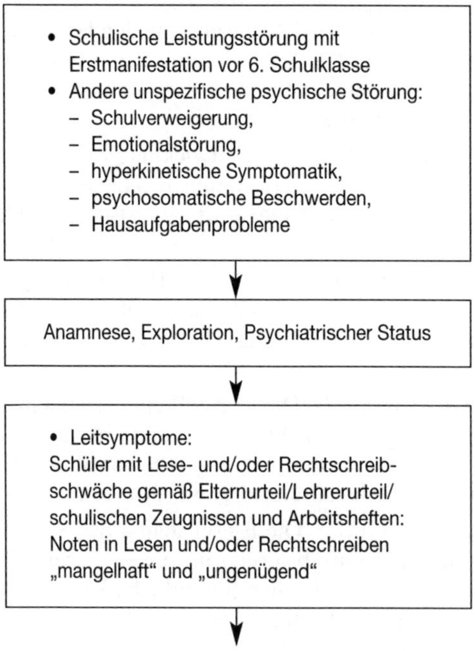

- Schulische Leistungsstörung mit Erstmanifestation vor 6. Schulklasse
- Andere unspezifische psychische Störung:
  - Schulverweigerung,
  - Emotionalstörung,
  - hyperkinetische Symptomatik,
  - psychosomatische Beschwerden,
  - Hausaufgabenprobleme

↓

Anamnese, Exploration, Psychiatrischer Status

↓

- Leitsymptome:
Schüler mit Lese- und/oder Rechtschreibschwäche gemäß Elternurteil/Lehrerurteil/ schulischen Zeugnissen und Arbeitsheften: Noten in Lesen und/oder Rechtschreiben „mangelhaft" und „ungenügend"

↓

Abbildung 8: Entscheidungsschema zur Diagnostik und Therapie der Lese- Rechtschreibstörung (nach: Deutsche Gesellschaft für Kinder- und Jugendpsychiatrie und Psychotherapie et al., 2003)

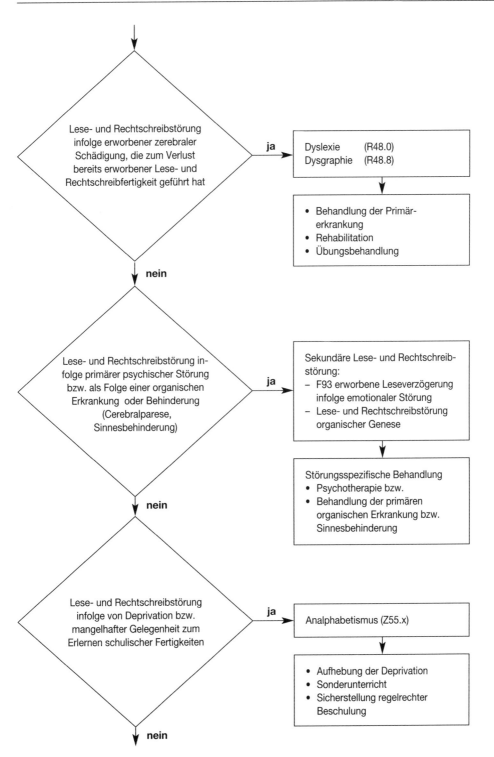

Abbildung 8: Fortsetzung

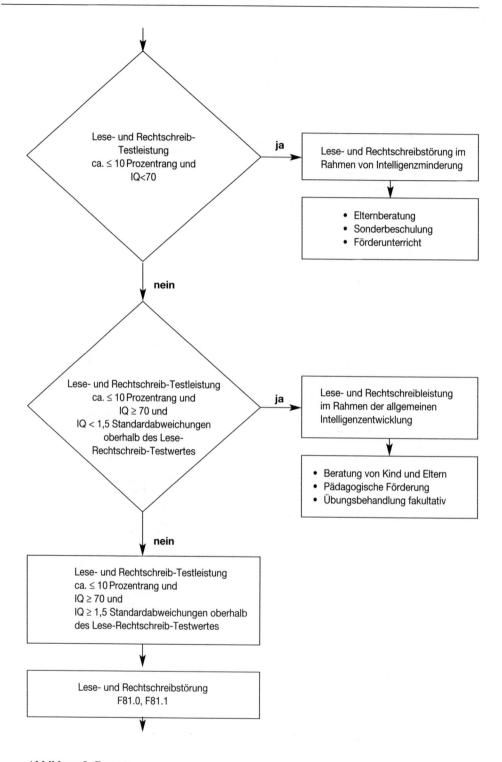

Abbildung 8: Fortsetzung

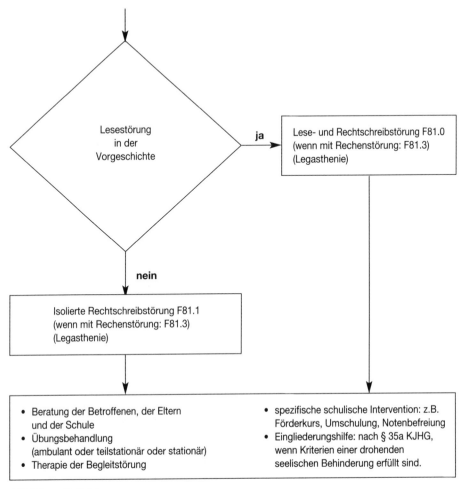

Abbildung 8: Schluss

Das *Leitsymptom* ist die Feststellung von Lehrern und Eltern, dass auch intensive Unterrichtung und Förderung im Lesen und Rechtschreiben zu keinen ausreichenden Diktatnoten geführt haben. Die mangelhaften bzw. ungenügenden Leistungen beim Diktat werden durch Berichte über schlechte Leseleistungen, wie sie in Kapitel 1.1 beschrieben wurden, ergänzt. *Dieser Nachweis, dass der Schüler in allen schriftsprachlichen Anforderungen überwiegend zu mangelhaften, oft aber auch nur zu ungenügenden Leistungen gelangt, ist die entscheidende diagnostische Grundlage.*

Mangelnde Leistung im Lesen und Rechtschreiben

In den weiteren diagnostischen Schritten gilt es auszuschließen, dass die Lese-Rechtschreibstörung durch eine neurologische Erkrankung (Hirnverletzung oder andere Form der Hirnschädigung, etwa durch Hirnentzündung) oder Seh- oder Hörstörung oder Bewegungsstörung verursacht

Ausschlussdiagnostik

wurde. Auch gilt es auszuschließen, dass eine unzureichende schulische Unterrichtung (Analphabetismus) oder allgemeine Intelligenzminderung die Schwäche im Erlernen des Lesens und Rechtschreibens erklären.

Diagnostisch ist neben dem erstrangigen Symptom der Lese- und Rechtschreibstörung zweitens entscheidend die Diskrepanz zu einem deutlich höheren Intelligenzquotienten.

Signifikante T-Wertdiskrepanz

Die Weltgesundheitsorganisation hat dazu festgestellt, dass Voraussetzung für die Diagnose der Lese-Rechtschreibstörung ein Intelligenzquotient von größer 69 sein sollte (siehe Kapitel 2.1.4). Wesentlich für die diagnostische Entscheidung ist es nun, dass der gemessene Intelligenzquotient mindestens 1 bis 1.5 Standardabweichungen oberhalb des Lese-Rechtschreib-Testwertes liegt. Dies entspricht einer T-Wertdiskrepanz von 10 bis 15 T-Wertpunkten. Wenn alle übrigen Klassifikationskriterien zutreffen, so ist in der klinischen Praxis auch eine Standardabweichung von 1,0 als klinisch relevant zu werten. Dabei ist immer zu beachten, dass sehr intelligente Schüler mit hohem Intelligenzquotienten und Schüler, die eine qualifizierte LRS-Therapie erhalten haben, in der Regel im Lese-Rechtschreibtest Werte von deutlich größer 10 % erreichen. In diesen Fällen kommt der Anamnese, den Diskrepanzen zwischen schriftsprachlichen Leistungen und nicht-schriftsprachlichen Leistungen sowie der Lehrerbeurteilung eine diagnoseentscheidende Bedeutung zu.

> **Merke:** Diagnostisch ist somit entscheidend, dass der Schüler trotz qualifizierter Unterrichtung im Lesen und Rechtschreiben und normalem allgemeinen Intelligenzniveau, das deutlich höher liegt als das Lese-Rechtschreibniveau und somit auch in Diskrepanz zu den besseren nichtschriftsprachlichen Lernfähigkeiten und Leistungen längerfristig und in der Regel über die Grundschulklassen hinweg im Erlernen des Lesens und Rechtschreibens weit hinter dem Klassenniveau zurückbleibt und insbesondere in den Diktaten überwiegend nur die Noten „mangelhaft" und „ungenügend" erreicht. Bei sehr intelligenten Schülern kann die Rechtschreibstörung erst beim Wechsel auf eine weiterführende Schule (Realschule, Gymnasium) erkennbar werden.

Die psychometrischen Diagnosekriterien sind Richtwerte, die z. B. bei gutachterlichen Stellungnahmen zur Gewährung von schulischem Nachteilsausgleich entsprechend der „Legasthenie-Erlasse" der Länder oder bei Entscheidungen der Jugendämter zur Gewährung von Eingliederungshilfe nach § 35a SGB VIII zugrunde gelegt werden. (siehe hierzu weiterführend Warnke, Hemminger, Roth & Schneck, 2002). Die Beurteilung der Achse VI „Globalbeurteilung der psychosozialen Anpassung" ist notwendig, wenn eine Eingliederungshilfe beim Jugendamt beantragt wird (siehe hierzu 2.3.4).

2.1.7 Verlaufskontrolle

Die Lese- und Rechtschreibstörung ist eine Entwicklungsstörung. Die Beeinträchtigungen durch die Lese- und Rechtschreibproblematik sind vom Schweregrad abhängig, aber auch vom Erfolg schulischer Förderung, dem schulischen Nachteilsausgleich, einer Lese-Rechtschreibförderung und schließlich dem Schweregrad der schulischen bzw. beruflichen Anforderung. Der Verlauf wird zusätzlich durch individuelle Kompensationsmöglichkeiten, psychische Stabilität, Komorbidität und familiäre Ressourcen mitbestimmt. Insbesondere in der ersten und zweiten Grundschulklasse ist die Diagnose nicht immer endgültig zu stellen. Aus all diesen Gründen ist eine Kontrolle des Verlaufs der Lese-Rechtschreibstörung und ihrer Behandlung notwendig. Die Empfehlungen zur Verlaufskontrolle sind in Leitlinie 7 zusammengefasst.

L7 Leitlinie 7: Verlaufskontrolle

Überprüfung des Verlaufs:
- Leseentwicklung
- Rechtschreibentwicklung
- Schulische Leistungen in anderen als schriftsprachlichen Anforderungen
- Andere psychische Störungen
- Familiäre Interaktionen, insbesondere in der Hausaufgabensituation
- Beziehungen zu Lehrkräften und Mitschülern
- Bedarf an schulischer Förderung, schulischem Nachteilsausgleich und einer spezifischen Therapie im Lesen und Rechtschreiben
- Bedarf an Psychotherapie und/oder medikamentöser Therapie

Gemäß der Leitlinie 7 sollten bei einer Verlaufskontrolle berücksichtigt werden:

- *Die Entwicklung der Lesefertigkeit:* In der Regel lernen die meisten Kinder mit Lese-Rechtschreibstörung im Verlaufe der Grundschule in so weit zu lesen, dass sie sich fremde Texte aneignen können. In Lesetests wird dabei meistens deutlich, dass sie im Vergleich zu ihren Mitschülern noch relativ langsam, bei fremden Worten stockend und noch manchmal fehlerhaft lesen, so dass sie bei schweren Texten und auch mathematischen Textaufgaben Nachteile haben. Im schulischen Unterricht bleiben diese Schwächen dem Lehrer oft verborgen. Gerade hinsichtlich des verlangsamten Lesetempos profitieren die Kinder von einem schulischen Nachteilsausgleich, der einen Zeitzuschlag gewährt (vgl. Kapitel 2.3). *(Nachteile beim Lesen (z. B. Textaufgaben))*

- *Entwicklung der Rechtschreibfertigkeit:* Die Rechtschreibstörung wirkt sich in allen schriftsprachlichen Fächern aus. Ihr kommt daher *(Nachteil bei schriftlichen Leistungsprüfungen)* mit zunehmenden schriftsprachlichen Anforderungen im Verlauf der Grundschuljahre eine immer größere Bedeutung zu, solange die Rechtschreibfehler in die Bewertung eingehen und der Schüler bei allen schriftlichen Arbeiten durch ein verlangsamtes und fehlerhaftes Schreiben Nachteile hat. Diese Nachteile werden insbesondere im Zusammenhang mit dem Wechsel von der 2. in die 3. Grundschulklasse (Beginn des Schreibens ungeübter Diktate; Schreiben von Aufsätzen; vermehrt mathematische Textaufgaben) und beim Übergang in weiterführende Schulen (Wechsel in die Realschule oder auf das Gymnasium) nochmals oder verstärkt leistungs- und notenrelevant. Bei manchen Schülern stellt sich dann erneut und bei anderen erstmalig die Frage des schulischen Nachteilsausgleichs (z. B. Zeitzuschlag, Nichtbenotung der Rechtschreibfehler) und der Indikation einer spezifischen LRS-Therapie mit der Frage der Eingliederungshilfe nach § 35a SGB VIII. So bleibt im Verlauf immer wieder zu prüfen, ob der schulische Nachteilsausgleich noch notwendig ist, inwieweit er einzusetzen oder zu erweitern ist, inwieweit Absprachen mit Schule und ggf. mit dem Jugendamt notwendig werden.

Außerfamiliäre Hilfe bei Hausaufgaben

— *Hausaufgabe:* Im familiären Rahmen ist die Hausaufgabensituation im Auge zu behalten und der Bedarf einer Nachhilfe zu überprüfen. Sobald die Hausaufgabeninteraktionen zu einem ständigen Ort von Eltern-Kind-Konflikt wird, sollte eine außerfamiliäre Hilfe angestrebt werden.

Kooperation mit Lehrkräften

— *Kooperation mit der Schule:* Die Beziehung zu den Lehrern ist mit jedem Lehrerwechsel und Schulwechsel neu aufzubauen. Immer wieder geht es darum, die verantwortlichen Lehrkräfte und insbesondere auch den Schulleiter über die Lese-Rechtschreibstörung des Kindes zu informieren und die Möglichkeiten der Lese-Rechtschreibförderung und des Nachteilsausgleichs durchzusetzen. Immer wieder ist auch das Verständnis der Mitschüler zu gewinnen, um Kränkungen und Hänseleien vorzubeugen.

Psychosoziale Entwicklung

— *Die psychische Befindlichkeit* des Kindes mit Lese-Rechtschreibstörung ist während des Schulalters kontinuierlich im Auge zu behalten. Immerhin kommt es bei bis 40 % der Kinder mit Lese-Rechtschreibstörung bis zum Jugendalter zu psychischen Störungen, die zumindest vorübergehend Krankheitswert haben. Besonders im Jugendalter ist auf die soziale Entwicklung zu achten. Weiterhin sollte man Anzeichen der Gefährdung schulischer Integration (z. B. zunehmende Disziplinschwierigkeiten, allgemeiner Leistungsabfall mit drohender Nichtversetzung) entgegenwirken.

Psychotherapie

— *Eine psychotherapeutische Unterstützung* kann bei Komorbidität (depressive oder ängstliche Anpassungsstörungen, Schulangst, hyperkinetische Störung) indiziert sein. Bei der hyperkinetischen Störung ist die Indikation einer Stimulanzientherapie im Verlauf zu überprüfen.

Freizeit

— *Die Freizeitaktivitäten,* die einer positiven Persönlichkeitsentwicklung dienen, sollten immer wieder gefördert werden, da sie für die Selbstwertentwicklung wichtig sind.

Die Verlaufskontrolle erfolgt durch anhaltenden Kontakt mit den Eltern und dem betroffenen Kind. Je nach Fragestellung wird die Verständigung mit der Familie ergänzt durch Exploration von Lehrkräften, Schulpsychologen oder Vertrauenslehrern, LRS-Therapeuten oder Vertretern des Jugendamtes, wenn über Eingliederungshilfe zu entscheiden ist. Sind gutachterliche Stellungnahmen erforderlich oder der Wechsel in eine weiterführende Schule beabsichtigt, oder ist eine Sicherung der Diagnose notwendig, so sind erneut Einblicke in Schulhefte, Klassenarbeiten oder Zeugnisse, die Wiederholung von Lese- und Rechtschreibtests und – wenn die letzte Intelligenztestung mehr als zwei Jahre zurückliegt – eine IQ-Bestimmung indiziert.

Hilfreiche Materialien

- Für die Verlaufskontrolle kommen standardisierte Lese- und Rechtschreibtests in Frage (vgl. Kapitel 2.1.3, 2.1.4 und Kapitel 3).
- Eine erneute Intelligenztestung kann notwendig werden, wenn diese im Zusammenhang mit einer gutachterlichen Stellungnahme zur Vorlage in der Schule (Gewährung von schulischem Nachteilsausgleich) oder beim Jugendamt (zur Erlangung von Eingliederungshilfen nach § 35a SGB VIII) erforderlich ist. Als Intelligenztests empfehlen sich: Hamburg-Wechsler-Intelligenztest für Kinder in der 3. Fassung (HAWIK-III), Hamburg-Wechsler-Intelligenztest für Erwachsene (HAWIE-R), Adaptives Intelligenzdiagnostikum (AID 2), Intelligenz-Struktur-Test (I-S-T 2000), Kaufman Assessment Battery for Children (K-ABC), (vgl. Kapitel 2.1.4 und Kapitel 3).
- Bei komorbider Aktivitäts- und Aufmerksamkeitsstörung kann in größeren Abständen (etwa einmal jährlich) zur Überprüfung der „Fremdbeurteilungsbogen für hyperkinetische Störungen" (FBP-HKS) von den Eltern und der verantwortlichen Lehrkraft ausgefüllt, im Jugendalter der „Selbstbeurteilungsbogen für hyperkinetische Störungen" (SBB-HKS) eingesetzt werden (vgl. Kapitel 2.1.3 und Kapitel 3).
- Bei erzieherischen oder disziplinarischen Konflikten ist ein allgemeines orientierendes Verfahren zur Erfassung psychischer Störungen einsetzbar: z. B. CBCL 4-18, „Checkliste für Eltern über Verhaltensprobleme bei den Hausaufgaben" HPC-D, siehe Kapitel 2.1.3 und 3.5.5.

2.2 Leitlinien zu Behandlungsindikation

Eine Übersicht über die Leitlinie für die Indikationen einzelner Behandlungsentscheidungen gibt Tabelle 6.

Tabelle 6: Übersicht über die Leitlinien zu Behandlungsindikationen

L8	Indikationen für eine stationäre oder teilstationäre Therapie
L9	Indikationen für eine multimodale Behandlung

L10	Indikationen für schulische Förderung und Nachteilsausgleich (Beanspruchung der „Legasthenie-Erlasse")
L11	Indikationen für Eingliederungshilfe (§ 35a SGB VIII)

2.2.1 Indikationen für eine stationäre oder teilstationäre Therapie

Die Förderung der Lese-Rechtschreibentwicklung des Kindes mit Lese- und Rechtschreibstörung erfolgt vorrangig innerhalb der Schule. In allen Fällen, in denen diese schulische Förderung nicht ausreicht, um die Lese- und Rechtschreibstörung hinreichend zu überwinden, sind therapeutische Maßnahmen notwendig. Die Behandlung der umschriebenen Lese- und Rechtschreibstörung erfolgt dann in der Regel ambulant. Nur unter besonderen Bedingungen ist eine teilstationäre bzw. stationäre Therapie indiziert. Die Bedingungen sind in Leitlinie 8 angeführt.

L8 — **Leitlinie 8: Indikationen für eine stationäre oder teilstationäre Therapie**

Die Förderung erfolgt zunächst durch den schulischen Unterricht im Lesen und Rechtschreiben.

Die Lese-Rechtschreibunterrichtung wird u.U. durch spezifischen Förderunterricht (siehe Leitlinie 10) ergänzt.

Eine stationäre oder teilstationäre Behandlung kommt unter folgenden Bedingungen in Frage:
- bei besonders schwer ausgeprägter Lese- und Rechtschreibstörung (Prozentränge nahe 0 in Lese- und Rechtschreibtests, völliges Versagen im Erlernen des Lesens und Rechtschreibens)
- bei besonders schwer ausgeprägten komorbiden Störungen (z. B. Schulangst mit chronischer Schulverweigerung und Hausaufgabenverweigerung, Depression mit Suizidalität, dissoziale Entwicklung und drohende Ausschulung)
- bei mangelnden Fördermöglichkeiten vor Ort, wenn gleichzeitig die familiären, schulischen und ambulanten Hilfen nicht ausreichen, um eine begabungsadäquate schulische Integration zu sichern
- bei dauerhaft nicht hinreichenden Möglichkeiten der schulischen Förderung, familiären Unterstützung oder ambulanten, teilstationären oder stationären klinischen Therapien können auch langfristige Jugendhilfemaßnahmen, insbesondere die stationäre Förderung in speziellen Internaten („LRS-Internate") indiziert sein.

In den schwersten Ausprägungsgraden der Lese- und Rechtschreibstörung macht das Kind im Erlernen des Lesens und Rechtschreibens kaum Fortschritte. In diesen Fällen ist zu erwägen, ob trotz grundsätzlich durchschnittlicher Begabung die Unterrichtung in einer *Sonder-*

schule indiziert, von Eltern und Kind gewollt und möglich ist (siehe Leitlinie 10). Vor solch weitreichender Entscheidung kann im Einzelfall eine teilstationäre oder stationäre Behandlung in einer kinder- und jugendpsychiatrischen *Klinik* sinnvoll sein. Die stationäre bzw. teilstationäre (tagesklinische) Behandlung dauert in der Regel mehrere Wochen bis einige Monate. Sie sollte dabei nicht überwiegend in einer Ferienzeit, sondern in einer Schulzeit liegen, so dass eine hinreichende pädagogische Diagnostik und spezifische Lese-Rechtschreibförderung innerhalb der Klinikschule gewährleistet werden kann.

<small>Stationäre/ teilstationäre Behandlung</small>

Bei teilstationärer und stationärer Behandlung in einer Klinik für Kinder- und Jugendpsychiatrie und Psychotherapie können die Lernfortschritte des Kindes bei optimaler schulischer Lese-Rechtschreibunterrichtung im Rahmen der Klinikschule sehr genau verfolgt werden und durch eine sorgfältige pädagogische Diagnostik (z. B. genaue Beschreibung der Fehlerarten) in Kooperation mit der Psychodiagnostik (z. B. Begabungsprofil, Aufmerksamkeitsvermögen) Behandlungsprogramme für die nachstationäre Behandlung konzipiert werden. Neben der stationären Milieutherapie (heilpädagogische Konzeption) können spezifische psychotherapeutische Maßnahmen (z. B. Psychotherapie der Schulangst) und, im Bedarfsfall, Logotherapie, Motoriktherapie, Ergotherapie, spezifische Elternberatung und Elterntraining sowie medikamentöse Maßnahmen (z. B. Stimulanzientherapie bei der hyperkinetischen Störung) Anwendung finden. Beim einzelnen Kind kann der Transfer in Familie und Schule durch eine externe Beschulung und Elterntraining vorbereitet werden.

<small>Nachstationäre Behandlung</small>

Im Anschluss an die teilstationäre oder stationäre Behandlung bleibt auf Grund des vorauszusetzenden Schweregrades der Lese-Rechtschreibstörung eine *ambulante LRS-Therapie* indiziert. Gleichzeitig ist eine besondere schulische Lösung anzustreben. Wenn nur irgendmöglich müssen eine spezifische schulische Förderung und ein Nachteilsausgleich entsprechend der länderspezifischen Erlasse Anwendung finden (siehe Leitlinie 14). Werden die Kosten für diese Behandlung nicht von der Krankenkasse bzw. Beihilfe übernommen, so kommt eine Finanzierung der LRS-Therapie über *Eingliederungshilfe nach § 35a SGB VIII* in Frage, wenn die Kriterien einer (drohenden) seelischen Behinderung erfüllt und vom örtlich zuständigen Jugendamt anerkannt sind (siehe Leitlinie 15, Kapitel 2.3.4).

<small>Ambulante LRS-Therapie</small>

2.2.2 Indikationen für eine multimodale Behandlung

Die Indikationen für eine multimodale Behandlung sind in Leitlinie 9 zusammengefasst.

L9	**Leitlinie 9:** **Indikationen für eine multimodale Behandlung –** **Entscheidungsbaum zur Therapie**

Auf der Grundlage der Beratung mit den Eltern, dem Kind und der verantwortlichen Lehrkraft kommen Indikationen für Behandlungsmaßnahmen im Rahmen einer multimodalen Therapie in Frage (vgl. auch Entscheidungsbaum in Abbildung 8).
- Eine spezifische schulische Förderung des Kindes im Lese- und Rechtschreibunterricht; eine solche schulinterne Förderung ist immer indiziert.
- Anwendung der länderspezifischen schulischen Fördermaßnahmen und Nachteilsausgleiche gemäß den kultusministeriellen Erlassen (siehe Leitlinie 10).
- „LRS-Therapie": Reichen die familiären und schulischen Fördermaßnahmen nicht aus, um dem Kind eine begabungsadäquate schulische Eingliederung zu sichern und gelangt das Kind nicht zu ausreichenden Lese- und Rechtschreibnoten, so ist immer eine Übungsbehandlung im Lesen und Rechtschreiben indiziert.
- Überprüfung, ob die Kriterien einer (drohenden) seelischen Behinderung vorliegen. Die Eltern haben die Möglichkeit, eine Kostenübernahme für die „LRS-Therapie" bei dem örtlichen Jugendamt gemäß § 35a SGB VIII zu beantragen, wenn die Eingliederung gefährdet ist (siehe Leitlinie 11).
- Behandlung komorbider Störungen: Treten zu der Lese-Rechtschreibstörung zusätzlich komorbide psychische Störungen (z. B. Schulangst mit Schulverweigerung, Depression, massive Schlafstörungen; allgem. Lern- und Leistungsstörungen mit Motivationsverlust; Störungen im Sozialverhalten; hyperkinetische Störungen) auf, so sind die spezifische schulische Lese-Rechtschreibförderung und die Übungsbehandlung (LRS-Therapie) durch zusätzliche psychotherapeutische bzw. medikamentöse Maßnahmen anzugehen.
- Hausaufgabenhilfe. Bei schwerwiegenden chronischen Hausaufgabenkonflikten ist eine spezifische Elternberatung zur Hausaufgabensituation indiziert.

In Abbildung 8 (Kapitel 2.1.6, S. 75f.) und in diesem Abschnitt ist von der jeweiligen Diagnose abgeleitet die entsprechende therapeutische Intervention zugeordnet. Grundsätzlich ist die Therapie jedweder Lese- und Rechtschreibstörung auf eine Einübung des Lesens und Rechtschreibens angewiesen, teils genügen allein schulische Förderungsmaßnahmen, teils ist eine systematische Übungsbehandlung indiziert. Störungsspezifisch (diagnosespezifisch) sind die Ursachen und Begleitumstände zu beachten.

Behandlungsmaßnahmen in Abhängigkeit von der Diagnose bei dem Symptom Lese- und Rechtschreibschwäche:

Diagnose	Behandlungsmaßnahme
– Dyslexie (erworbene Lesestörung: R48.0) – Dysgraphie (erworbene Rechtschreibstörung: R48.8)	Ursache der Dyslexie oder Dysgraphie ist eine Hirnschädigung, die erworben wurde nachdem die betroffene Person bereits die Lese- und Rechtschreibfähigkeit erlernt

	hatte. Dies betrifft aphasische Störungen etwa nach Schädel-Hirntrauma, Hirnentzündungen, Tumor oder Schlaganfall. Neben der Übungsbehandlung des Lesens und Rechtschreibens ist im akuten Krankheitszustand die Behandlung der Primärerkrankung, in der Folge oft eine medizinische Rehabilitation notwendig.
– sekundäre Lese- und Rechtschreibstörung: die erworbene Leseverzögerung in Folge emotionaler Störung (F93) bzw. auch in Folge einer primären psychiatrischen Erkrankung oder Störung organischer Genese	Indiziert ist die vorrangige Behandlung der primären psychischen bzw. organischen Erkrankung oder Sinnesbehinderung, die für die Lese- und Rechtschreibstörung kausal sind. Erklärt sich der Lese-Rechtschreibrückstand z. B. durch eine Depression oder der Verlust der Lese-Rechtschreibfähigkeit durch eine akute Schizophrenie oder eine organisch begründete Sehstörung, so wäre jeweils die Grunderkrankung psychotherapeutisch oder medikamentös zu behandeln und im Falle der Visuseinschränkung, z. B. mit Brille zu kompensieren. Eine spezifische Übungsbehandlung des Lesens und Rechtschreibens wird sich in der Regel erübrigen. Lediglich bei dissoziativer Sehstörung ergibt sich die Indikation einer Übungsbehandlung des Lesens und Rechtschreibens im Rahmen der übergeordneten Psychotherapie.
– Analphabetismus (Z55.x)	Analphabetismus ist begründet in der nicht hinreichenden Unterrichtung. Daher besteht die Therapie in der Beendigung der Deprivation und Sicherstellung einer konsequenten Beschulung und Unterrichtung in schriftsprachlichen Fertigkeiten.
– Lese- und Rechtschreibstörung bei Intelligenzminderung	Die Lese- und Rechtschreibstörung bei geistiger Behinderung bedarf einer in gleicher Weise systematischen Lese- und Rechtschreibförderung, wie dies bei der umschriebenen Lese-Rechtschreib-

	störung indiziert ist. Da jedoch das Kind mit geistiger Behinderung im Regelschulbereich überfordert ist und die Lernfähigkeit insgesamt einer Förderung bedarf, ist – sofern die Beschulung nicht integrativ erfolgen kann – eine schulische Unterrichtung in Sonderschulen „Schwerpunkt Lernen" indiziert.
– Lese- und Rechtschreibstörung (F81.0) und isolierte Rechtschreibstörung (F81.1); wenn mit Rechenstörung kombiniert (F81.3)	Behandlung der Lese- und Rechtschreibstörung nach den Prinzipien der LRS-Therapie (vgl. Kapitel 1.5, 2.3 und Kapitel 4): Beratung des betroffenen Schülers, der Eltern und der Schule; Übungsbehandlung des Lesens und Rechtschreibens; bei Bedarf Therapie der Begleitstörungen; schulische Intervention (spezifische Förderung, Nachteilsausgleich). Bei Bedarf Eingliederungshilfe gemäß § 35a SGB VIII auf Grund einer (drohenden) seelischen Behinderung.

Spezifischer Förderunterricht

Eine hohe Intensität und Qualität der *schulischen Lese- und Rechtschreibförderunterrichtung* sind wesentlich. Zusätzlich zum Rechtschreibunterricht kann ein ergänzender Förderunterricht, der auf die individuelle Ausgangslage des einzelnen betroffenen Kindes eingeht, hilfreich sein (siehe Kapitel 1.5 und 2.3 sowie Leitlinie 10). Allerdings sind die Wirksamkeitsnachweise für den schulischen Förderunterricht wenig ermutigend, so dass bei ausgeprägter Lese-Rechtschreibstörung in der Regel eine außerschulische ambulante LRS-Therapie indiziert ist.

LRS-Therapie

Die *Übungsbehandlung* des Lesens und Rechtschreibens („LRS-Therapie") ist die Behandlungsmaßnahme der ersten Wahl und in ihrer Wirksamkeit belegt (siehe Kapitel 1.5 und Kapitel 4). Die Übungsbehandlung allein genügt dann nicht, wenn zusätzliche psychische Störungen vorliegen. Häufig sind die Kinder hinsichtlich ihres schulischen Lern- und Leistungsvermögens völlig entmutigt, resigniert, von Versagensängsten und Selbstwertzweifeln erfüllt. Oft sind auch die Lernstrategien der Kinder unzweckmäßig. In diesen Fällen ist die spezifische Übungsbehandlung, die sich allein auf die Förderung des Lesens und Rechtschreibens konzentriert, durch psychotherapeutische Maßnahmen zu ergänzen. Sollte dies im ambulanten Rahmen nicht gelingen, so kann eine teilstationäre oder stationäre kinder- und jugendpsychiatrische Behandlung als Zwischenschritt indiziert sein.

Die Therapie komorbider Störungen ist in der Regel nachrangig. Dies gilt sowohl für die Psychotherapie depressiver und ängstlicher Anpassungsstörungen als auch für die Übungsbehandlung anderer umschriebener Entwicklungsstörungen. Lediglich bei einer *Schulangst, die zu einer Schulverweigerung führt,* ist gleichzeitig zur Übungsbehandlung des Lesens und Rechtschreibens durch die therapeutische Maßnahme der umgehende Schulbesuch anzustreben. Die komorbiden Störungen sollten zunächst nachrangig behandelt werden, weil sie oft Folgen der Lese-Rechtschreibstörung sind. Kommen Beratung, schulische Fördermaßnahmen, schulischer Nachteilsausgleich und die ambulante LRS-Therapie zur Geltung, so entschärfen sich oft sehr rasch auch die sekundären psychischen Ängste, depressiven Zustände und Schulverweigerungstendenzen, Aufmerksamkeits- und Disziplinschwierigkeiten im Unterricht und in der Hausaufgabensituation. Sollte die hyperkinetische Störung trotz der Entschärfung der Problematik der Lese-Rechtschreibstörung beeinträchtigend anhalten, so ist erneut die Diagnose einer hyperkinetischen Störung zu überprüfen und ggf. die Behandlung der hyperkinetischen Störung einzuleiten. Bei einer *komorbiden Aktivitäts- und Aufmerksamkeitsstörung* (siehe Kapitel 1.2) sind zusätzlich verhaltenstherapeutische Maßnahmen in Zusammenarbeit mit den Eltern und der Schule hilfreich. Eine Pharmakotherapie mit Stimulanzien ist angezeigt, wenn die hyperkinetische Störung situationsübergreifend stark ausgeprägt ist, sie die schulische Eingliederung gefährdet, die Beziehung zu den Eltern oder Lehrern und Mitschülern entscheidend beeinträchtigt und die Lese-Rechtschreibproblematik durch Aufmerksamkeitsfehler und graphomotorische Schwierigkeiten verschärft. In diesen Fällen reichen allein beraterische und verhaltenstherapeutische Maßnahmen nicht aus. Studien sprechen dafür, dass bei solch schwerwiegender Symptomatik Stimulanzien auf Grund ihrer überlegenen Wirksamkeit die Behandlungsmaßnahme erster Wahl sein sollten (siehe Kapitel 2.3.5).

Da bis zu 30 % der Kinder mit hyperkinetischer Störung Tics entwickeln, ist insbesondere bei der Indikation einer Stimulanzientherapie eine kinder- und jugendpsychiatrische Diagnostik und Therapieberatung notwendig. Bei Ticstörungen kann in Einzelfällen die Ticsymptomatik durch die Stimulanzienbehandlung verstärkt, in anderen Einzelfällen jedoch auch reduziert werden. Meistens hat die Stimulanzientherapie keinen Einfluss auf die Ticsymptomatik (siehe Kapitel 1.2; Döpfner et al., 2000a). Bei Ticstörungen, die über ein Jahr anhalten und zu einer subjektiven Beeinträchtigung führen, sowie bei einem Tourette-Syndrom (Kombination von motorischen Tics und vokalen Tics) sind Verhaltenstherapie und medikamentöse Behandlung indiziert.

Bei einem nicht behebbaren *chronifizierten Hausaufgabenkonflikt* sollten die Eltern von der Hausaufgabenbetreuung des Kindes entlastet werden. Hierzu sind Absprachen mit der Schule notwendig (weiterführend Warnke et al., 2002).

Die Therapie von so genannten „*Basisfunktionen"* (feinmotorischem Geschick, Aufmerksamkeit, „Figurgrundwahrnehmung", von „akustischer Wahrnehmung", Blicksteuerung usw.) ist in aller Regel nicht indiziert, wenn diese Funktionen nicht im konkreten Zusammenhang mit Lesen und Rechtschreiben eingeübt werden. Bestehen bei einer Lese-Rechtschreibstörung auch *graphomotorische Schwierigkeiten,* so lassen sich diese hinsichtlich der Handschriftentwicklung am wirksamsten mit dem Schreibvorgang selbst einüben. Der Nachweis, dass vom Lese- und Rechtschreibvorgang isolierte Übungen zur Blicksteuerung, Aufmerksamkeit oder apparativen Lautdiskrimination anhaltende positive Auswirkungen auf die Lese-Rechtschreibentwicklung haben, fehlt (siehe Kapitel 1.5).

2.2.3 Indikationen für schulische Förderung und Nachteilsausgleich (Die „Legasthenie-Erlasse")

L10 Leitlinie 10:
Indikationen für spezifische schulische Förderungen und Nachteilsausgleich gemäß der „Legasthenie-Erlasse" der Bundesländer

- Die einzelnen Bundesländer haben kultusministerielle Verordnungen zur Förderung von Kindern mit Schwierigkeiten im Erlernen des Lesens, Rechtschreibens und Rechnens erlassen. Diese länderspezifischen Erlasse gründen noch weitgehend auf der Empfehlung der Kultusministerkonferenz vom 20.04.1978; neu vom 04.12.2003.
- Die länderspezifischen Verordnungen oder Erlasse sehen für Schüler, bei denen Lese- und Rechtschreibstörungen „anerkannt" sind, spezifische Fördermaßnahmen und Nachteilsausgleich vor.
- Nur in Bayern wird Nachteilsausgleich über die 10. Klassenstufe hinaus gewährt.

Auf der Grundlage der Empfehlungen der Kultusministerkonferenz vom 20.04.1978 haben die meisten Bundesländer Richtlinien, Verordnungen oder Erlasse formuliert zur Förderung von Kindern mit Schwierigkeiten beim Erlernen des Lesens und Schreibens. Die neue Empfehlung der Kultusministerkonferenz wurde am 04.12.2003 verabschiedet. Auf dieser Grundlage sind Überarbeitungen von länderspezifischen Erlassen zu erwarten.

Die Voraussetzungen, nach denen spezifische schulische Fördermaßnahmen und Nachteilsausgleich gewährt werden, sind in den einzelnen Bundesländern unterschiedlich. Folgende *Alternativen der Feststellung bzw. Anerkennung einer „Lese- Rechtschreibstörung"* bei einem Schüler lassen sich benennen:

- Die Entscheidung des Klassenlehrers oder Fachlehrers für Deutsch (z. B. Hessen)
- Die Entscheidung einer Lehrerkonferenz (z. B. Hessen)
- Die Entscheidung eines qualifizierten Lehrers oder die gutachterliche Stellungnahme von Diplompsychologen oder einem Kinder- und Jugendpsychiater (z. B. Schleswig-Holstein)
- Die Stellungnahme eines LRS (Lese-Rechtschreibstörung)-Beratungslehrers bzw. des Schulamtes (z. B. Mecklenburg-Vorpommern)
- Schulpsychologische gutachterliche Stellungnahme (z. B. Bayern)
- Fachärztliche Stellungnahme des Arztes für Kinder- und Jugendpsychiatrie und Psychotherapie (z. B. Bayern, Schleswig-Holstein, Mecklenburg-Vorpommern)

_{Schulische Legasthenie-Erlasse}

Die in den einzelnen Bundesländern aktuell geltenden Richtlinien („Legasthenie-Erlasse") sind von den Schul- bzw. Kultusministerien der einzelnen Länder und über den Bundesverband Legasthenie (Königstr. 32, 30175 Hannover, Tel. 0511/318738, Hompage: www.legasthenie.net) bzw. seine Orts- und Landesverbände zu erfahren (siehe L14).

Gemäß der länderspezifischen Erlasse sind davon *ausgenommen:*
- Schüler mit umfassender Lernbehinderung oder geistiger Behinderung (diese Schüler haben spezifische Förderung und Nachteilsausgleich im Rahmen von sonderpädagogischem Förderbedarf: „Schwerpunkt Lernen")
- Schüler, deren Lese- und Rechtschreibproblematik sich durch Sinnes-, Sprach- oder Körperbehinderung erklärt
- Schüler anderer Muttersprache, deren Schwierigkeiten sich aus zu geringer Kenntnis der deutschen Sprache ergeben (hier ist zu erwarten, dass schulische Unterrichtung und Förderunterricht einen vorübergehenden Analphabetismus ausgleichen).

2.2.4 Indikationen für Eingliederungshilfe (§ 35a SGB VIII)

L11 Leitlinie 11:
Indikationen für Eingliederungshilfe

Die ambulante Therapie der umschriebenen Lese-Rechtschreibstörung wird nach der gegenwärtigen Rechtspraxis in den meisten Fällen nicht von der Krankenkasse oder der Beihilfe finanziert. Da eine Lese-Rechtschreibstörung eine dauerhafte Beeinträchtigung ist und die begabungsadäquate schulische und auch allgemeine soziale Integration des betroffenen Kindes meist erheblich behindert, kann im Einzelfall die Finanzierung der ambulanten „LRS-Therapie" durch Eingliederungshilfe erfolgen.

Die Indikation für die Beantragung der Eingliederungshilfe hat folgende Voraussetzungen:

– Mit Wirkung vom 01.07.2001 wurde mit dem Sozialgesetzbuch IX (SGB IX) der Paragraph 35a SGB VIII in folgender Weise formuliert: „(1) Kinder oder Jugendliche haben Anspruch auf Eingliederungshilfe, wenn

1. ihre seelische Gesundheit mit hoher Wahrscheinlichkeit länger als 6 Monate von dem für ihr Lebensalter typischen Zustand abweicht und
2. daher ihre Teilhabe am Leben in der Gesellschaft beeinträchtigt ist oder eine solche Beeinträchtigung zu erwarten ist (…)."

– von einem Anspruch auf Eingliederungshilfe ist demnach dann auszugehen, wenn eine umschriebene Lese-Rechtschreibstörung diagnostiziert ist und diese Störung (länger als 6 Monate anhaltend) die Teilhabe des Kindes oder Jugendlichen am Leben in der Gesellschaft beeinträchtigt oder eine solche Beeinträchtigung erwarten lässt.

– Die Gewährung von Eingliederungshilfe setzt zwar schulische Fördermaßnahmen voraus, das bedeutet jedoch nicht, dass schulische Fördermaßnahmen völlig ausgeschöpft sein müssen, bevor eine außerschulische Behandlung, finanziert durch Eingliederungshilfe, in Betracht gezogen werden kann.

– Die Eingliederungshilfe zur Finanzierung einer LRS-Therapie ist beim örtlich zuständigen Jugendamt zu beantragen.

– Voraussetzung für die Gewährung der Eingliederungshilfe nach § 35a SGB VIII ist eine gutachterliche Stellungnahme, die dem Jugendamt als Entscheidungsgrundlage dient.

Eingliederungshilfe

Die Eingliederungshilfe hat zur Voraussetzung, dass durch eine gutachterliche Stellungnahme die Kriterien nachgewiesen sind, die eine (drohende) seelische Behinderung begründen. Inzwischen dürfte sich bundesweit die Empfehlung durchgesetzt haben, dass die multiaxiale Diagnostik Grundlage der Entscheidung zur Gewährung der Eingliederungshilfe ist. In den Kommentaren wird der Arzt für Kinder- und Jugendpsychiatrie und Psychotherapie als der Experte benannt, der für solche Begutachtung geeignet ist. Wichtig ist es letztendlich, dass die „diagnostischen Bausteine" (Untersuchung der psychischen (Achse 1) und körperlichen (Achse 4) Gesundheit, der Teilleistungsbereiche (Achse 2), des Intelligenzniveaus (Achse 3) und der psychosozialen

> **Merke:** Die *Indikation für die Beantragung von Eingliederungshilfe* ist gegeben, wenn das Kind mit Lese-Rechtschreibstörung trotz adäquater familiärer Förderung, schulischer Unterrichtung im Lesen und Rechtschreiben und hinreichender allgemeiner Intelligenz in seiner schriftsprachlichen Entwicklung dem Klassenniveau nicht folgen kann, so dass dem betroffenen Kind generalisiert gravierende Nachteile in allen Fächern entstehen und dadurch seine Versetzung in die nächste Klasse oder der Übergang in eine weiterführende Schule gefährdet sind. Der Antrag auf Eingliederungshilfe ist auch indiziert, wenn auf Grund der Lese-Rechtschreibstörung eine Umschulung in eine Sonderschule droht und durch die chronischen Schwierigkeiten in Folge der Lese-Rechtschreibstörung sekundär psychische Störungen von Krankheitswert sich auszubilden beginnen. In diesem Falle ist nach der Leitlinie 15 zu verfahren.

Umstände (Achse 5)) durchgeführt sind. Im Gutachten ist eine Stellungnahme zum Grad der Gefährdung der begabungsadäquaten Eingliederung in Folge der Lese-Rechtschreibstörung vorzunehmen (Achse 6, siehe Kapitel 2.1.6).

2.3 Leitlinien zur Therapie

Tabelle 7 benennt die Leitlinien zur Therapie von Kindern und Jugendlichen mit umschriebener Lese-Rechtschreibstörung.

Tabelle 7: Übersicht über die Leitlinien zur Therapie

L12	Beratung der Eltern und des Schülers (Psychoedukation)
L13	Übungsbehandlung des Lesens und Rechtschreibens und die Behandlung von Begleitstörungen
L14	Interventionen in der Schule/Lehrerberatung/Förderunterricht/Nachteilsausgleich (Umsetzung der „Legasthenie-Erlasse")
L15	Eingliederungshilfe
L16	Medikamentöse Behandlung
L17	Augen- und ohrenärztliche Behandlung
L18	Prävention im Vorschulalter

2.3.1 Beratung der Eltern, der Lehrer und des Kindes/Jugendlichen (Psychoedukation)

L12 | **Leitlinie 12:**
Beratung der Eltern, der Lehrer und des Kindes/Jugendlichen (Psychoedukation)

Die Erklärung der Diagnose und die Beratung der Eltern und der Kinder und Jugendlichen umfasst:
– Die Mitteilung der Diagnose; Information über die Befunde, die vermutliche Ätiologie der Symptomatik, den möglichen Verlauf der Lese-Rechtschreibstörung und über die Möglichkeiten schulischer Förderung und außerschulischer Therapie.
– Beratung zur Hausaufgabensituation
– Beratung über die Inhalte des länderspezifischen „Legasthenie-Erlasses"
– Beratung zu Fragen der Eingliederungshilfe (Kinder- und Jugendhilfe)

Die Erklärung der Diagnose und die Beratung von Eltern und betroffenem Kind wird immer durchgeführt. Die Beratung mit dem Lehrer setzt das Einverständnis der Eltern voraus. Stimmen die Eltern der Kontaktaufnahme zu, so sollte die Beratung mit dem Lehrer immer wahrgenommen werden (siehe Kapitel 2.3.3, L14).

Mitteilung der Diagnose

Die Mitteilung der Diagnose ist vorrangig. Sie hat meist schon eine „heilsame" Wirkung, weil sie die bisherigen unverstandenen Schwierigkeiten erklärt und von Schuldüberlegungen wegführt. Die Befunde, die die Diagnose begründen, gilt es mitzuteilen, wobei auf die bisherigen Erklärungsansätze (z. B. „Konzentrationsstörung", „Faulheit", „Unwillen") von Kind und Eltern Bezug genommen werden kann. Die Ergebnisse der Lese- und Rechtschreibtests lassen sich genau sagen (z. B. „Prozentrang 6"), während es sich empfiehlt, die IQ-Werte nicht anzugeben, sondern nur den Bereich („durchschnittlich", „überdurchschnittlich") zu benennen. Zusatzbefunde (z. B. Aktivitäts- und Aufmerksamkeitsstörung) wären gesondert zu beschreiben.

Erklärung potenzieller Ursachen

Die Frage nach den Ursachen der Lese-Rechtschreibstörung schließt sich in der Regel an. Hierzu ist zu sagen, dass die Ursache der Lese-Rechtschreibstörung noch nicht bekannt ist, sehr wahrscheinlich jedoch Besonderheiten der biologischen Reifung des zentralen Nervensystems ausschlaggebend sind, die wahrscheinlich überwiegend genetisch begründet sind. Psychosoziale Einflüsse (wie die Qualität des Lese-/Rechtschreibunterrichts, allgemeine Lernfähigkeit) beeinflussen sekundär die Ausprägung der Störungen und die Entwicklung komorbider Erkrankungen (z. B. Schulangst). Wichtig ist es, nochmals klarzustellen, dass die Lese-Rechtschreibstörung nicht in einer allgemeinen Intelligenzminderung des Kindes, nicht das Ergebnis von Faulheit, falscher elterlicher Erziehung und unzureichender schulischer Unterrichtung des Kindes ist.

Nicht auf die Schuldfrage kommt es an, sondern auf das Verständnis der Störung und die Hilfe und Unterstützung für Kind, Familie und Schule.

Die familiären Belastungen, die sich mit der Lese-Rechtschreibstörung des Kindes ergeben, sind anzusprechen. Damit lassen sich zugleich Aufschlüsse über die Alltagsanliegen von Kind und Eltern gewinnen. Dies gilt insbesondere für die tägliche Hausaufgabensituation. Es lässt sich den Eltern sagen, dass gewöhnlich Grundschüler mit Lese-Rechtschreibstörung meist nur ungern an die Hausaufgaben herangehen, sie gerne den Beginn hinauszögern und wenn sie begonnen haben, immer wieder die Hausaufgabe unterbrechen und abgelenkt wirken. Viel mehr als andere Kinder (zu 75 % nämlich) bedürfen sie bei der Hausaufgabe der elterlichen Aufsicht. Es ist vielen Eltern ein Trost zu erfahren, dass Motivationsverlust, Resignation und Hausaufgabenstreitigkeiten bei Kindern mit Lese-Rechtschreibstörung eher die Regel als die Ausnahme sind. Es lässt sich von einem *„Teufelskreis"* sprechen, dem auch das Kind in der Schule ausgesetzt ist: Es bemüht sich – es bleibt im Lesen und Rechtschreiben trotz der Bemühungen zurück – die Bemühungen des Kindes und der Eltern bei der Hausaufgabenhilfe verstärken sich – der Misserfolg hält an – das Kind merkt, dass es die Erwartungen der Eltern enttäuscht – es erfährt die elterliche Kritik, obwohl es sich nicht zu helfen weiß. Umgekehrt verstehen die Eltern ihr Kind nicht, sehen, dass es zunehmend abgelenkt, unkonzentriert und unmotiviert bei der Hausaufgabe sitzt, so dass die Eltern sich selbst als „bestraft" wahrnehmen und sie deshalb das Kind kritisieren – wechselseitig sind die Erwartungen enttäuscht und die Bemühungen von beiden Seiten bleiben ohne Erfolg – mehr und mehr kommt das Versagen im Lernen und das ungenügende Arbeitsverhalten des Kindes zur Sprache, während die Bemühungen zu wenig Früchte tragen und das Kind immer weniger Lob erfährt. So lassen sich die Symptome von zunehmender Unwilligkeit, von Hausaufgabenstreit und schließlich Schulängstlichkeit erklären.

Die Information zu den Behandlungsmöglichkeiten schließt sich an. Kaum jemals ergeben sich Zielkonflikte: Kind und Eltern ist es stets ein vorrangiges Anliegen, die Lese- und Rechtschreibschwierigkeiten zu mindern, schulisches Verständnis und schulische Unterstützung zu erhalten und die Hausaufgabensituation zu entlasten. Oft ist es auch das Ziel vorinformierter Eltern, mit den Untersuchungsergebnissen gutachterliche Stellungnahmen zu erhalten, durch die die länderspezifischen schulischen Fördermaßnahmen und Nachteilsausgleiche und Eingliederungshilfe nach § 35a SGB VIII beantragt werden können. Besteht Klarheit über die Ziele, so können die weiteren Behandlungsschritte besprochen werden.

> **Hilfreiche Materialien**
>
> Zur Information der Eltern sowie anderer Bezugspersonen über Symptomatik, Erklärungsansätze und Behandlungsmöglichkeiten eignen sich:
> - der Ratgeber Lese- und Rechtschreibstörung (Warnke, Hemminger & Plume 2004), der in knapper Weise zum klinischen Bild, dem Verlauf und Erklärungsansätzen sowie grundsätzlichen Behandlungsmöglichkeiten informiert
> - das Buch: „Legasthenie – Leitfaden für die Praxis" (Warnke et al., 2002), das ausführlich auf klinisches Bild, die Behandlung und auf die Hausaufgabensituation eingeht
> - das Buch von Mechthild Firnhaber „Legasthenie und andere Wahrnehmungsstörungen. Wie Eltern und Lehrer helfen können", Fischer, Frankfurt, 1996. Frau Firnhaber, Mutter von zwei Kindern mit Legasthenie und langjährige Vorsitzende des Landesverbandes Legasthenie in Hessen, weiß Eltern über die zu erwartenden Schwierigkeiten und auch über die möglichen Lösungswege fachlich kompetent zu informieren.
> - Eine wichtige Hilfestellung ist auch der Hinweis auf die Orts- und Landesverbände oder den Bundesverband Legasthenie und Dyskalkulie (Königstr. 32, 30175 Hannover, Tel. 0511/318738, Fax: 0511/318739, homepage: www.legasthenie.net). Die Landesverbände verfügen teilweise über eigene Broschüren, mit denen Eltern spezifisch zu den regionalen Besonderheiten beraten werden.

Schulische Hilfen

Informationen zu den Möglichkeiten der schulischen Hilfe sind ein vorrangiges elterliches Anliegen. Die Informationen beinhalten zunächst Angaben zu den schulischen Möglichkeiten vor Ort, über die in dem jeweiligen Bundesland gültigen Richtlinien der Schul- bzw. Kultusministerien zur Förderung von Schülern mit Lese- und Rechtschreibstörung und über die Möglichkeit der Umsetzung der Richtlinien. Damit erfahren Eltern, wie sie erreichen können, dass die Lese-Rechtschreibstörung seitens der Schule formal Anerkennung findet und auf welche Weise die schulischen Fördermaßnahmen und der Nachteilsausgleich in der Schule umgesetzt werden können. Dazu verhelfen Kenntnisse, wie sie in Kapitel 2.3.3 beschrieben sind.

> **Hilfreiche Materialien**
>
> Eine ausführlichere Beschreibung der schulrechtlichen Regelungen und der dazu erforderlichen Begutachtungsmaßnahmen finden sich in dem Buch von Warnke et al., 2002, Kapitel 6. M03 (S. 149) zeigt ein *Muster für ein „ärztliches Attest zur Vorlage beim Schulpsychologen"*.

Lehrerkontakt

Die Beratung mit dem verantwortlichen Lehrer ist sehr sorgfältig mit den Eltern vorzubereiten. Oft empfiehlt es sich, dass die Fachkraft, die die Diagnose gestellt hat, wenn sie über die schulischen und außerschulischen Fördermöglichkeiten informiert ist, nach entsprechender Zustimmung der Eltern und auch des betroffenen Kindes selbst ein Beratungsgespräch mit dem Schulpsychologen und dem verantwortlichen Lehrer führt. Dies empfiehlt sich insbesondere für den Fall, in dem Konflikte zwischen Elternhaus und Schule eine sachliche wechselseitige Verständigung erschweren (weiterführend siehe Kapitel 2.3.3). Achtung! Nicht der Versuchung unterliegen, sich mit den Eltern gegen „die Schule" oder „den Lehrer" in anklagender Weise zu solidarisieren, wie auch umgekehrt eine beschuldigende Solidarisierung mit der Schule gegen Schüler und Eltern obsolet ist. Ziel ist es, durch hinreichende Verständigung zu einer hinreichenden Lösung zum Wohl des Kindes zu gelangen.

Die Hausaufgabensituation und Freizeitgestaltung kommen im Zusammenhang mit den Überlegungen zu den familiären und schulischen Hilfsmaßnahmen zur Sprache. Zunächst gilt es, Verständnis dafür zu ermöglichen, dass bei aller schulischen Bemühung es ebenso darauf ankommt, die alternativen Begabungen und Interessen des Kindes, seine Selbstwertentwicklung und Lebensfreude zu stärken. Die Förderung von Hobbys sollte neben aller schulischen Förderung nicht vernachlässigt werden. Die Hausaufgabe, die Eltern und Kind gemeinsam bewältigen, ist nach den Worten von Firnhaber (1996) ein „Zweckbündnis auf Zeit" und eine „Notgemeinschaft". Die Betreuung des Kindes durch einen Elternteil bei der Hausaufgabe empfiehlt sich dann nicht, wenn die Hausaufgabenauseinandersetzungen sich täglich wiederholen und so heftig sind, dass die Eltern-Kind-Beziehung darunter chronisch leidet. In diesem Fall sollte hierzu eine eigene Beratung erfolgen und, soweit möglich, die Hausaufgabensituation in die Hände einer Fachkraft gegeben werden.

Hausaufgaben und Freizeit

Hilfreiche Materialien

– Eine ausführliche Information zur Unterstützung des Kindes mit Lese-Rechtschreibstörung in der Hausaufgabensituation findet sich in der Schrift von Warnke et al. (2002), Kapitel 7. Darin finden sich Hinweise zur Beachtung der Konzentration und Lernfreude des Kindes, zur Strukturierung der Hausaufgabensituation (Zeit und Dauer der Hausaufgabe), zur Bedeutung des Lernstoffwechsels, der Lesestrategie und zur Selbstständigkeitserziehung bei den Hausaufgaben.

– Hilfreiche praktische Tips finden sich in der Schrift von Firnhaber (1996). Firnhaber benennt aus langjähriger Erfahrung die Voraussetzungen, die gegeben sein sollten, wenn Eltern dem Kind mit Lese-Rechtschreibstörung bei den Hausaufgaben helfen (Firnhaber, 1996, S. 176–177).

Die Information zu Möglichkeiten der außerschulischen Therapie ist bei allen schweren Ausprägungsgraden der Lese-Rechtschreibstörung indiziert. In der Regel lassen sich therapeutische Einrichtungen in Wohnortnähe empfehlen. Bestehen Alternativen, zwischen denen die Eltern wäh-

Außerschulische LRS-Therapie

len können, so lassen sich Qualitätskriterien für eine Therapieentscheidung nennen: Der Therapeut sollte über eine spezielle Ausbildung oder systematische Erfahrung in der Behandlung von Kindern mit Lese- und Rechtschreibstörungen verfügen; er wird ein für das Kind spezifisch angepasstes Förderkonzept gestalten, wechselnde Materialien und auch ein an die Lernschritte des Kindes angepasstes PC-Programm nutzen; er wird die Kooperation zwischen Elternhaus und Schule fördern und die Eltern bereitwillig über das formale Vorgehen und die Inhalte der Therapie kontinuierlich informieren; die Therapie wird im Wesentlichen eine systematische Einübung des Lesens und Rechtschreibens beinhalten; dem Therapeuten wird es gelingen, dass das Kind gerne kommt, durch Lernschritte während der Behandlungssituation Erfolge erfährt. Eine gute Therapie wird auch die Begleitstörungen des Kindes, wie z. B. hyperkinetische Störungen, Schulangstsymptome oder Begleitstörungen der Sprache und Motorik beachten (weiterführend Kapitel 2.3.2, 1.5.5 und Kapitel 1.5.6).

Hilfreiche Materialien

– Weitergehende Hinweise zum Gespräch mit den Eltern zur Frage der qualifizierten Therapie finden sich bei Warnke et al. (2002). Kriterien für die Ausbildungsqualifikation ergeben sich aus dem Curriculum zur Fortbildung für „LRS-Therapeuten" von Noterdaeme und Amorosa (2002).

– Firnhaber (1996) gibt in ihrer Schrift Ratschläge für Eltern, auf welche Weise sie einen qualifizierten Therapeuten finden und in welcher Weise sie die Kooperation gestalten können.

– Eine Übersicht über die verschiedenen Behandlungsansätze findet sich im Kapitel 4 und bei von Suchodoletz, 2003.

– Allgemeine Gesichtspunkte zur Therapie werden im Kapitel 1.5 abgehandelt.

– Curriculum für „LRS-Lehrer"; LRS-Förderstrategien des Bildungsministeriums Mecklenburg-Vorpommern (1998, 2002; Behrndt et al., 1996, 2002).

Die Information über die Möglichkeiten der Eingliederungshilfe ist immer dann indiziert, wenn die schulische, berufliche oder soziale Eingliederung des betroffenen Kindes in einem Maße gefährdet ist, dass die

Hilfreiche Materialien

– Materialien zu sozialrechtlichen Fragestellungen finden sich in speziellen Broschüren des Bundesverbandes Legasthenie und einzelner Landesverbände (Bundesverband Legasthenie und Dyskalkulie, Königstr. 32, 30175 Hannover, Tel. 0511/318738, Fax: 0511/318739, homepage: www.legasthenie.net.

– Hinweise finden sich auch in dem Ratgeber Lese-Rechtschreibstörung von Warnke, Hemminger und Plume (2004), sowie ausführlich in dem Buch Legasthenie – Leitfaden für die Praxis (Warnke et al.; 2002; Kapitel 5).

Kriterien einer (drohenden) seelischen Behinderung nach § 35a SGB VIII gegeben sind. Eine Beratung ist immer auch dann indiziert, wenn die Eltern nach Möglichkeiten der Finanzierung einer außerschulischen Therapie suchen oder wenn sie eine Internatslösung als stationäre Jugendhilfemaßnahme anstreben. Die Inhalte der Beratung finden sich im Kapitel 2.3.4 ausführlich dargelegt.

2.3.2 Die Übungsbehandlung des Lesens und Rechtschreibens und die Behandlung von Begleitstörungen

Die Therapie der Lese-Rechtschreibstörung mit dem Kind/Jugendlichen ist schwierig, sie bedarf pädagogisch-didaktischer Kenntnisse und Kenntnisse in den wissenschaftlich anerkannten therapeutischen Behandlungsansätzen (Noterdaeme & Breuer-Schaumann, 2003). *Es gibt nicht die eine einzige Therapie, die eine Lese-Rechtschreibstörung heilen könnte. Wo immer dies versprochen wird, ist solchen Versprechen mit Skepsis zu begegnen.* Leitlinie 13 fasst Grundsätze der Behandlung der Lese-Rechtschreibstörung und der Therapie von Begleitstörungen mit dem Kind zusammen:

L13 **Leitlinie 13:**
Übungsbehandlung des Lesens und Rechtschreibens und die Therapie von Begleitstörungen mit dem Kind

1. Die Aufgabenbereiche der Behandlung der Lese-Rechtschreibstörung und der Begleitstörungen umfassen:
 – die funktionelle Behandlung des Lesens und Rechtschreibens (Übungsbehandlung)
 – die Unterstützung des Kindes in der psychischen Bewältigung der Beeinträchtigungen durch die Lese-Rechtschreibstörung (Problemmanagement)
 – die Therapie von Begleitstörungen (Psychotherapie und Pharmakotherapie)
2. Allgemeine Prinzipien der Übungsbehandlung und die Funktion von Zusatztherapien
 – *Lesen und Rechtschreiben werden durch Lesen und Rechtschreiben erlernt.*
 – Wenn psychische Begleitstörungen grundsätzlich das Lernen und somit auch den Erwerb des Lesens und Rechtschreibens behindern, so ist eine *zusätzliche psychotherapeutische oder auch psychopharmakologische Behandlung* erforderlich mit dem Ziel, die Übung zum Lesen und Rechtschreiben durch Optimierung der Lernvoraussetzungen zu unterstützen und die Persönlichkeitsentwicklung des Kindes/Jugendlichen zu fördern.
 – Die *Übungsbehandlung von so genannten „Basissymptomen"* (Visuomotorik, Aufmerksamkeit, Sprache) hat einen direkten Einfluss auf das Erlernen von Lesen und Rechtschreiben, wenn die Übungen mit dem Lese- und Rechtschreibprozess verknüpft werden. Sie wirken sich auch dann positiv aus, wenn die bloße Übungsbehandlung der Teilleistungsfunktion, wie z. B. die Förderung der Konzentrationsfähigkeit bei einem Kind mit Aufmerksamkeitsstörung, dessen allgemeine Lernfähigkeit unterstützt.

- Die *Einbeziehung von Eltern und Lehrer* ist notwendig, um Ziele zu bestimmen und Planung, Organisation und Durchführung der Behandlung zu ermöglichen.
- Die Übungsbehandlung der Lese- und Rechtschreibstörung beinhaltet ein systematisches Lernprogramm. Ausgangspunkt der Übungsbehandlung ist eine *Fehleranalyse* (zu den Fehlertypen nach dem Verfahren von Reuter-Liehr, 2001, findet sich in Kapitel 4 ein Beispiel). Lerninhalte sind die Einübung lautsprachlicher Fertigkeiten (phonologische Bewusstheit, siehe Kapitel 1.3 und 2.3.7), die Schulung der Verbindung von Lauten (Phoneme) mit Buchstaben (Graphemen) und das Erlernen von Rechtschreibregeln und deren Ausnahmen.
- *Die Übungsbehandlung hat als Konzept,* sowohl das Lesen als auch das Rechtschreiben einzuüben. Beginn mit Lesen und Schreiben von lautgetreuen Worten, von den leichten und häufigen Worten fortschreitend zu den schweren und seltenen; Übergang zur orthographischen Stufe, der Gliederung der Wörter in Morpheme (Morphem-Methode), vom lautgetreuen Schreiben zu regelhaften Abweichungen; Einübung von Rechtschreibregeln. Unter Umständen Einführung von Lautgebärden. Ergänzender und motivierender Einsatz von Computerprogrammen. Konsequente und prompte positive Bestärkung von Lernschritten. Ist die Lesefertigkeit hinreichend erreicht, konzentrieren sich die Übungen auf die Rechtschreibung. Angestrebt wird ein Schwierigkeitsgrad, mit dem das Kind „an der Null-Fehler-Grenze" entlang arbeitet. Die einzelnen Übungsabschnitte innerhalb einer Übungsbehandlung dauern in der Regel etwa 15 Minuten. Fortschritte lassen sich durch Münzverstärkung und durch Protokollierung der gelesenen bzw. geschriebenen Textmenge, der Anzahl richtig gelesener/geschriebener Worte (u.U. in Diagrammen dargestellt) veranschaulichen (Merke: „Münzverstärkung" ist kein Mittel zur „Bestechung" des Kindes und kein Ersatz persönlicher erzieherischer Zuwendung. Im Gegenteil: Prompte Verstärkung richtiger Leseleistung schult das Kind in der Selbstwahrnehmung „ich komme vorwärts, ich kann etwas, meine Mühe lohnt sich" und Münzverstärkung „erzieht den Erzieher", das Kind im Augenblick seines Könnens, seiner Erfolge bestärkend zu beachten und hilft so, eine Fixierung auf Fehler, Versagen und Misserfolg, die das Kind demotiviert, zu verhindern).
- Die Therapie sollte so früh als möglich, über die Dauer von 1 bis 2 Jahren und möglichst in wöchentlichen Therapieeinheiten durchgeführt werden.
- Die Einzeltherapie empfiehlt sich, um „maßgeschneidert" die therapeutischen Schritte an das Vermögen des einzelnen Kindes/Jugendlichen anpassen zu können.

Therapiebedarf

Der *Therapiebedarf* ist bei jedem einzelnen Kind und Jugendlichen unterschiedlich. Bei leichten Schweregraden werden qualifizierte schulische Lese-Rechtschreibunterrichtung und Förderunterricht häufig ausreichen. Gelangt ein Kind trotz guter schulischer Unterrichtung, familiärer Unterstützung und einer spezifischen Therapie nicht über Anfangsfertigkeiten des Lesens und Rechtschreibens hinaus, so kann im Einzelfall die Beschulung im Regelschulbereich eine Überforderung des Kindes darstellen. Generell aber ist der Verbleib in der Regelschule möglich und oft empfiehlt sich eine systematische, konsequente Übungsbehandlung des Lesens und Rechtschreibens, eine „LRS-Therapie". Mit dieser Indikationsstellung ergibt sich zugleich die Frage, ob zusätzliche psychische Störungen die allgemeinen Lernvoraussetzungen beeinträchtigen. Beim einzelnen Kind kann es gleichzeitig zur Einübung des Lesens und Rechtschreibens darauf ankommen, mit psychotherapeutischen Mitteln Motivationsverlust, Versagensängste, Lern- und Leistungsverweigerung und Schulunlust abzubauen, das Selbstvertrauen zu stärken, die Persönlichkeitsentwicklung durch Förderung von alternativen Begabungen und Freizeitinteressen zu unterstützen. Eine Aktivitäts- und Aufmerksamkeitsstörung bedarf einer eigenständigen psychotherapeutischen und oft auch medikamentösen Behandlung, um die allgemeinen Lernvoraussetzungen zu optimieren, indem Arbeitshaltung, Ausdauer und Aufmerksamkeit, Frustrationstoleranz und durch Stimulanzien oft auch die Graphomotorik verbessert werden (weiterführend Döpfner et al., 2000a, b).

Die *Kooperation* mit den Eltern und die Abstimmung mit der Schule sind nötig (zur Kooperation mit der Schule siehe Kapitel 2.3.3; zur Frage der Finanzierung der LRS-Therapie siehe Kapitel 2.3.4). Vor der Therapie sollte sichergestellt sein, dass Seh- und Hörstörungen diagnostisch ausgeschlossen bzw. optimal behandelt sind.

Die *Übungsbehandlung* (LRS-Therapie) ist grundsätzlich ein Training des Lesens und Rechtschreibens von Worten und Texten. Dabei sind eine systematische Didaktik und bestärkende Führung des Kindes wichtig. Die Grundsätze, nach denen methodisch und inhaltlich das Übungsprogramm gestaltet werden kann, ist in Leitlinie 13 und mit den Beispielen in Kapitel 4 beschrieben.

Hilfreiche Materialien

- Die Programme, zu denen Wirksamkeitsnachweise vorliegen, sind in Kapitel 4 zusammengefasst.
- Bei Fragen des therapeutischen Vorgehens bei *komorbiden Störungen* (z. B. Aktivitäts- und Aufmerksamkeitsstörungen, Angststörungen, depressive Entwicklung; Rechenstörung, Sprachentwicklungsstörungen) geben die Leitlinien der Fachgesellschaften für Kinder- und Jugendpsychiatrie und Psychotherapie (2003), sowie die Lehrbücher der Kinder- und Jugendpsychiatrie Auskunft.
- Der *Leitfaden Hyperkinetische Störungen* (Döpfner et al., 2000a) gibt Hinweise zu erzieherischen, spezifisch pädagogischen, psychotherapeutischen und medikamentösen Möglichkeiten der Behandlung.
- Weiterführende Hinweise zur Therapie finden sich im Buch „Legasthenie – Leitfaden für die Praxis" (Warnke et al., 2002).
- Zu Fragen der Psychotherapie psychischer Störungen empfehlen sich: „Psychotherapie im Kindes- und Jugendalter" (Remschmidt, 1997); „Verhaltenstherapie und Verhaltensmedizin bei Kindern und Jugendlichen" (Steinhausen, 1999); „Lehrbuch der Verhaltenstherapie mit Kindern und Jugendlichen" (Band 1 und 2: Borg-Laufs, 1999, 2001); „Verhaltenstherapie mit Kindern und Jugendlichen" (Lauth et al., 2001).

Die differenzielle Indikation pädagogischer und therapeutischer Maßnahmen ist im Entscheidungsbaum in Abbildung 8 (siehe Kapitel 2.1.6 und 2.2.2) gemäß der Leitlinien der Fachgesellschaft für Kinder- und Jugendpsychiatrie und Psychotherapie et al. (2003) veranschaulicht.

Vorsicht bei alternativen Methoden

Auf dem „LRS-Markt" gibt es ein großes Angebot alternativer Methoden. Da die Orientierung über die Qualität solcher Methoden schwierig ist, empfiehlt es sich, hierzu Informationen bei Fachärzten für Kinder- und Jugendpsychiatrie und Psychotherapie, Schulpsychologen oder entsprechend qualifizierten Lehrkräften, Erziehungsberatungsstellen, anderen ärztlichen Praxen und auch beim Landesverband Legasthenie einzuholen. Eine Beurteilung „alternativer Methoden" findet sich in dem Buch von Beckenbach (2000, Kapitel 5.3) sowie bei von Suchodoletz (2003). Grundsätzlich fehlt den „alternativen Verfahren" der wissenschaftliche Nachweis, dass sie spezifisch eine umschriebene Lese-Rechtschreibstörung beheben oder gar nur in irgendeiner Weise mindern könnten.

Zu der Indikation und den möglichen Verfahren in der Behandlung von zusätzlichen Entwicklungsstörungen der Motorik, Sprache und des Rechnens ist der Band „Legasthenie – Leitfaden für die Praxis" (Warnke et al., 2002) weiterführend. Einen umfassenden Überblick über therapeutische Ansätze und ihren Wirksamkeitsnachweis haben Klicpera und Gasteiger-Klicpera (1995) gegeben.

2.3.3 Interventionen in der Schule

L14 Leitlinie 14:
Interventionen in der Schule

Die Zusammenarbeit mit der Schule ist eine wichtige Säule in der Unterstützung und Förderung des Schülers mit Lese-Rechtschreibstörung.

1. Voraussetzungen und Organisation der Kooperation

– Ziel der Zusammenarbeit mit der Schule ist es, dass der Schüler mit Lese- und Rechtschreibstörung Verständnis bei seinen Lehrern findet und die länderspezifisch möglichen Maßnahmen der schulischen Lese-Rechtschreibförderung und des Nachteilsausgleichs umgesetzt werden.

– Eine Sonderbeschulung ist nur in den äußerst schwerwiegenden Ausprägungsgraden der Lese-Rechtschreibstörung indiziert, grundsätzlich jedoch nicht notwendig.

– In der Kooperation mit der Schule hat sich folgendes Vorgehen als nützlich erwiesen:
  – persönliche Beratung mit dem Klassenlehrer bzw. Fachlehrer im Deutschen mit dem Ziel, dass der Lehrer über die Diagnose „Lese-Rechtschreibstörung" informiert ist und diese auch als solche anerkennt.

- weitergehende Beratung mit dem Klassenlehrer bzw. Fachlehrer im Deutschen, inwieweit die Fördermaßnahmen, die die länderspezifischen „Legasthenie-Erlasse" vorsehen und der länderspezifische Nachteilsausgleich (siehe Punkt 2 dieser Leitlinie) für den individuellen Schüler umgesetzt werden können.
- Die Kontaktaufnahme einer Fachkraft mit der Schule setzt die Einwilligung der Eltern voraus.
- Notwendig bzw. zweckmäßig ist die Vorlage einer fachärztlichen Stellungnahme oder Stellungnahme eines Psychologen (Schulpsychologen), Vertrauenslehrers, LRS-Lehrers, so dass der Fachlehrer über eine rechtliche Grundlage verfügt, wenn er spezifische Fördermaßnahmen einleitet und Nachteilsausgleich gewährt.
- Eine Beratung der Eltern mit dem Lehrer ist hinsichtlich der Hausaufgaben notwendig. Dies gilt für alle Fälle, in denen das Kind mit Lese-Rechtschreibstörung auf eine elterliche Hausaufgabenhilfe angewiesen ist.
- Eine Information des Fachlehrers empfiehlt sich, sobald eine außerschulische „LRS-Therapie" in einer dazu geeigneten Institution eingeleitet wird.

2. Schulische Förderung und Nachteilsausgleich gemäß der länderspezifischen „Legasthenie-Erlasse". Den „Legasthenie-Erlassen" der einzelnen Bundesländer sind folgende Maßnahmen gemeinsam:

- Bei „anerkannter Lese-Rechtschreibstörung" werden Diktate nicht benotet und Rechtschreibfehler nicht in die Bewertung schriftsprachlicher Leistungen einbezogen.
- Die Lese-Rechtschreibstörung darf kein Grund zur Nichtversetzung oder die Ablehnung des Übergangs in eine weiterführende Schule sein.
- Die schulische Lese-Rechtschreibunterrichtung soll neben einer Binnendifferenzierung im Unterricht durch Förderkurse unterstützt werden.
- Zusätzlich haben einzelne Bundesländer weitergehende Möglichkeiten des sog. „Nachteilsausgleichs" eingeräumt. Dazu gehören Zeitzuschläge bei schriftsprachlichen Prüfungen oder die bevorzugte Gewichtung mündlicher Leistungen im Vergleich zu schriftlichen Leistungen.
- Die in den einzelnen Bundesländern aktuell geltenden Richtlinien („Legasthenie-Erlasse") sind von den Schul- bzw. Kultusministerien der einzelnen Länder und über den Bundesverband Legasthenie (Königstr. 32, 30175 Hannover, Tel. 0511/318738, Homepage: www.legasthenie.net) bzw. seiner Orts- und Landesverbände zu erfahren.

Die Leitlinie 14 gibt eine Übersicht über die Empfehlungen zur Zusammenarbeit mit der Schule. Die Empfehlungen erweitern die Leitlinie 12 zur Beratung der Eltern und Lehrer des Kindes/Jugendlichen mit Lese-Rechtschreibstörung (Kapitel 2.3.1).

Die Information des Lehrers über die Diagnose „Lese-Rechtschreibstörung" ist der zunächst wichtigste Schritt in der Zusammenarbeit mit der Schule. Manchem Lehrer fällt es noch schwer, die Diagnose einer Lese-Rechtschreibstörung anzuerkennen bzw. die länderspezifisch möglichen schulischen Fördermaßnahmen und Regelungen zum Nachteilsausgleich umzusetzen. Daher empfiehlt sich, das erste Beratungsgespräch der Eltern mit der verantwortlichen Lehrkraft gemeinsam mit dem zuständigen Schulpsychologen, Beratungslehrer bzw. dem Fach-

Information der Lehrkraft

arzt oder Psychologen, der die Diagnose feststellte, durchzuführen. Es hat sich bewährt, wenn die Fachkraft, die die Diagnose gestellt hat, gemeinsam mit oder ergänzend zu den Eltern eine Beratung mit der Schule durchführt.

Schulwahl

Die Wahl der Schule ist eine zentrale Frage. Bevor spezifische Fördermaßnahmen in der Schule eingeleitet werden, sollte überprüft werden, ob das Kind auch bei Gewährung von schulischer Fördermaßnahme und Nachteilsausgleich in der gegebenen Schule richtig platziert ist. Bei Kindern mit hohem Schweregrad der Lese- und Rechtschreibstörung, wenn das Kind also so gut wie nicht in der Lage ist, sich einen Lesestoff zu erlesen und einen Text schriftsprachlich lesbar zu Papier zu bringen, so ist auch bei ansonsten normaler Intelligenzentwicklung die schulische Anforderung im Regelschulbereich oft zu schwierig. In der Regel allerdings sind sonderschulische Maßnahmen nicht indiziert. Ist trotz der Förderung und des Nachteilsausgleichs eine chronische Überforderung des Schülers nicht zu vermeiden, dann kann eine Klassenwiederholung oder Umschulung in eine leichtere Schulform indiziert sein. Die Erhebungen in Mecklenburg-Vorpommern kamen jedoch zu dem Ergebnis, dass Klassenwiederholungen keinen Vorteil bringen. Die Umschulung sollte erst dann erwogen werden, wenn zuvor die möglichen schulischen Fördermaßnahmen, schulischer Nachteilsausgleich und außerschulische therapeutische Möglichkeiten (ambulante LRS-Therapie) ausgenutzt wurden. In Einzelfällen ist die Umschulung in eine Internatsschule, die sich spezifisch auf die Förderung und den Nachteilsausgleich von Schülern mit Lese-Rechtschreibstörung eingerichtet hat, angezeigt. Informationen über solche Internatsschulen sind über den Bundesverband Legasthenie (siehe Punkt 2 dieser Leitlinie) zu erfragen.

Spezifische, schulische Förderung

Die spezifischen Interventionen in der Schule richten sich nach den länderspezifischen Vorgaben und den Möglichkeiten in der einzelnen Schule. Die Voraussetzungen für eine spezifische Lese-Rechtschreibförderung ist in weiterführenden Schulen und in der Regel auch nicht nach der 6. Schulklasse gegeben. Bei stärkeren Schweregraden der Lese-Rechtschreibstörung sind der optimale Lese-Rechtschreibunterricht und auch der zusätzliche schulische Förderunterricht nicht hinreichend hilfreich, so dass ergänzend eine außerschulische Therapie indiziert ist. Bei Umsetzung von innerschulischen Fördermaßnahmen und Gewährung von Nachteilsausgleich empfiehlt es sich, die Regelungen, die für den betroffenen Schüler vorgenommen werden, auch der Klasse zu erklären, so dass Hänseleien und ungünstige Kommentare („Wieso werden bei dem die Rechtschreibfehler nicht bewertet?") vermieden werden.

Die schulischen Fördermaßnahmen beinhalten in der Regel:
- Spezifische Förderkurse für Schüler mit Lese-Rechtschreibstörung. Dringend empfiehlt sich eine systematische Vorgehensweise im För-

derunterricht. Dazu eignen sich z. B. die „Lautgetreue Rechtschreibförderung" von Reuter-Liehr (2001), der „Leitfaden zur Bekämpfung der Lese-Rechtschreibschwäche" von Kossow (1991), der „Kieler Lese- und Rechtschreibaufbau" von Dummer-Smoch und Hackethal (1994, 1996); die „Psycholinguistische Lese- und Rechtschreibförderung" von Grissemann (1998), das Lese-Lernprogramm „Flüssig Lesen lernen" von Tacke (1999a, b), das „Marburger Rechtschreibtraining" von Schulte-Körne und Mathwig (2001), die Förderkonzeptionen von Naegele und Valtin (2000). Auch ist der systematische Einsatz von Computerlernprogrammen sinnvoll (zu den Verfahren siehe Kapitel 4).
- Dem Förderunterricht sollten folgende Prinzipien eigen sein: zunächst Förderung des lautgetreuen Lesens und Schreibens und anschließend Hinführung zu den Rechtschreibregeln und das Erlernen der Abweichungen vom Regelhaften bevor schließlich schwierigste abstrakte Rechtschreibregelungen eingeübt werden („Restfehler" nach Reuter-Liehr, 2001). Zusätzlich sollte bei der Förderung nach den Prinzipien „vom Leichten zum Schweren", „vom Häufigen zum Seltenen" unter Beachtung des in der Schule geforderten Grundwortschatzes verfahren werden (siehe Kapitel 1.5.1).

Zum Förderunterricht im Klassenverband haben sich zudem folgende Vorgehensweisen bewährt:
- kleine Klassen,
- ein den Interessen und der Lernfähigkeit des einzelnen Kindes angepasster Lernstoff (innere Differenzierung),
- eine Anpassung der Leistungsanforderung an das Leistungsvermögen des Kindes unter Berücksichtigung der Ergebnisse der Fehleranalyse beim einzelnen Kind,
- eine individuelle didaktische Vorgehensweise: Manche Kinder lernen nur mit Hilfe der Lautgebärden die ersten Lese-Rechtschreibschritte; andere profitieren von einer Silbenrhythmisierung; manche Kinder beherrschen bereits das phonologische Prinzip, so dass bei ihnen das Regellernen im Vordergrund steht usw.,
- eine individuelle Instruktion, so dass sichergestellt ist, dass das einzelne Kind die Aufgabe verstanden hat und diese eigenständig bewältigen kann,
- zeitliche Strukturierung: Die Ausdauer eines jeden Kindes ist unterschiedlich, so dass der Wechsel zwischen Lernarbeit und Erholung individuell bestimmt sein sollte,
- räumliche Strukturierung: Um diese didaktischen Möglichkeiten ausschöpfen zu können, hat es sich bewährt, den Klassenraum in einen Raum für Gruppenarbeit, Einzelarbeit und Erholungsraum zu

gliedern. Damit lassen sich Einzelarbeit, Gruppenarbeit und individuelle Pausen räumlich trennen und Störungseinflüsse vermeiden,
- die pädagogische Grundhaltung ist grundsätzlich bestärkend: unmittelbare Leistungskontrolle, die unzweckmäßiges, fehlerhaftes Arbeiten weitestgehend verhindert bzw. rasch richtig stellt und richtige Leistung des Kindes möglichst kurzfristig bestärkt; das Geübte ist systematisch zu wiederholen.

In einzelnen Bundesländern gibt es an manchen Orten „LRS-Klassen", so z. B. in Mecklenburg-Vorpommern oder in Baden-Württemberg. Diese Konzeptionen haben sich bewährt.

Schulischer Nachteilsausgleich

Der Begriff „Nachteilsausgleich" beinhaltet alle schulischen Bestimmungen, die dem Schüler mit Lese- und Rechtschreibstörung Sonderregelungen hinsichtlich Benotung, Form der Wissensprüfung und Regelungen zum Vorrücken und Übertritt in weiterführende Schulen gewähren. Mit Ausnahme des Landes Bayern gelten Regelungen zum Nachteilsausgleich nur bis zur 10. Klassenstufe, während sie in Bayern grundsätzlich für alle schulischen und berufsbildenden Prüfungen, einschließlich der Abschlussprüfungen gelten. Die Maßnahmen des Nachteilsausgleichs beinhalten:

Hilfsmaßnahmen: Zeitzuschläge von bis zu 50 % bei Leistungsfeststellungen in allen Fächern; mündliche anstatt schriftliche Leistungsprüfungen; Vorlesen von schriftsprachlichen Instruktionen, was z. B. bei mathematischen Textaufgaben von Bedeutung ist; mediale Hilfen wie etwa der Gebrauch einer Schreibmaschine oder von Tonbandgeräten; mündliches Erarbeiten von neuem Lernstoff.

Nachteilsausgleich in der Leistungsbewertung: Verzicht auf Leistungserhebungen für Rechtschreibkenntnisse; keine Benotung der Rechtschreibung bei schriftlichen Arbeiten wie z. B. Aufsätzen; keine Benotung der Rechtschreibung in anderen Fächern (z. B. Religion, Heimat- und Sachkunde) und auch nicht bei Fremdsprachen; Gewichtung mündlicher und schriftlicher Noten auch bei Fremdsprachen im Verhältnis 1:1.

Formale Regelungen zum Nachteilsausgleich: Die Lese-Rechtschreibstörung darf nicht den Ausschlag geben für die Entscheidung, ob ein Schüler mit Lese-Rechtschreibstörung eine Klasse vorrückt; der Übertritt in eine weiterführende Schule (aus der Grundschule in das Gymnasium, die Realschule oder die Wirtschaftschule) darf bei sonst angemessenen Leistungen dem Schüler mit Lese-Rechtschreibstörung nicht verwehrt werden. Nähere Ausführungen zu den länderspezifischen Bestimmungen finden sich im Leitfaden Legasthenie von Warnke, Hemminger, Roth und Schneck (2002).

> **Hilfreiche Materialien**
>
> M04 (S. 150) zeigt ein Muster für eine „Bescheinigung des Schulpsychologischen Dienstes".

2.3.4 Eingliederungshilfe (Kinder- und Jugendhilfe)

> **L15** **Leitlinie 15:**
> **Eingliederungshilfe – die Unterstützung**
> **durch Maßnahmen der Jugendhilfe**

Die Maßnahmen der Kinder- und Jugendhilfe kommen als Eingliederungshilfe immer dann in Frage, wenn die Kriterien einer (drohenden) seelischen Behinderung durch eine ärztliche gutachterliche Stellungnahme bescheinigt sind und das örtlich zuständige Jugendamt diese Feststellung bejaht hat (siehe zu den Indikationen Leitlinie 11).

- Kinder und Jugendliche mit Lese- und Rechtschreibstörung haben in der Regel erhebliche schulische und berufliche Nachteile und Schwierigkeiten in der sozialen Eingliederung, wo immer schriftsprachliche Fertigkeiten eine Rolle spielen. Ist die schulische, berufliche oder soziale Eingliederung infolge der Lese-Rechtschreibstörung längerfristig zumindest bedroht, so besteht Anspruch auf Eingliederungshilfe nach § 35a Sozialgesetzbuch (SGB) VIII.
- Die Eingliederungshilfe beinhaltet Maßnahmen zur angemessenen Schul- und Berufsbildung nach § 40 des Bundessozialhilfegesetztes (BSHG). Liegen die Vorraussetzungen für eine drohende seelische Behinderung vor und ist die (drohende) seelische Behinderung seitens des örtlichen Jugendamtes anerkannt, so besteht die Möglichkeit, dass eine außerschulische ambulante LRS-Therapie oder andere spezifische pädagogische Eingliederungshilfe, wie z.B. Beschulung in einem speziellen Internat für Schüler mit Lese- Rechtschreibstörung, über das örtliche Jugendamt finanziell getragen wird. Mancherorts wird eine LRS-Therapie in den Erziehungsberatungsstellen angeboten (gleichfalls als Jugendhilfemaßnahme nach § 35a SGB VIII).
- Die Gewährung der Eingliederungshilfe setzt schulische Fördermaßnahmen voraus; diese müssen jedoch nicht bereits ausgeschöpft sein, bevor außerschulische Fördermöglichkeiten, die über Eingliederungshilfe zu finanzieren sind, in Betracht gezogen werden. Grundsätzlich entscheidet das örtlich zuständige Jugendamt über die Anerkennung des Bedarfs an Eingliederungshilfe. Die Kriterien für diese Entscheidung können durch gutachterliche Stellungnahmen ermittelt werden.
- Für die Durchführung der Begutachtung zur Frage der seelischen Behinderung sind befähigt: Fachärzte für Kinder- und Jugendpsychiatrie und Psychotherapie und für einzelne „Bausteine" der multiaxialen Diagnostik entsprechend qualifizierte Schulpsychologen, Kinderärzte (sozialpädiatrische Zentren) und entsprechend qualifizierte Psychologen in Erziehungsberatungsstellen, approbierte Kinder- und Jugendlichenpsychotherapeuten und approbierte psychologische Psychotherapeuten mit entsprechender Qualifikation (Schreiben des Bayerischen Staatsministeriums für Unterricht und Kultus vom 09.08.2000, Aktenzeichen IV/1-7306/4-4/55382).
- Ein Hilfeplan hat zum Ziel, die Eingliederungshilfen konzeptionell zu formulieren. Der Hilfeplan ist vom Jugendamt zu erstellen und sieht gemäß § 36 KJHG (Kinder- und Jugendhilfegesetz) vor, dass „Experten" beim Hilfeplan mitwirken. Dazu ist in erster Li-

nie in den Kommentaren der Arzt für Kinder- und Jugendpsychiatrie und Psychotherapie benannt (Wiesner, 1997).
- Die multiaxiale Diagnostik und Klassifikation ist eine Grundlage für das ärztliche Gutachten zur Eingliederungshilfe nach § 35a SGB VIII (siehe Kapitel 2.1.6).
- Die diagnostischen Maßnahmen zur Feststellung der Lese-Rechtschreibstörung sind immer durch die Krankenkassen finanziert. Für eine Therapie der Lese-Rechtschreibstörung übernehmen Krankenkassen bzw. Beihilfen in der Regel die Kosten nur dann, wenn die Störung durch eine offensichtliche und objektiv feststellbare cerebrale Schädigung (als „organbezogener Störungszustand") erklärbar ist oder wenn im Zusammenhang mit der Lese-Rechtschreibstörung eine psychische Störung von Krankheitswert („neurotische Störung") diagnostiziert ist. (Weiterführend zu Fragen der Kostenübernahme und der Eingliederungshilfe siehe Leitfaden Legasthenie von Warnke et al., 2002.)

Die Gefährdung einer begabungsadäquaten schulischen und beruflichen Ausbildung und das Risiko infolge der alltäglichen Beeinträchtigungen und Belastungen sekundär psychische Störungen zu entwickeln sind signifikant erhöht (siehe Kapitel 1.2 und 1.4). Sehr oft ist daher bei ausgeprägtem Schweregrad der Lese-Rechtschreibstörung zumindest eine begabungsadäquate schulische und berufsbildende Eingliederung gefährdet. Mit Wirkung vom 01.07.2001 gilt die Formulierung des Sozialgesetzbuches IX (SGB IX), mit der § 35a SGB VIII in folgender Weise formuliert wurde: „(1) Kinder oder Jugendliche haben Anspruch auf Eingliederungshilfe, wenn

1. ihre seelische Gesundheit mit hoher Wahrscheinlichkeit länger als 6 Monate von dem für ihr Lebensalter typischen Zustand abweicht und
2. daher ihre Teilhabe am Leben in der Gesellschaft beeinträchtigt ist oder eine solche Beeinträchtigung zu erwarten ist (...)".

Liegen diese Voraussetzungen vor, so kommt Eingliederungshilfe in Frage.

Mit dem Antrag auf Eingliederungshilfe verbinden sich in der Regel folgende Schritte:
- **die Antragsstellung** auf Eingliederungshilfe erfolgt beim örtlich zuständigen Jugendamt. Dies betrifft gewöhnlich den Sachbearbeiter in der Abteilung Erziehungshilfe,

Antragstellung

- als *Unterlagen,* die der Antragsstellung beizufügen sind, werden in der Regel vorausgesetzt: Eine Stellungnahme des Klassenlehrers zu Schulleistungen und dem Ausmaß der psychischen Beeinträchtigung des Schülers und Schulzeugnisse; Angaben der Schulleitung, inwieweit ein schulischer Förderunterricht und schulischer Nachteilsausgleich gewährt werden; Fachgutachten eines Facharztes für Kinder- und Jugendpsychiatrie und Psychotherapie bzw. entsprechende gutachterliche Stellungnahmen, die die Diagnose einer Lese-Recht-

schreibstörung belegen und aus dem ausdrücklich hervorgeht, dass die Kriterien einer (drohenden) seelischen Behinderung gegeben sind,
- in Einzelfällen kann eine Stellungnahme des allgemeinen Sozialdienstes eingeholt werden,
- nach Prüfung des Antrags erfolgt eine weitere Beratung, die in einem *Hilfeplan* münden sollte. Dabei soll das Wunsch- und Wahlrecht der Eltern gemäß § 5 SGB VIII berücksichtigt werden. Bei Hilfegewährung nach § 35a SGB VIII ist gesetzlich keine Kostenbeteiligung der Eltern vorgesehen,

Hilfeplan

- Gutachterliche Stellungnahmen, die auf Anweisung des Jugendamtes zu erstellen sind, müssen *vom Jugendamt finanziert* werden. Werden die Stellungnahmen von den Eltern eingeholt, so sind die Eltern kostenpflichtig, da die gutachterlichen Stellungnahmen zur Feststellung einer seelischen Behinderung nicht Leistungen der Krankenkasse sind (zu den Kostenregelungen im Einzelnen siehe Warnke et al., 2002),
- *das ärztliche Gutachten zur Eingliederungshilfe nach § 35a SGB VIII* wird sich in der Regel auf das „multiaxiale Klassifikationsschema für psychische Störungen des Kindes und Jugendalters" nach ICD-10 der Weltgesundheitsorganisation (WHO; Remschmidt et al., 2001) stützen. Folgende Regelung wurde von einer Kommission des Bayerischen Staatsministeriums für Arbeit und Sozialordnung, Familie, Frauen und Gesundheit 30.07.1997 (Aktenzeichen VI/1-7225-1-97) empfohlen, wonach die ärztliche gutachterliche Stellungnahme folgende Verfahrensweisen und inhaltliche Angaben beachten sollte:

Ärztliches Gutachten

- *Untersuchungen und Angaben zum „klinisch-psychiatrischen Syndrom" (Achse I):* Es soll eine Aussage darüber erfolgen, ob eine psychische Störung vorliegt und in welcher Weise gegebenenfalls diese als Folge der Lese-Rechtschreibstörung zu werten ist.

Achse I: klinisch-psychiatrisches Syndrom

- *Angaben zu den „umschriebenen Entwicklungsstörungen schulischer Fertigkeiten"* (Achse II): In diesem Gliederungspunkt ist die Lese- Rechtschreibstörung (ICD-10 Ziffer F81.0 bzw. F81.1) anzugeben. Es sind Entwicklungsstörungen der Motorik, der Sprache oder des Rechnens anzuführen, wenn diese zusätzlich zur Lese-Rechtschreibstörung vorliegen.

Achse II: umschriebene Entwicklungsstörung

- *Angaben zum Intelligenzniveau (Achse III):* In der gutachterlichen Stellungnahme zur Vorlage beim Jugendamt wird die Nennung des mit einem qualifizierten Intelligenztest ermittelten Intelligenzquotienten verlangt. Zusätzlich ist die T-Wert-Diskrepanz zwischen dem Gesamt-IQ und dem Lese- bzw. Rechtschreibtestwert anzugeben. Die T-Wert-Diskrepanz zwischen niedrigem Lese- und Rechtschreibtestwert zum höheren IQ-Wert sollte mindestens 12 T-Wert-Punkte betragen. Wenn dieses Diskrepanzkriterium entweder psychometrisch oder auch aus klinischen Gründen in Einzelfällen

Achse III: Intelligenzniveau

nicht sinnvoll angewendet werden kann, so ist es auch möglich, die Diskrepanz durch die langjährigen schulischen Beobachtungen, nämlich den deutlichen Unterschieden zwischen mangelhaften Deutschnoten (vor allem im Diktat) und den deutlich besseren Leistungen bei nichtschriftsprachlichen Leistungsanforderungen und Schulfächern (z. B. in Mathematik) zu belegen.

Achse IV: körperliche Symptomatik

– *Angaben zur „körperlichen Symptomatik" (Achse IV):* Im Gutachten ist festzustellen, dass sich die Lese-Rechtschreibstörung nicht durch eine anderweitige neurologische Erkrankung, eine Sinnesbehinderung oder andere körperliche Beeinträchtigung erklärt. Hier sind z. B. auch körperliche Beschwerden, die Symptome einer durch die Lese-Rechtschreibstörung bedingten Schulangst sind, anzugeben.

Achse V: psychosoziale Umstände

– *Angaben zu „aktuellen Abnormen psychosozialen Umständen" (Achse V):* Die Beurteilungskriterien der „Achse V" sind im multiaxialen Klassifikationssystem (Remschmidt et al., 2001) definiert. Im Gutachten ist insbesondere festzustellen, inwieweit die Lese-Rechtschreibstörung Folge einer unzureichenden schulischen Förderung (Schulversäumnisse, Schulwechsel, Deutsch nicht als Muttersprache) ist (in diesem Fall handelt es sich um einen Analphabetismus oder einen „vorübergehenden" Lese- und Rechtschreibrückstand, der bei qualifizierter Behandlung aufgeholt wird).

Achse VI: psychosoziale Anpassung

– *die „Globalbeurteilung der psychosozialen Anpassung" (Achse VI):* Die Globalbeurteilung der psychosozialen Anpassung ist Kriterium des Schweregrades der Beeinträchtigung infolge der Lese-Rechtschreibstörung und damit entscheidend für die Frage, inwieweit durch die Lese-Rechtschreibstörung Beeinträchtigungen im Sinne

---

Eine zumindest „drohende" seelische Behinderung ist gegeben, wenn trotz aller schulischen und familiären Bemühungen in Folge der Lese-Rechtschreibstörung eine begabungsadäquate schulische Eingliederung zu scheitern droht oder bereits gescheitert ist oder eine psychische Störung des Kindes droht oder bereits manifest ist. In diesem Fall ist die Indikation zur Beantragung einer Eingliederungshilfe nach § 35a SGB VIII gegeben. Der Antrag wird seitens des Jugendamtes nach Antrag der Sorgeberechtigten zu gewähren sein, wenn eine mäßiggradige Anpassungsstörung in Folge der Lese-Rechtschreibstörung gegeben ist.

Wird der Antrag seitens des Jugendamtes befürwortet, so erfolgt ein Kostenbescheid mit dem in der Regel zunächst bis zu 40 Stunden einer „LRS-Therapie" bewilligt werden. Seitens des Jugendamtes ist hierzu ein Hilfeplan zu erstellen. Dem Jugendamt ist ein Nachweis zu den erbrachten Therapiestunden als Berechnungsgrundlage vorzulegen (weiterführend Warnke et al., 2002).

einer (drohenden) seelischen Behinderung vorliegen. Die Beurteilung der psychosozialen Anpassung berücksichtigt folgende Bereiche: Die Beziehung des Kindes mit Lese-Rechtschreibstörung zu Familienangehörigen, Gleichaltrigen und Erwachsenen außerhalb der Familie; die Bewältigung von sozialen Situationen, die schulische bzw. berufliche Anpassung; die Bewältigung von Interessen und Freizeitaktivitäten.

Hilfreiche Materialien

M05 (S. 151) zeigt eine Gliederung für die „ärztliche gutachterliche Stellungnahme zur Eingliederungshilfe nach § 35a SGB VIII" zur Vorlage beim Jugendamt.

2.3.5 Medikamentöse Therapie

Die Leitlinie L16 gibt eine Übersicht über die Empfehlungen zur medikamentösen Therapie.

L16 Leitlinie 16: Medikamentöse Behandlung

1. Allgemeine Leitlinien zur medikamentösen Behandlung

– *Eine medikamentöse Behandlung der Lese-Rechtschreibstörung ist nicht möglich:* Die Substanz Piracetam allerdings hat eine Zulassung für die Behandlung von Lese- und Rechtschreibstörungen. Ergebnisse multizentrischer Studien sprechen dafür, dass die Leseflüssigkeit verbessert werden kann. Systematische Erfahrungen außerhalb kontrollierter Studien fehlen.

– *Ausschluss von Kontraindikationen:* Bei einer Lese-Rechtschreibstörung kommt eine medikamentöse Behandlung für mögliche Begleitstörungen in Frage. Die entscheidende und häufige Begleitstörung die gegebenenfalls medikamentös behandelt werden kann, ist die Aktivitäts- und Aufmerksamkeitsstörung (hyperkinetische Störung). Die Behandlung von Kindern mit Lese-Rechtschreibstörung mit der Substanz Piracetam hingegen spielt in der klinischen Praxis bis zur Gegenwart keine Rolle. Für den Fall einer medikamentösen Behandlung bei Kindern mit Lese-Rechtschreibstörung ist zunächst sicherzustellen, ob nicht Kontraindikationen für das gewählte Medikament bestehen.

– *Ärztliche Aufgabe:* Grundsätzlich ist die Medikation durch einen dafür qualifizierten Arzt vorzunehmen. Für die Behandlung von psychischen Störungen bei Kindern und Jugendlichen sind vorrangig Fachärzte für Kinder- und Jugendpsychiatrie und Psychotherapie ausgebildet, für den Fall entsprechender Zusatzqualifikation (Zusatztitel „Psychotherapie") auch Fachärzte für Kinder- und Jugendmedizin und Hausärzte.

– *Aufklärung des Kindes und der Eltern:* Das Kind/der Jugendliche und die Eltern sind über Nutzen und Risiken der medikamentösen Therapie zu unterrichten und zwar sowohl für den Fall, dass die Medikation durchgeführt wird als auch für die Unterlassung der Behandlung. Die Information sollte folgende Aussagen enthalten:

- die erwartete Wirkung
- die Dosierung und Dauer der medikamentösen Behandlung
- mögliche unerwünschte Wirkung
- eine Aussage darüber, inwieweit trotz der Medikation die eigenen Anstrengungen und andere pädagogische und psychotherapeutische Maßnahmen zum Erfolg beitragen.
- *Titration:* Da die optimal wirksame Dosis und die Dosis, mit der unerwünschte Wirkungen vermieden werden, bei jedem einzelnen Patienten unterschiedlich ist, ist immer eine individuelle Titration (Dosisbestimmung) durch begleitende Kontrolluntersuchungen notwendig.
- *Monitoring:* Die erwünschten und unerwünschten Wirkungen der Medikation sind zu kontrollieren. Dazu gehört auch die Kontrolle der regelrechten Einnahme der verordneten Medikation. Eine Kontrolle der körperlichen Befindlichkeit und die vorgeschriebene Blutbildkontrolle müssen gesichert sein.
- *Auslassversuche:* Im Fall der Stimulanzienmedikation sollte einmal pro Jahr ein kontrollierter Auslassversuch zur Überprüfung der weiteren Indikation der Medikation erfolgen. Manche Medikamente müssen jedoch dauerhaft verabreicht werden (z. B. Antiepileptika). Daher ist die Einnahme wie aber auch das Absetzen der Medikation immer unbedingt mit dem Arzt abzusprechen.

2. Behandlung mit Pirazetam

- Die Wirksubstanz Pirazetam hat sich in einer groß angelegten multizentrischen Studie im angelsächsischen Sprachraum bei Kindern und Jugendlichen mit Lese-Rechtschreibstörung als wirksam erwiesen. Es konnte signifikant die Leseflüssigkeit verbessert werden (siehe Kapitel 1.5.8).

Die allgemeinen Leitlinien zur medikamentösen Behandlung (siehe Punkt 1) müssen beachtet werden:

- *Absolute Kontraindikation ist eine Überempfindlichkeit gegenüber der Wirksubstanz (selten)*
- *Relative Kontraindikationen sind Niereninsuffizienz.*
- *Die empfohlene Dosierung* beträgt für das Kindesalter 2-mal täglich 2 Filmtabletten Nootrop® 800.
- *Anmerkung: Der Wirksamkeitsnachweis wurde bislang nur im Rahmen einer großen, sorgfältig durchgeführten experimentellen Studie im englischsprachigen Raum durchgeführt. Für den deutschen Sprachraum fehlen entsprechende Untersuchungen.* Die Medikation ist jedoch offiziell zugelassen für die Behandlung von „Lese-Rechtschreibstörungen" „bei nicht intellektuell retardierten Kindern".

3. Die Behandlung hyperkinetischer Störungen als komorbide Störung – Therapie mit Stimulanzien

- Die hyperkinetische Störung, Aktivitäts- und Aufmerksamkeitsstörung (siehe Döpfner et al., 2000a, b) ist eine häufige Begleitstörung bei Kindern mit Lese- und Rechtschreibstörung. Ist zusätzlich zur Lese-Rechtschreibstörung eine Aktivitäts-Aufmerksamkeitsstörung fachärztlich gesichert, so kommt neben den spezifischen pädagogischen und psychotherapeutischen Maßnahmen eine Behandlung mit Stimulanzien in Frage.
- Psychostimulanzien sind die Medikation der 1. Wahl. Innerhalb der Gruppe der Stimulanzien ist Methylphenidat (Ritalin®, Medikinet®, Equasym®) die Substanz der 1.

Wahl. Neuerdings werden so genannte Retardpräparate dieser Wirksubstanz eingeführt (z. B. Concerta®). Medikament der 2. Wahl aus der Gruppe der Stimulanzien ist das Amphetamin.
– Einen Leitfaden zur medikamentösen Behandlung der Aktivitäts- und Aufmerksamkeitsstörung mit Stimulanzien haben Döpfner, Frölich und Lehmkuhl (2000) formuliert; eine wichtige Orientierung geben die Leitlinien der Deutschen Gesellschaft für Kinder- und Jugendpsychiatrie und Psychotherapie et al., 2003 (siehe Kapitel 1.5.8 in diesem Buch).

2.3.6 Augen- und ohrenärztliche Behandlung

Wie in Kapitel 1.5.7 dargelegt, ist die umschriebene Entwicklungsstörung des Lesens und Rechtschreibens entsprechend der definitorischen Vorgaben nicht durch gewöhnliche Seh- oder Hörstörungen erklärt. Dennoch ist auf Grund der großen Bedeutung des Sehens und des Hörens für das Erlernen des Lesens und Rechtschreibens sicherzustellen, dass durch qualifizierte fachärztliche Untersuchungen das Seh- und Hörvermögen beim Kind optimiert sind. Die Leitlinie 17 fasst die Empfehlungen zu den augenärztlichen und ohrenärztlichen Maßnahmen zusammen.

L17 Leitlinie 17: Augen- und ohrenärztliche Maßnahmen

1. *Augenärztlich* empfiehlt sich eine ausführliche Untersuchung der Sehfunktionen und bei entsprechenden Befunden die Behandlung folgender Sehfunktionen (nach Schäfer & Mühlendyck, 2000):
– die Behebung auch geringer Brechungsanomalien (ab 0,5 Dioptrien); dies insbesondere bei Astigmatismus („Hornhautverkrümmung"),
– Ausgleich von Akkomodationsschwäche (Hypoakkommodation) sowie von Exophorie (Neigung zur Konvergenz) mit akkommodativer Komponente im Nahbereich durch bifokale Brillen (u.U. auch multifokale oder Gleitsichtbrillen: Brillen, die gleichzeitig das Sehen in die Ferne und in die Nähe korrigieren),
– Ausgleich von Sehschwächen durch Bifokalbrillen, womit eine Textvergrößerung (Lupeneffekt) erreicht wird,
– Behandlung einer Konvergenzschwäche durch Prismenbrille (Schäfer & Mühlendyck, 2000).
2. *Ohrenärztlich* empfiehlt sich eine ausführliche Hörprüfung und Optimierung der Hörfähigkeit:
– Pädoaudiologische (kinderohrenärztliche) Untersuchungen sind immer angezeigt, wenn anamnestisch oder akut bei Kindern mit Lese-Rechtschreibstörung Anzeichen einer Sprachstörung vorliegen. Dies ist bei mindestens 60 % der Kinder mit Lese-Rechtschreibstörung der Fall,

- die Prüfungen des Hörvermögens können dazu in qualifizierten HNO-Arztpraxen oder in pädoaudiologischen Abteilungen der Hals-, Nasen-, Ohrenkliniken (HNO-Kliniken) durchgeführt werden,
- die ohrenärztliche Behandlungsmaßnahme ist vom Befund abhängig.

Augenärztliche Untersuchung

Aus *augenärztlicher Sicht* sollte unabhängig von den möglicherweise indizierten apparativen Hilfsmaßnahmen, wie sie unter Punkt 1 der Leitlinie 17 benannt sind, die visuelle Seite des Lesens und Schreibens durch möglichst kontraststarke und großgedruckte Arbeitsvorlagen gestützt werden. Ein konzentriertes Lesen wird durch *Abdecken von Textzeilen* (mit Zeigefinger oder Schablone) oder auch durch eine stabförmige Leselupe erleichtert. Ein spezielles Untersuchungsschema für Augenärzte zur Untersuchung von Sehfunktionen bei Personen mit Lese- und Rechtschreibstörung haben Schäfer und Mühlendyck (2000) veröffentlicht. Apparative Verfahren zur Schulung der Blicksteuerung sind käuflich zu erwerben, ihre Wirksamkeit in der Behandlung der Lese-Rechtschreibstörung ist jedoch bislang nicht hinreichend erwiesen.

Ohrenärztliche Untersuchung

Die *ohrenärztliche Behandlungsmaßnahme* wird vom Befund bestimmt (z. B. Behebung eines Mittelohrergusses, wenn dadurch bedingt eine Mittelohrschwerhörigkeit besteht). Bei Sprach- und Sprechstörung (z. B. Stammeln: die Laute der Sprache werden nicht altersentsprechend beherrscht) oder Dysgrammatismus (grammatikalisch spricht das Kind nicht altersgemäß) empfehlen sich logopädische Behandlungsmaßnahmen. Apparative Verfahren zur akustischen Schulung von Ton- und Sprachlautwahrnehmung sind in ihrer Wirksamkeit hinsichtlich der Behebung von Lese- und Rechtschreibschwierigkeiten bislang nicht hinreichend erwiesen (vgl.. Kapitel 1.5.6).

Hilfreiche Materialien

Eine ausführliche Anleitung zur augenärztlichen Überprüfung der Sehfunktionen findet sich in dem Artikel von Schäfer und Mühlendyck (2000).

2.3.7 Prävention im Vorschulalter

Möglichkeiten der vorschulischen Prävention von Schwierigkeiten im Erlernen des Lesens und Rechtschreibens sind in der Leitlinie 18 zusammengefasst. Die Leitlinie stützt sich dabei auf das Würzburger Trainingsprogramm zur Förderung der lautsprachlichen (phonologischen) Bewusstheit bei Kindern im Vorschulalter, das von der Arbeitsgruppe von Schneider entwickelt wurde (Küspert, 1998; Küspert & Schneider, 2000a; Roth, 1999; Roth & Schneider, 2002; Schneider et al., 1999).

Förderung der phonologischen Bewussheit

Das Programm kann grundsätzlich mit allen Vorschulkindern ab dem Alter von 5 Jahren im Rahmen eines Kindergartens durchgeführt werden. Die Anwendung des Programms setzt eine Beratung der Erzieher des Kindergartens mit den Eltern voraus.

L18 | **Leitlinie 18:**
Prävention – Das Training der phonologischen Bewusstheit beim Vorschulkind

Die Elternberatung, die immer durchzuführen ist, dient der Erklärung und Begründung des Programms. Die Durchführung setzt das Einverständnis der Eltern voraus. Das Kindergartenkind wird in altersangemessener Form über die Durchführung des Programms aufgeklärt.

Aufklärung und Beratung der Eltern oder anderer wichtiger Bezugspersonen
– Information über den Begriff der lautsprachlichen (phonologischen) Bewusstheit und seine Bedeutung für die Frühförderung von Fertigkeiten, die für das Erlernen des Lesens und Rechtschreibens wichtig sind,
– Aufklärung über die Inhalte des Übungsprogramms,
– Aufklärung über die Durchführung des Programms.

Aufklärung und Beratung des Vorschulkindes
– Die Beratung des Kindergartenkindes, das den Entwicklungsstand eines 5-Jährigen erreicht haben sollte, erfolgt entsprechend seines Entwicklungsstandes,
– Information hinsichtlich der Inhalte der Übung,
– Information über die Durchführung der Übungseinheiten.

Die Eltern sollten zunächst darüber informiert werden, dass das Trainingsprogramm den Kindern im Vorschulalter hilft, Kenntnisse der Lautstruktur der Sprache in einer altersgemäßen, kindgerecht spielerischen Weise zu erlernen, so dass die Kinder es in aller Regel in der 1. Schulklasse nach der Einschulung einfacher haben, Lesen und Rechtschreiben zu lernen. Ihnen kann gesagt werden, dass Untersuchungen gezeigt haben, dass Kinder, die erfolgreich an dem Übungsprogramm teilnahmen, im Grundschulalter Vorteile im Erlernen des Lesens und Rechtschreibens hatten (siehe Kapitel 5). Insbesondere für „schwache" Vorschulkinder ist neben der Förderung der phonologischen Bewusstheit eine zusätzliche Verbesserung der Buchstaben-Lautkenntnis angezeigt (Roth & Schneider, 2002; Schneider et al., 1999).

Hilfreiche Materialien

Eine ausführliche Beschreibung des Trainingsprogramms geben folgende Schriften:

- das Förderkonzept der phonologischen Bewusstheit erschien unter dem Titel „Hören, lauschen, lernen. Sprachspiele für Vorschulkinder" von Küspert und Schneider (2000a).
- das Buchstaben-Laut-Training erscheint unter dem Titel „Hören, lauschen, lernen 2. Spiele mit Buchstaben und Lauten für Kinder im Vorschulalter. Das Würzburger Buchstaben-Laut-Training" von Plume und Schneider (2004).
- der Artikel zur „Prävention von Lese-Rechtschreibproblemen: Das Würzburger Trainingsprogramm zur Förderung sprachlicher Bewusstheit bei Kindergartenkindern" von Schneider, Roth und Küspert (1999).
- zur Evaluation informiert das Buch „Prävention von Lese-Rechtschreibschwierigkeiten. Evaluation einer vorschulischen Förderung der phonologischen Bewusstheit und der Buchstabenkenntnis" von Roth (1999) und
- der Artikel „Langzeiteffekte einer Förderung der phonologischen Bewusstheit und der Buchstabenkenntnis auf den Schriftspracherwerb" von Roth und Schneider (2002)

3 Verfahren zur Diagnostik

3.1 Verfahren zur Diagnostik der Rechtschreibstörung

Grundsätzliche Merkmale der Verfahren	
Beurteiler:	In der Anwendung und Beurteilung ausgebildete Kinder- und Jugendpsychiater, Psychologen und Pädagogen
Spezifität:	störungsspezifische Erfassung der Rechtschreibleistung
Altersbereich:	1. bis 13. Klassenstufe und Erwachsenenbereich
Bezug:	Hogrefe Testzentrale, Göttingen

Die objektive Erfassung der Rechtschreibleistung ist der wesentlichste Bestandteil der psychologischen Diagnostik. Hierzu dienen standardisierte Rechtschreibtests, die für bestimmte Abschnitte eines jeden Schuljahres vorliegen. Die Testverfahren sind vorwiegend als Lückentext-Diktate konzipiert und können sowohl individuell als auch in Gruppen durchgeführt werden. Die Rechtschreibleistung des einzelnen Schülers wird in Beziehung zur Norm, die über eine repräsentative Eichstichprobe von meist mehreren hundert bis tausend Schülern gewonnen wurde, gesetzt. Ermittelt werden Prozentrang und Standardwert (T-Wert), welche Informationen über den Leistungsstand des Schülers geben.

Die Durchführung der Rechtschreibtests erfolgt in standardisierter Form. Ausführliche Hinweise hierzu, die im Sinne der Durchführungsobjektivität unbedingt einzuhalten sind, werden in den Handbüchern der Testverfahren gegeben. Da die psychologische Testdiagnostik jedoch durch mögliche Einflussfaktoren (z. B. individuelle Tagesform) bestimmt sein kann, sollte bei der Beurteilung der Rechtschreibfähigkeit stets der bisherige Verlauf im Rechtschreiben in den vorangegangenen Schuljahren berücksichtigt werden. Kinder mit höherer Intelligenz können in den ersten Grundschuljahren durch Auswendiglernen eine Schwäche im Lesen und Schreiben kompensieren. Demnach manifestiert sich eine Lese-Rechtschreibstörung oft erst in den späteren Grundschuljahren, wenn die Leistungsanforderungen steigen.

Im Folgenden werden die einzelnen Testverfahren näher erläutert. Das Zeitschema zu dem Einsatz der Rechtschreibtests im Schuljahr ist in Tabelle 8 (siehe Kapitel 3.1.7) dargestellt.

3.1.1 Weingartener Grundwortschatz Rechtschreibtest

Im deutschsprachigen Raum liegen Testserien vor, die besonders den Grundschulbereich abdecken. Die Serie der *Weingartener Grundwortschatz Rechtschreibtests*

(Birkel, 1994a, b, 1995, 1998) beginnt am Ende des ersten Schuljahres und reicht bis zum Beginn des 5. Hauptschuljahres (WRT 1+, WRT 2+, WRT 3+, GRT 4+). Dem Schüler werden Kurzgeschichten in Form von Lückendiktaten vorgelegt. Es existieren jeweils Parallelformen und beim WRT 3+ und GRT 4+ auch Kurzformen. Die Gütekriterien Objektivität, Validität und Reliabilität sind ausreichend überprüft und entsprechen den Anforderungen an ein Testverfahren. Die Normen können am Ende des ersten Schuljahres, jeweils zu Beginn, in der Mitte und am Ende des zweiten und dritten Schuljahres sowie zu Beginn und am Ende des vierten Schuljahres angewandt werden. (Normen liegen teilweise auch für Kinder anderer Muttersprache vor.) Ein Vorteil der WRT-Serie ist die differenzierte Art der Leistungsmessung in umschriebenen Abschnitten der Grundschuljahre. Darüber hinaus sind für den Beginn des 5. Schuljahres Hauptschulnormen vorhanden, was jedoch für die Beurteilung einer Rechtschreibstörung etwas unbefriedigend ist, da die Rechtschreibleistung des einzelnen Schülers in Beziehung zur Gesamtnorm und nicht zur schulformbezogenen Norm ausschlaggebend für die Diagnosestellung sein sollte.

3.1.2 Diagnostischer Rechtschreibtest

Der Diagnostische Rechtschreibtest umfasst ebenfalls das erste bis fünfte Schuljahr (Müller, 1994, 1996a, b; Grund et al., 1994, 1995). Der Anwendungszeitraum bezieht sich auf das Ende des ersten, Beginn und Ende des zweiten und dritten Schuljahres, Beginn und Mitte des vierten und fünften Schuljahres. Gemeinsam mit der WRT-Serie wird der Grundschulbereich somit nahezu abgedeckt. Darüber hinaus sind für den DRT Sonderschulnormen für Lernbehinderte der 3./4., 4./5. und 5./6. Klasse vorhanden. Die Gütekriterien genügen den Anforderungen. Der DRT ist wie der WRT ein Lückentext-Diktat und besitzt eine Parallelform (vgl. Abbildung 9) . Neben der quantitativen Auswertung (Fehleranzahl bzw. Anzahl korrekter Wörter) ist auch eine qualitative Fehleranalyse möglich, die bestimmte Fehlerschwerpunkte, wie z. B. Wahrnehmungs-, Merk- und Regelfehler, identifiziert. Ausgehend von dieser qualitativen Fehleranalyse kann eine gezielte Behandlung der Rechtschreibstörung eingeleitet

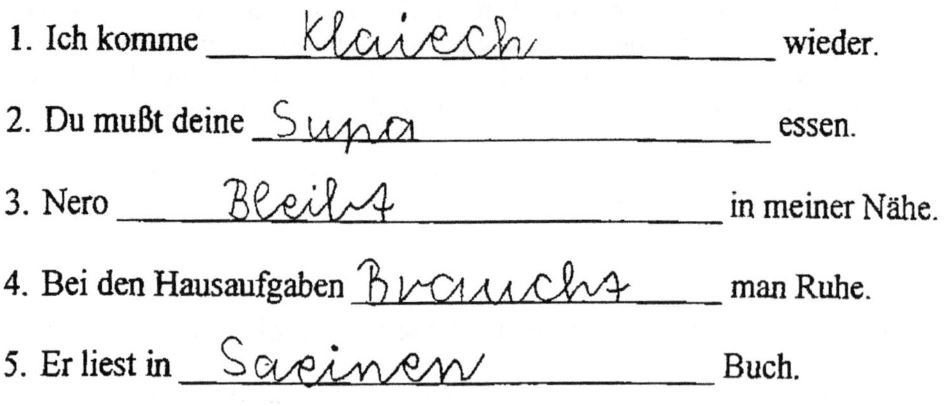

1. Ich komme ____Klaiech,____ wieder.

2. Du mußt deine ____Supa____ essen.

3. Nero ____Bleibt____ in meiner Nähe.

4. Bei den Hausaufgaben ____Braucht____ man Ruhe.

5. Er liest in ____Sainen____ Buch.

Abbildung 9: Beispielaufgaben (Auszug aus dem DRT 3)

werden. Leider liegen jedoch ab der 5. Jahrgangsstufe nicht immer Gesamtnormen vor, sondern gesonderte Normen für Haupt- und Realschule sowie Gymnasium, was die objektive Beurteilung der Rechtschreibleistung nicht befriedigend ermöglicht.

3.1.3 Salzburger Lese- und Rechtschreibtest

Der *Salzburger Lese- und Rechtschreibtest* (SLRT, Landerl et al., 1997) liegt gleichfalls als Lückentext vor und erfasst Fehler beim lautorientierten und orthographischen Schreiben. Im Rechtschreibtest des SLRT werden drei verschiedene Fehlerkategorien ausgewertet: Fehler der lauttreuen Schreibung, orthographische Fehler und Verstöße gegen die Groß- und Kleinschreibung. Das vorliegende Testverfahren ermöglicht also die Erfassung spezifischer Defizite bei einzelnen Teilfertigkeiten des Schreibens, so dass daraus wiederum gezielte Fördermaßnahmen abgeleitet werden können, die im Handbuch beschrieben sind. Ein Vorteil des SLRT ist dessen Orientierung an aktuellen Forschungsbefunden zur Bedeutung der phonologischen Informationsverarbeitung beim Schriftspracherwerb (siehe Kapitel 2.3.7 und 5). Die Gütekriterien sind zufriedenstellend, allerdings setzte sich die Normstichprobe nur aus Kindern zusammen, die aus den österreichischen Bundesländern Salzburg und Oberösterreich stammten. Normen sind für das Ende der 1. Klasse, das 1. und 2. Halbjahr der 2. Klasse sowie für die 3. und 4. Klasse vorhanden.

3.1.4 Westermann Rechtschreibtests

Für den Sekundarstufenbereich können die *Westermann Rechtschreibtests* (Rathenow, 1980; Rathenow et al., 1981) herangezogen werden, die ebenfalls als Lückentexte vorliegen. Der WRT 4/5 besitzt eine Parallelform und stellt Normen für Mitte und Ende der 4. Jahrgangsstufe sowie zu Beginn der 5. Jahrgangsstufe zur Verfügung. Ein wesentlicher Vorteil ist, dass für die 5. Klasse nicht nur schulspezifische Normen (für Hauptschule, Realschule und Gymnasium) existieren, sondern auch eine Gesamtnorm über die verschiedenen Schularten hinweg. Dies gilt auch für den WRT 6+, der am Ende der 5. und zu Beginn der 6. Schulklasse sowie am Ende der 6. und zu Beginn der 7. Schulklasse einsetzbar ist. Weiterhin sind Normen für die Hauptschule am Ende der 7. und zu Beginn der 8. Klasse vorhanden. Ein Nachteil der Westermann-Serie ist jedoch, dass die Normen veraltet sind, denn die Eichstichproben wurden Ende der 80er Jahre gewonnen. Auf Grund der Rechtschreibreform wäre generell eine Neunormierung der Rechtschreibtests wünschenswert.

3.1.5 Hamburger Schreibprobe

Problematisch wird die Erfassung der Rechtschreibleistung im späteren Sekundarschulbereich. Die *Hamburger Schreibprobe* (HSP 5-9) von May (2000) kann in der 5. bis 9. Klassenstufe durchgeführt werden. Praktische Erfahrungen mit der HSP hinterlassen jedoch den Eindruck, dass die wahre Rechtschreibleistung tendenziell überschätzt wird. Eine experimentelle Studie von Tacke et al. (2001) bestätigte, dass die Anwendung der HSP im Grundschulbereich im Vergleich zum DRT und WRT zu deutlich mehr Fehldiagnosen führt. Basis der HSP bildet die Analyse von spezifischen Rechtschreibstrategien. Tacke et al. (2001) konstatierten jedoch, dass für den differenzierenden Unterricht eine Unterscheidung der orthographischen und morphematischen Strategie wenig sinnvoll sei. Die alphabetische Strategie sei darüber hinaus mit „Dialektfehlern" konfundiert.

3.1.6 Rechtschreibtests für ältere Schüler und Erwachsene

Der *Rechtschreibtest* für 6. und 7. Klassen (RST 6-7, von Rieder, 1992) erfasst das Rechtschreibvermögen auf zwei Arten. Im ersten Testteil wird über Korrekturlesen das Wissen um Rechtschreibregeln geprüft und im zweiten Testteil wird die korrekte Schreibung in einem Lückentext erfasst. Der Rechtschreibtest empfiehlt sich insbesondere zur Förderdiagnostik.

Für ältere Schüler (ab 15 Jahre) und Erwachsene wurde der *Rechtschreibungs-Test* (R-T) von Kersting und Althoff (2003) neu normiert und zur Publikation vorbereitet. Das Testverfahren besteht aus drei Lückendiktaten. Im Hinblick auf die Rechtschreibreform wurden bei der Neuauflage nur Lückenwörter verwendet, die nicht von der Reform betroffen sind. Ein Nachteil des R-T ist dennoch der veraltete Wortschatz, der in der heutigen Zeit eher ungebräuchlich ist.

Im Erwachsenenbereich ist darüber hinaus der *Mannheimer Rechtschreibtest* (M-R-T) einsetzbar (Jäger & Jundt, 1981). Die Aufgabe der Testperson besteht darin, aus vier unterschiedlich geschriebenen Wörtern die Richtigschreibung zu erkennen. Es handelt sich demnach ebenfalls um Korrekturlesen; eine persönliche Schreibleistung wird nicht verlangt. Auch beim M-R-T ist zu berücksichtigen, dass das Verfahren bereits mehr als 20 Jahre alt ist.

3.1.7 Zeitschema zum Einsatz der Rechtschreibtests im Schuljahr

In Tabelle 8 sind die beschriebenen Testverfahren zur Erfassung der Rechtschreibleistung in einem Zeitschema dargestellt, das ermöglicht, für den jeweiligen Zeitpunkt im Schuljahr einen geeigneten Test zu finden. Eine weitere ausführliche Darstellung der Lese-Rechtschreibtests findet sich bei Hemminger et al. (2000).

Tabelle 8: Übersicht der Rechtschreibtests in einem Zeitschema

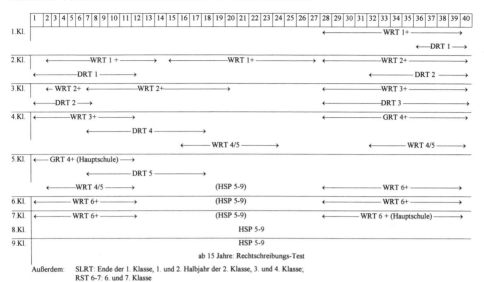

3.2 Verfahren zur Diagnostik der Lesestörung

Grundsätzliche Merkmale der Verfahren	
Beurteiler:	In der Anwendung und Beurteilung ausgebildete Kinder- und Jugendpsychiater, Psychologen und Pädagogen
Spezifität:	störungsspezifische Erfassung der Leseleistung
Altersbereich:	1. bis 6. Klassenstufe
Bezug:	Hogrefe Testzentrale, Göttingen

Im Bereich der Lesetests ist das Angebot weitaus geringer. Während in den letzten Jahren die Neuentwicklung von Lesetests der Notwendigkeit solcher Testverfahren Rechnung getragen hat und der Grundschulbereich nun gut abgedeckt ist, existieren über die Grundschuljahre hinaus kaum Messinstrumente. Bei älteren Kindern muss deshalb auf die verfügbaren Testverfahren zurückgegriffen werden und deren Testergebnis in Bezug zum Durchschnitt der nächstjüngeren Vergleichsgruppe gesetzt werden.

3.2.1 Zürcher Lesetest

Der *Zürcher Lesetest* (ZLT, Linder & Grissemann, 1996) liegt bereits in fünfter Auflage vor und wurde in seiner vierten Auflage neu standardisiert und erweitert. Das Testverfahren erfasst zwei Komponenten der Lesefähigkeit: die Lesegenauigkeit

(Anzahl der Fehler) und das *Lesetempo* (Zeit in Sekunden), welche über das Lesen von einzelnen Wörtern (ggf. auch Einzellauten und Lautverbindungen) und Lesen von kurzen Texten gemessen werden. Als Zusatzverfahren prüft der Mottiertest die akustische Merkfähigkeit; und die psycholinguistische Verlesungsanalyse dient sowohl der Therapieplanung als auch der therapiebegleitenden Prozessdiagnostik. Der Zürcher Lesetest kann von der 2. bis 6. Grundschulklasse eingesetzt werden. Speziell für die 5. und 6. Klasse liegen erweiterte Prozentrangnormen vor. Somit ist der ZLT das einzige Verfahren, das über den Grundschulbereich hinausreicht. Allerdings weist der Test auch einige Nachteile auf. Es wurde zwar die Reliabilität geprüft, jedoch nicht die Validität. Die Normen wurden nur an schweizerdeutschen Kindern gewonnen. Die letzte Neunormierung fand zu Beginn der 80er Jahre statt.

3.2.2 Zürcher Leseverständnistest

Der *Zürcher Leseverständnistest* für das 4. bis 6. Schuljahr (ZLVT 4.-6., Grissemann & Baumberger, 1986) ergänzt den Zürcher Lesetest, indem er das Sinnverständnis von Texten in Form von Multiple-Choice-Aufgaben prüft. Es ist jedoch ebenfalls kritisch anzumerken, dass seit der Veröffentlichung 1986 keine Neunormierung vorgenommen wurde, die bei der geringen Größe der Eichstichprobe von ca. 300 Schülern angezeigt wäre. Von Nachteil sind außerdem die dürftigen Angaben zu den Gütekriterien. Weiterhin ist fraglich, ob eine einfache Übertragung des Verfahrens auf nichtschweizerische Populationen möglich ist, da sich in den Texten Eigenheiten des Schweizerdeutschen wiederfinden.

3.2.3 Würzburger Leise Leseprobe

Ein aktuelles Verfahren zur Erfassung der Leseleistung stellt die *Würzburger Leise Leseprobe* (WLLP, Küspert & Schneider, 2000b) dar. Die WLLP prüft die Wortlesegeschwindigkeit und damit eine Komponente der Lesefähigkeit, die im deutschsprachigen Raum in erster Linie zwischen guten und schlechten Lesern unterscheidet. Der Lesetest liegt im Multiple-Choice-Format als Speed-Variante vor: Einem geschriebenen Wort stehen jeweils vier Bildalternativen gegenüber, wobei das mit dem Zielwort korrespondierende Bild angestrichen werden muss (vgl. Abbildung 10). In einer vorgegebenen Zeit sollen so viele Wörter wie möglich gelesen werden. Normwerte stehen jeweils für das *Ende des ersten bis vierten Grundschuljahres* nach Geschlecht getrennt bereit, so dass das Testverfahren schuljahrübergreifend eingesetzt werden kann und zur Prozessdiagnostik der Leseentwicklung geeignet ist. Ein wesentlicher Vorteil stellt die ökonomische Durchführung dar. Die reine Bearbeitungszeit beträgt fünf Minuten, so dass einschließlich der Instruktion ca. 10 bis 15 Minuten zu veranschlagen sind. Die Auswertung ist einfach und erfordert nur einen geringen zeitlichen Aufwand. Die Gütekriterien erfüllen die Ansprüche an ein reliables und valides Testinstrument. Zu beachten ist, dass die WLLP die Lesegeschwindigkeit auf Wortebene erfasst und zur differenzierteren Diagnostik ein ausführlicheres Verfahren ergänzend anzuwenden ist.

Ei	🐓	✏️	🍦	🪣
Kamm	🐫	🌳	🐈	🧹
Stern	⭐	☂️	🪑	🐖

Abbildung 10: Übungsbeispiele der WLLP (Küspert & Schneider, 2000b). Die Aufgabe besteht darin, aus den vier Bildalternativen das zu lesende Zielwort herauszufinden und durchzustreichen.

3.2.4 Salzburger Lese- und Rechtschreibtest

Basierend auf theoretischen Modellen zur Entwicklung der Schriftsprache erfasst der Lesetest des *Salzburger Lese- und Rechtschreibtests* (SLRT, Landerl et al., 1997) zwei Teilkomponenten des Wortlesens und ermöglicht damit eine ausführlichere Erfassung der Lesekompetenz. Es werden Defizite der *automatischen, direkten Worterkennung* und Defizite des *synthetischen, lautierenden Lesens* (Rekodierfähigkeit) geprüft. Zur Prüfung der automatisierten, direkten Worterkennung werden Lesefehler und Lesezeit beim Wortlesen erfasst. Das synthetische, lautierende Lesen wird über das Lesen von Pseudowörtern erhoben. Darüber hinaus wird ein Lesetext vorgelegt. Das Testverfahren kann ebenfalls schulübergreifend vom *ersten bis vierten Grundschuljahr* eingesetzt werden. Vorteile des Verfahrens sind die zeitökonomische Testdurchführung (5 bis 15 Minuten) und dessen gute Differenzierung im unteren Leistungsbereich. Hinsichtlich Reliabilität und Validität sind hohe bis mittelhohe Koeffizienten ermittelt worden, wobei kritisch anzumerken ist, dass die Testanalyse insgesamt eher dürftig ist. Einen Nachteil stellen fehlende Normen für Deutschland und die Schweiz dar.

3.2.5 Knuspels Leseaufgaben

Ein Testverfahren, das außerdem das Leseverständnis überprüft, sind die *Knuspels Leseaufgaben* (Marx, 1998), die auf der Basis eines theoretischen Leselernmodells konzipiert wurden und ein relativ ausführliches Testinstrument darstellen. Das Verfahren liegt als gemäßigter Speedtest vor und kann im ersten bis vierten Grundschuljahr angewandt werden. Es werden grundlegende Lesefähigkeiten wie das Rekodieren (Erkennen von lautlich gleichen Wörtern) und Dekodieren (Erkennen von Wortbedeutungen) erfasst sowie das sinnverstehende Lesen. Die Testanalyse wurde methodisch sehr differenziert durchgeführt. Ein Nachteil stellt die nicht geringe Bearbeitungszeit von bis zu 50 Minuten dar, die im ambulanten Bereich oftmals nicht realisierbar ist.

3.3 Verfahren zur Früherkennung von Lese-Rechtschreibschwierigkeiten

Grundsätzliche Merkmale der Verfahren	
Beurteiler:	In der Anwendung und Beurteilung ausgebildete Kinder- und Jugendpsychiater, Psychologen und Pädagogen
Spezifität:	störungsspezifische Erfassung von schriftsprachlichen Voraussetzungen (phonologische Informationsverarbeitung und visuelle Aufmerksamkeit)
Altersbereich:	Vorschulkinder zu Beginn und/oder Mitte des letzten Vorschuljahres
Bezug:	Hogrefe Testzentrale, Göttingen

Im Rahmen der Früherkennung von Lese-Rechtschreibschwierigkeiten wurde mit dem Bielefelder Screening-Verfahren (BISC, Jansen et al., 1999) ein Messinstrument entwickelt, welches das Risiko zur Entwicklung von Lese-Rechtschreibschwierigkeiten bereits im Vorschulalter abschätzen kann. Das Testverfahren prüft Grundvoraussetzungen für das Lesen- und Schreibenlernen, die bereits im Vorschulalter erfasst werden können. In acht Testaufgaben werden die für den Schriftspracherwerb bedeutenden phonologischen Informationsverarbeitungsprozesse (phonologische Bewusstheit, Gedächtniskapazität und Zugriff auf Langzeitgedächtnis, siehe Kapitel 1.3.3) sowie schriftsprachrelevante visuelle Voraussetzungen erhoben. Die *phonologische Bewusstheit im weiteren Sinne* wird mittels der Silbensegmentierungsaufgabe und Reimaufgabe überprüft. Silben und Reime stellen „natürliche" sprachliche Einheiten dar und oftmals hat ein Vorschulkind bereits Erfahrungen im Umgang mit Silben und Reimwörtern in bestimmten vertrauten Spielhandlungen gewonnen. Zur Erfassung der *phonologischen Bewusstheit im engeren Sinne* wurden Aufgaben zur Phonemanalyse (Erkennen von Einzellauten in einem Wort, z. B. „Hörst du ein ‚au' in Auto?") und zur Phonemsynthese (Verbinden von Einzellauten zu einem Wort, z. B. „Was bedeutet ‚/ei/-/s/'?") verwendet. Diese Aufgaben erfordern die auditive Unterscheidung von Phonemen, die weder semantische noch sprechrhythmische Eigenschaften aufweisen. Die *Kapazität des Arbeitsgedächtnisses* für sprachliches Material wird über das Nachsprechen von mehrsilbigen Pseudowörtern erfasst. Es wird ein unbekanntes Wort verbal vorgegeben, das sich das Kind kurz einprägen und nachsprechen soll (z. B. „Zippelzak"). Die *Zugriffsgeschwindigkeit auf das semantische Lexikon im Langzeitgedächtnis* wird mittels einer Benennaufgabe erfasst. Bei der ersten Teilaufgabe sollen die Farben von schwarz-weiß dargestellten Objekten (Pflaume, Tomate, Zitrone und Salat) in einer 4x6 Matrix vorliegend so schnell wie möglich benannt werden. In der zweiten Teilaufgabe sind die Obst- und Gemüsesorten in falscher Farbe gemalt (z. B. eine blaue Zitrone, eine gelbe Pflaume). Nun sollen so schnell wie möglich die korrekten Farben der Objekte benannt werden. Die schnelle Benennaufgabe prüft, wie rasch semantische Attribute eines Objektes aus dem Gedächtnis abgerufen werden können. Des Weiteren wurde die *visuelle Diskriminationsfähigkeit* durch den Vergleich von Buchstabenfolgen untersucht (Wort-Vergleich-Suchaufgabe). Auf einer Karte befindet sich ein Standardwort und darunter vier Alternativen, aus denen das mit dem Standardwort identische Wort herauszufinden ist. Typischerweise zeigen Kinder mit dem Risiko, Lese-Rechtschreibschwierigkeiten zu entwickeln, in den beschriebenen Aufgaben schwache Leistungen (vgl. Tabelle 9).

Tabelle 9: Aufgaben des Bielefelder Screenings zur Früherkennung von Lese-Rechtschreibschwierigkeiten (BISC) (Jansen et al., 1999)

Phonologische Fähigkeit	Testaufgabe
Phonologische Bewusstheit	Reimen (z. B. Bäume – Träume, Kind – Glas) Silben-Segmentieren (z. B. Fe-der-ball) Laut-zu-Wort (z. B. „Hörst Du ein „au" in Auto?") Laute Assoziieren (z. B. Ei-s)
Kapazität des Arbeitsgedächtnisses	Pseudowörter Nachsprechen (z. B. „Zippelzak")
Zugriffsgeschwindigkeit auf das semantische Lexikon im Langzeitgedächtnis	Schnelles Benennen 1. von nichtfarbigen Objekten 2. von falschfarbigen Objekten
Visuelle Diskrimination	Wort-Vergleich-Suchaufgabe (Vergleich von Buchstabenfolgen)

In der Bielefelder Längsschnittstudie wurde die Vorhersagegüte des Screening-Verfahrens vom letzten Kindergartenjahr bis ins neunte Schuljahr untersucht. Die Befunde demonstrierten, dass die erhobenen vorschulischen schriftsprachspezifischen Voraussetzungen auch nach neun Unterrichtsjahren eine enge Beziehung zu den Lese-Rechtschreibkompetenzen in der Sekundarstufe aufwiesen. Dies ist insofern bemerkenswert, als phonologische Fähigkeiten, die noch nicht unter schulischem Einfluss stehen, die schriftsprachliche Entwicklung in der Regel weitgehend vorbestimmen und die Schule an sich keine eigene, ausgleichende Wirkung entfaltet. Erstaunlicherweise war auf Grund der allgemeinen intellektuellen Leistungsfähigkeit keine annähernd so treffsichere Vorhersage möglich (Jansen & Skowronek, 1997). Der prädiktive Wert des Bielefelder Screening-Verfahrens konnte in der Münchener Längsschnittstudie bestätigt werden (Näslund & Schneider, 1991).

Ein Verfahren zur Erfassung der phonologischen Bewusstheit im Grundschulalter liegt seit kurzem ebenfalls vor (Stock et al., 2003).

3.4 Verfahren zur Diagnostik der Intelligenz

- *CFT 1 – Grundintelligenztest Skala 1*
  Dieser Test misst die nonverbale Intelligenz. Im 1. Testteil wird die visuelle Wahrnehmungsfähigkeit, im 2. Testteil das beziehungsstiftende Denken erfasst (Cattell et al., 1997). Altersbereich 5;3 bis 9;5 Jahre.

- *CFT 20 – Grundintelligenztest Skala 2*

  Dieser Test misst in zwei Testteilen primär das beziehungsstiftende Denken und wurde ergänzt um einen Wortschatztest und einen Zahlenfolgetest (Weiß, 1997). Das Verfahren soll das allgemeine intellektuelle Niveau erheben. Der Wortschatztest gibt Hinweise auf die Allgemeinbildung und die verbale Verarbeitungskapazität. Der Zahlenfolgetest lässt Rückschlüsse auf die numerische Verarbeitungskapazität zu. Altersspanne: 8;6 bis 60 Jahre.

- *SPM – Standard Progressive Matrices*

  Dieses Verfahren dient der nichtsprachlichen Erfassung des intellektuellen Potenzials (Heller et al., 1998). Altersspanne: ab 6 Jahre.

- *SON-R 2 $^1/_2$ – 7 und 5 $^1/_2$ – 17*

  Snijders-Oomen nonverbaler Intelligenztest in der revidierten Form (1997). Es handelt sich um ein adaptives Verfahren, das die Bestimmung des nonverbalen intellektuellen Niveaus erlaubt. Altersspanne: 2;6 bis 7;0, 5;6 bis 17;0.

- *HAWIK-III – Hamburg-Wechsler-Intelligenztest in der 3. Fassung*

  Der HAWIK-III (Tewes et al., 1999) dient der ausführlichen Intelligenzdiagnostik und umfasst einen Verbal- und Handlungsteil. Nicht selten schneiden Kinder mit einer Lese-Rechtschreibstörung auf Grund der sprachlichen Defizite signifikant schlechter im Verbalteil ab. In diesem Fall ist der Handlungs-IQ als Referenzwert heranzuziehen. Altersspanne: 6;0 bis 16;11.

- *K-ABC – Kaufman Assessment Battery for Children*

  Dieser Test erfasst die ganzheitliche und einzelheitliche Reizverarbeitung (Kaufman & Kaufman, 1994). Bei Anwendung dieses Verfahrens ist zu beachten, dass Kinder mit einer Lese-Rechtschreibstörung meist Defizite in der einzelheitlichen, seriellen und damit gedächtnisabhängigen Verarbeitung von Reizen aufweisen. Altersspanne: 2;6 bis 12;5.

- *AID 2 – Adaptives Intelligenzdiagnostikum 2*

  Das Adaptive Intelligenzdiagnostikum II kann alternativ zum HAWIK-III eingesetzt werden (Kubinger & Wurst, 2000). Altersspanne: 6;0 bis 15;11.

Ein kritischer Überblick zu vorhandenen Intelligenztests findet sich bei Baving und Schmidt (2000).

Zur Indikation der Tests:

Die sprachfreien Intelligenztests sind orientierende Verfahren (CFT 1, 20; SPM, SON-R). Sie können zur Anwendung kommen, wenn ein Schüler in Fächern, die wenig von der Lese-Rechtschreibleistung abhängig sind, gute bis überdurchschnittliche Leistungen erbringt, und wenn eine Beeinträchtigung der Sprachentwicklung vorliegt.

Die *ausführlichen Testbatterien* zur Erfassung der intellektuellen Leistungsfähigkeit (HAWIK-III, K-ABC, AID 2) sind insbesondere dann anzuwenden, wenn neben einer genauen Einschätzung der intellektuellen Leistungsfähigkeit auch eine Schullaufbahnberatung und eine gutachterliche Stellungnahme zur Diagnose „Lese- und Rechtschreibstörung" verlangt ist.

Grundsätzlich gilt, dass beim einzelnen Kind mit Lese-Rechtschreibstörung eine weitergehende Untersuchung der Sprache, der motorischen Fertigkeiten, der Aufmerksamkeitsentwicklung aber auch der psychischen Entwicklung notwendig werden kann. Für die Überprüfung dieser allgemeinen Lernvoraussetzungen kommen die im Folgenden genannten Verfahren zum Einsatz:

3.5 Verfahren zur Diagnostik von anderen Entwicklungsstörungen, emotionalen Störungen und Verhaltensstörungen

3.5.1 Sprachtests

- *PET – Psycholinguistischer Entwicklungstest*
  Untertests des PET sind hilfreich bei der Beurteilung des Sprachverständnisses („Wortverständnis und Worte ergänzen") und der sprachlichen Ausdrucksfähigkeit („Grammatik und Sätze ergänzen") (Angermeier, 1974). Altersspanne: 3 bis 10 Jahre.
  Die genannten Untertests haben eine nur orientierende Funktion. Sie ersetzen die klinische Diagnose nicht. Von Nachteil sind die veralteten Normen.

- *HSET – Heidelberger Sprachentwicklungstest*
  Der Heidelberger Sprachentwicklungstest dient der Einschätzung der Sprachentwicklung im Grundschulalter. Er erfasst 6 Bereiche über insgesamt 13 Subtests zur Ermittlung des Entwicklungsstandes sprachlicher Fertigkeiten (Grimm, 1991). Altersspanne: 3 bis 9 Jahre. Auch der Heidelberger Sprachentwicklungstest ist ein orientierendes Verfahren, welches der Stützung der klinischen Diagnose dient.

3.5.2 Rechentests

- *DEMAT 1+ - Deutscher Mathematiktest für 1. Klassen*
  Das Verfahren überprüft die mathematische Kompetenz bei Grundschülern am Ende des 1. Schuljahres (Krajewski et al., 2002). Altersspanne: Ende 1. und Anfang 2. Klasse.

- *AST 2, 3, 4 – Allgemeiner Schulleistungstest für 2., 3. und 4. Klassen*
  Untertests der Allgemeinen Schulleistungstests erlauben die Einschätzung der Rechenfertigkeit und des Rechenverständnisses (Fippinger, 1991, 1992; Rieder, 1991).

- *ZAREKI – Neuropsychologische Testbatterie für Zahlenverarbeitung und Rechnen bei Kindern.*
  Das Verfahren ermöglicht einen qualitativen Einblick in die wesentlichen Aspekte der Zahlenverarbeitung und des Rechnens bei Grundschulkindern. Es liefert Hinweise auf eine vertiefende, explorative Diagnostik und auf differenzielle Hilfsangebote (von Aster, 2001).

3.5.3 Motorische Tests

- *LOS – Lincoln-Oseretzki-Skala*
  Die Lincoln-Oseretzki-Skala stellt einen Versuch zur quantitativen Ermittlung des motorischen Entwicklungsstandes von Kindern und Jugendlichen dar (Bondy, 1971). Altersspanne: 5;0 bis 13;11 Jahre.

- *KTK – Körper-Koordinationstest für Kinder*
  Der Körper-Koordinationstest für Kinder umfasst 4 Aufgaben zur Überprüfung der Gesamtkörperbeherrschung (Kiphardt & Schilling, 1974). Altersspanne: 5;0 bis 14;11. Die Normen des KTK sind sehr streng und können nicht zur Klassifizierung herangezogen werden. Das Verfahren lässt nur eine orientierende Aussage zu.

- *FEW – Frostigs-Entwicklungstest*
  Der Test erfasst in verschiedenen Untertests Grundfunktionen der Wahrnehmung: Auge-Hand-Koordination, Figur-Grund-Unterscheidung, Formkonstanz und die Identifikation und Reproduktion von Gestalten (Lockowandt, 2000). Altersspanne: 4;0 bis 11;11 Jahre.

3.5.4 Verfahren zur Überprüfung der Aufmerksamkeit

- *CPT-K – Continuous Performance Test – Kinder*
  Dieser Test dient der Erfassung der selektiven Aufmerksamkeit, der Daueraufmerksamkeit sowie des impulsiven Verhaltens eines Kindes (Lauth et al., 1993).

- *Aufmerksamkeits-Belastungs-Test d2*
  Dieser Test ist als Einzel- und Gruppentest zur Untersuchung der individuellen Aufmerksamkeit und Konzentrationsfähigkeit verwendbar (Brickenkamp, 2000). Altersspanne: 9;0 bis 60;0 Jahre.

- *WDG – Wiener Determinationsgerät*
  Ein computergestütztes Testsystem zur Überprüfung von Kurz- und Daueraufmerksamkeit (Schuhfried, 1994).

3.5.5 Verfahren zur Erfassung von emotionalen und Verhaltensproblemen

Verfahren zur Erfassung von emotionalen und Verhaltensproblemen werden ausführlich im Leitfaden Diagnostik psychischer Störungen im Kindes- und Jugendalter (Döpfner et al., 2000a) vorgestellt.

4 Verfahren zur Therapie

Fortschrittliche Lese-Rechtschreibprogramme orientieren sich an den Stufen der Schriftsprachmodelle (siehe Kapitel 1.3.3). Eine Beurteilung der Interventionsprogramme durch den praktisch tätigen Therapeuten sollte sich danach richten, ob jene theoretische Grundlage neueste Forschungsergebnisse berücksichtigt und bereits eine empirische Effektivitätsprüfung erfolgt ist. Im Folgenden werden einige Lernprogramme aufgeführt, die diese Anforderungen erfüllen und im Handel erhältlich sind (zur Übersicht von Suchodoletz, 2003).

4.1 Erwerb der alphabetischen Strategie

4.1.1 Der Kieler Lese- und Rechtschreibaufbau

Der *Kieler Lese- und Rechtschreibaufbau* wurde von Dummer-Smoch und Hackethal (1994, 1996) für so genannte „Nullanfänger" entwickelt. Der Erwerb der alphabetischen Strategie erfolgt an lautgetreuem und nach Schwierigkeitsgraden gestuftem Wortmaterial unter Verwendung der *Methode des Lautierens* und der *Silbengliederung*. Darüber hinaus dienen *Lautgebärden* als Merkhilfe für Buchstaben-Laut-Verbindungen (siehe Abbildung 11). Walter et al. (1997) zweifeln die Notwendigkeit von Lautgebärden an, denn der zusätzliche Gebrauch von Lautgebärden trug nicht zur Effektsteigerung eines silbenorientierten Trainings bei. Die Förderkinder hätten sich

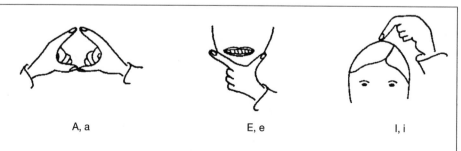

A, a	Zeigefinger und Daumen beider Hände bilden in Anlehnung an das gedruckte A ein Dreieck in Höhe des Halses. Die Figur symbolisiert zugleich die weite Mundöffnung beim Sprechen des A.
E, e	Daumen und Zeigefinger der rechten (bei Linkshändern linken) Hand werden weit auseinander gespreizt. Sie werden in Mundhöhe so gehalten, dass sie den breiten Mund beim Sprechen des E symbolisch noch breiter machen. Keine Berührung des Gesichts!
I, i	Der Zeigefinger tippt leicht oben auf den Kopf und deutet damit den I-Punkt an, den man oben auf dem kleinen i nicht vergessen darf.

Abbildung 11: Beispiele für Lautgebärden im Kieler Leseaufbau (Dummer-Smoch & Hackethal, 1994)

darüber hinaus durch die Verwendung von Lautgebärden stigmatisiert gefühlt. Die praktische Arbeit zeigt jedoch, dass erst der Einsatz von Lautgebärden einzelnen Kindern mit ausgeprägten Schwierigkeiten beim Erlernen der Schriftsprache den Erwerb der Buchstaben-Laut-Beziehung ermöglicht.

4.1.2 Die Psycholinguistische Lese- und Rechtschreibförderung

Grissemann (1998) entwickelte für den klinisch-sonderpädagogischen Bereich die *„Psycholinguistische Lese- und Rechtschreibförderung"*. Neue Forschungserkenntnisse zur Bedeutung des Arbeitsgedächtnisses und der phonologischen Bewusstheit beim Schriftspracherwerb wurden im Trainingsprogramm umgesetzt. Die einzelnen Kapitel umfassen Übungen zur Förderung der Lesemotivation, Training des Arbeitsgedächtnisses, der auditiven Gliederung, der visuellen Wortgliederung in Buchstaben, Silben, Morpheme und ein semantisches Training. Zu den einzelnen Bereichen sind umfangreiche Arbeitsmaterialien vorhanden.

4.1.3 Flüssig lesen lernen

Das Leselernprogramm *„Flüssig lesen lernen"* beinhaltet als Basis für den Erwerb der alphabetischen Strategie die Förderung der phonologischen Bewusstheit (Tacke, 1999a, b). Übungen zur Analyse und Synthese von Silben und Phonemen sowie zu Buchstaben-Laut-Beziehungen sind vorgesehen. Neueste Forschungsbefunde, die die Effizienz einer kombinierten Vermittlung der phonologischen Bewusstheit und der Buchstabenkenntnis belegten, fanden demnach Eingang in den Leselehrgang. Es liegen zwei Versionen des Programms für die schulische und häusliche Förderung vor.

4.1.4 Das Rechtschreibförderprogramm nach Kossow

Kossow (1979, 1991) konzipierte als einer der ersten ein theoretisch fundiertes *Rechtschreibförderprogramm*, dessen Wirksamkeit er auch empirisch nachweisen konnte. Dem Programm liegt ein kognitiver Ansatz zugrunde, der die Teilprozesse des Rechtschreiberwerbs analysiert und vor allem die Bedeutung der akustisch-sprechmotorischen Abläufe (phonematische Differenzierung) in den Vordergrund stellt. Einer vorausgehenden Diagnostik des Fehlertyps folgen spezifische Übungsaufgaben, wobei der Lernstoff in kleine Lernabschnitte aufgeteilt ist. In Form von Algorithmen wird das Erreichen einzelner Lernschritte überprüft, bevor zur nächsten Lerneinheit weiter gegangen wird. Empirisch ergaben sich signifikante Leistungsverbesserungen im Rechtschreiben für lese-rechtschreibschwache Kinder der 2. und 3. Grundschulklasse. Die Fehlerzahl reduzierte sich um durchschnittlich 78 %, wobei die individualisierte Trainingsform der Unterrichtung in LRS-Klassen überlegen war.

4.1.5 Die lautgetreue Rechtschreibförderung

Die *lautgetreue Rechtschreibförderung* von Reuter-Liehr (2001) orientiert sich ebenfalls an einem kognitiven Behandlungsansatz und ist pädagogisch-didaktisch ausgerichtet. Gemäß dem Modell des Schriftspracherwerbs ist das Programm stufenartig, in ansteigender Schwierigkeit aufgebaut. Ein wesentliches Prinzip ist die Vorgehensweise „vom Leichten zum Schweren und vom Häufigen zum Seltenen". Ausgangspunkt für die Förderung bildet die qualitative Fehleranalyse (Phonem-, Regel-, Speicher- und Restfehler). Die lautgetreue (alphabetische) Schreibung wird mit Hilfe der Methode der Silbensegmentierung mit „rein" lautgetreuen Wörtern vermittelt. Ist die alphabetische Schreibstrategie weitgehend automatisiert, wird die orthographisch korrekte Schreibung mittels der Morphemmethode trainiert. (Dieser Teil des Programms ist bislang noch nicht veröffentlicht.) Weiterhin werden verhaltenstherapeutische Verstärkermethoden eingesetzt, um die Lernmotivation der meist misserfolgsorientierten Kinder zu erhöhen (vgl. Tabelle 10).

Tabelle 10: Stufenaufbau des lautgetreuen Schreibens (Reuter-Liehr, 1992)

Stufen		Inhalt
Stufe 1:	Das Wortmaterial beim Sprechen, Lesen und Schreiben ist lautgetreu.	alle Vokale und Dauerlaute: l, m, n, f, r, w, s, sch
Stufe 2:	Das Wortmaterial wird erweitert durch Verschlusslaute und schwierige Laute.	Verschlusslaute: b, d, g, k, p, t Schwierige Laute: h, z, ch, j
Stufe 3:	Das Wortmaterial wird erweitert durch Konsonantenhäufungen innerhalb der Silbe.	Konsonantenpaare: fr, fl, schl, schm, schn, schr, schw, zw, wr
Stufe 4:	Das Wortmaterial wird erweitert durch Konsonantenhäufungen mit einem Verschlusslaut.	Lautverbindungen: bl, br, pl, pr, dr, tr, gl, gr, kl, kr, kn
Stufe 5:	Das Wortmaterial wird erweitert durch /i:/ verschriftet als ie.	Wortbeispiele: kriechen, Wiegenlieder etc., aber nicht: Liter
Stufe 6:	Das Wortmaterial wird erweitert durch Wörter mit ß.	Wortbeispiele: Ostergrüße, Außenseiter etc.

Die Wirksamkeit der Förderung wurde an drei Kohorten nachgewiesen. Über einen Förderzeitraum von ca. eineinhalb Schuljahren erzielten legasthene Schüler der 5. Jahrgangsstufe signifikante und praktisch bedeutsame Lernfortschritte, während Kontrollschüler ohne spezifische Intervention weitgehend in ihrem Lernprozess stagnierten (Reuter-Liehr, 2001).

4.2 Erwerb der orthographischen Strategie: Das Marburger Rechtschreibtraining

Ein Förderprogramm, das explizit auf die Vermittlung von Regelwissen abzielt, ist das *Marburger Rechtschreibtraining* (Schulte-Körne & Mathwig, 2001). Das Programm bietet den wesentlichen Vorteil, dass es nicht nur von Fachleuten, sondern auch von Eltern durchführbar ist. Es eignet sich für Kinder der 2. bis 5. Klassenstufe und darüber hinaus auch für Kinder mit einer ausgeprägten Rechtschreibstörung. Das strukturierte Lernprogramm geht schrittweise vor und vermittelt in 12 aufeinander aufbauenden Kapiteln Lösungsstrategien anhand von Algorithmen, die bei gegebener Problemstellung über einen Entscheidungsbaum mit Ja/Nein-Antworten eine Lösung aufzeigen (vgl. Tabelle 11 und Abbildung 12).

Tabelle 11: Übersicht über die Lern- und Übungsbereiche des Marburger Eltern-Kind-Trainingsprogramms (Schulte-Körne et al., 1998)

Lern- und Übungsbereich	Beispiel
Erkennen von Wortstamm, Vor- und Endsilben	Glück, glücklich, glücken, verunglücken
Wortarten erkennen	Hauptwort, Tuwort, Eigenschaftswort
Erkennen des kurz gesprochenen Selbstlautes und Schreibung nach kurzem Selbstlaut	„Katze" – Ist der Selbstlaut kurz oder lang gesprochen?
Erkennen des lang gesprochenen Selbstlautes und Schreibung nach langem Selbstlaut	„Hose" – Ist der Selbstlaut kurz oder lang gesprochen?
Die Schreibung des stummen -h	Lehm, Bühne, ernähren
Schreiben von Verben, Grundformbildung	er bringt (bringen) sie schreibt (schreiben)
Schreibung von gleichklingendem „Sch" und „S"	„Schrank" – „Stein"
Ableitregeln zur Schreibung der Endsilben	Wand (Wände) Berg (Berge)
Ableitregeln zur Schreibung gleichklingender Laute	Zähne (Zahn), Zelte (Zelt), Bäume (Baum)
Groß- und Kleinschreibung	das Haus, groß, bringen

In einer Langzeituntersuchung wurden Eltern über einen Zeitraum von zwei Jahren angeleitet, das Rechtschreibtraining mit ihrem lese-rechtschreibschwachen Kind durchzuführen. Es ließen sich signifikante Erfolge im Hinblick auf die Reduktion der Rechtschreibfehler nachweisen. Die Fehlerquote verringerte sich von 40% auf 15%;

Beispiele:

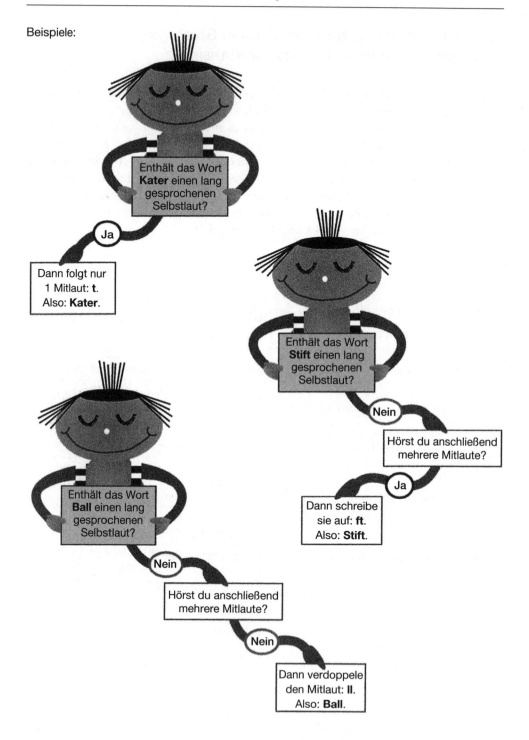

Abbildung 12: Entscheidungsbaum zur Anwendung der Rechtschreibregeln im Marburger Rechtschreibtraining (Schulte-Körne & Mathwig, 2001)

die Diktatnote verbesserte sich im Mittel von 4.6 auf 3.8. Die Leistungsverbesserungen beeinflussten nachweislich das Selbstvertrauen der Kinder positiv (Schulte-Körne et al., 1997, 1998, 2001).

Voraussetzung für den Einbezug der Eltern in die Therapie der Lernstörung ist eine gute Eltern-Kind-Beziehung. Nicht selten sind Hausaufgabenkonflikte an der Tagesordnung und die Förderung sollte in die Hand von dritten Personen gegeben werden (Warnke et al., 2002). Klicpera und Gasteiger-Klicpera (1995) fanden in mehreren deutschsprachigen Untersuchungen durchaus positive Befunde bei der Einbeziehung der Eltern in die Förderung von Kindern mit Lese-Rechtschreibschwierigkeiten. Eine spezielle Anleitung und Supervision der Eltern erschien dabei wichtig für den Erfolg.

4.3 Computerlernprogramme

Computerlernprogramme erlangen in letzter Zeit zunehmende Beliebtheit bei Schülern. Es gibt jedoch bislang kaum kontrollierte Studien, die die Effizienz von computergesteuerten Lese- und Rechtschreibprogrammen untersucht haben. Eine Studie von Castell et al. (2000) zeigte, dass insbesondere Kinder mit sehr niedrigen Ausgangsleistungen von einer computergesteuerten, individuell angepassten Förderung im Lesen und Rechtschreiben profitieren. Insgesamt stellen Computerlernprogramme eine sinnvolle Ergänzung im Rahmen der LRS-Behandlung dar, ersetzen diese jedoch nicht. Gründe, die für den Computereinsatz sprechen und Informationen zu Grundanforderungen an Computerlernprogramme finden sich in dem Leitfaden von Warnke et al. (2002).

4.4 Weitere Verfahren

Weitere Fördermaßnahmen und -materialien sind bei Noterdaeme und Breuer-Schaumann (2003), Mahlstedt (1994), Ganser (2000) sowie Naegele und Valtin (2000) beschrieben und darüber hinaus bei Beckenbach (2000), Mann et al. (2001) sowie Klasen (1998). Die Behandlung der Lese-Rechschreibstörung sollte sich am individuellen Leistungsstand des Kindes orientieren. Generell gilt, das Kind dort abzuholen, wo es steht. Zur Analyse des Entwicklungsstandes bietet sich das Stufenmodell des Schriftspracherwerbs an. Anhand einer groben Fehleranalyse ist einzuschätzen, auf welcher Stufe sich der Schüler befindet. Vermag er ein Wort in seine Einzellaute zu zergliedern (phonologische Bewusstheit) und die Laute den Buchstaben zuzuordnen? Gelingt es ihm, ein Wort lauttreu aufzuschreiben oder Regeln richtig anzuwenden? Während die meisten Programme auf die Verbesserung der Rechtschreibung abzielen, betont Marx (1999) die Bedeutung des Einübens des korrekten Wortlesens über den Sekundarschulbereich hinaus.

4.5 Elternratgeber

Groß ist die Anzahl der Bücher, die als „Ratgeber" für Eltern veröffentlicht werden. Sie unterscheiden sich in den theoretischen Ansichten und praktischen Vorschlägen. Die nachfolgende Liste benennt Schriften, die sich auf international anerkannte wissenschaftliche Grundsätze und übereinstimmende Erfahrungen stützen können: Firnhaber (1996), Klasen (1998), Küspert (2001), Schwark und Laue (2001), Warnke et al. (2002), Warnke et al. (2004) monatliche Verbandszeitschrift und Themenbroschüren des Bundesverbandes Legasthenie e.V. (Königstr. 32, 30175 Hannover, Webseite: www.legasthenie.net) sowie der „Ratgeber Legasthenie" des Landesverbandes Legasthenie Bayern e.V. (Webseite: www.legasthenie-bayern.de).

5 Verfahren zur Prävention von Lese-Rechtschreibschwierigkeiten

5.1 „Hören, lauschen, lernen"

Das Training der phonologischen Bewusstheit, das im Handel unter dem Titel „Hören, lauschen, lernen" (Küspert & Schneider, 2000a) erschienen ist, stellt eine effektive Frühfördermaßnahme zur gezielten Prävention von Lese-Rechtschreibschwierigkeiten dar. Das Förderprogramm hat zum Ziel, den Vorschulkindern Einsicht in die Lautstruktur der Sprache (phonologische Bewusstheit) zu vermitteln, was eine bedeutende Voraussetzung für den Erwerb der Schriftsprache darstellt. Im Vordergrund steht die auditive Diskrimination bzw. Abstraktion sprachlicher Segmente wie Wörter, Reime, Silben und Phoneme, während das Erlernen des Lesens oder Rechtschreibens *nicht* Inhalt des Programms ist. Die Analyse und Synthese sprachlicher Einheiten bilden den Kern des Trainingsprogramms.

Das Programm besteht aus sechs phonologischen Übungseinheiten, die inhaltlich aufeinander aufbauen (Küspert & Schneider, 2000a): 1. *Lauschspiele,* 2. Reimspiele, 3. Sätze und Wörter, 4. Silbenanalyse und -synthese, 5. Anlautidentifikation, 6. Phonemsynthese und -analyse. Beginnend mit Lauschspielen wird zunächst die Wahrnehmung von Geräuschen bzw. nichtsprachlichen akustischen Signalen geschärft. Im zweiten Übungsabschnitt geht es darum, *Reime* zu erkennen und selbst zu bilden. Die Reimspiele sollen die Kinder für die Lautstruktur der Sprache sensibilisieren, indem sie sich von der Wortbedeutung abwenden und auf den Klang der Sprache achten sollen. Die dritte Einheit beschäftigt sich mit dem Erkennen von *Sätzen und Wörtern.* Bei diesen Übungen wird erstmals die Analyse- und Synthesefähigkeit geprüft, wenn einzelne Wörter zu einem neuen Wort zusammengesetzt werden (z. B. „Schnee" und „Mann" wird zu „Schneemann") oder ein zusammengesetztes Wort in Einzelwörter zerlegt wird (z. B. „Kaffeemaschine" wird getrennt in „Kaffee" und „Maschine"). Anschließend stehen Übungen zur Identifikation von *Silben* im Vordergrund. Eine Silbe stellt eine natürliche sprachliche Einheit dar, da sie auf Grund des Sprechrhythmus' identifiziert werden kann. Zum einen wird die Silbensynthese, das Verbinden von einzelnen Silben zu einem Wort, und zum anderen die Silbenanalyse, das Zergliedern eines Wortes in dessen Silben, spielerisch eingeübt.

Während das Erkennen von Reimen, Sätzen, Wörtern und Silben (phonologische Bewusstheit im weiteren Sinne) den Kindern recht gut gelingt, ist das Erkennen von Phonemen bzw. Buchstabenlauten (phonologische Bewusstheit im engeren Sinne) im Wort nicht unproblematisch. Da der Sprung von der Silbe zum Phonem besonders schwierig ist, ist für den Umgang mit Phonemen die meiste Trainingszeit vorgesehen. Zunächst soll der *Anfangslaut* im Wort erkannt werden, bevor die genau lautliche Durchgliederung eines Wortes mittels der auditiven *Phonemsynthese,* das Verbinden von Einzellauten zu einem Wort, und auditiven *Phonemanalyse,* das Zerlegen eines Wortes in Einzellaute, verlangt wird. Im Gegensatz zur Diskrimination von Silben muss das Kind bei der Erkennung von Phonemen eine Abstraktionsleistung erbringen, da Phoneme koartikuliert sind und nicht wie Silben durch rhythmisches Sprechen identifiziert werden können. Das Kind muss also lernen, einzelne Sprachlaute aus der Gesamtheit der koartikulierten Sprachlaute zu abstrahieren. Einfach artikulierbare und wahrnehmbare Phoneme wie Vokale und Dauerlaute (f, s, m, l etc.) werden vor Verschlusslauten (p, t, k etc.) gelernt. Die Kinder üben unter Hilfestellung sukzessiv vorzugehen und zuerst den ersten Laut, dann den zweiten Laut usw. in einem Wort zu hören. Jeder erkennbare Laut wird dabei mit einem Legoklötzchen gekennzeichnet, um den Kindern das einzelne Phonem als eine unterscheidbare sprachliche Einheit bewusst zu machen (vgl. Tabelle 12).

Tabelle 12: Trainingseinheiten des phonologischen Bewusstheitstrainings (Schneider, Roth & Küspert, 1999)

Trainingseinheit	Inhalte
1. Lauschspiele	Geräuschen lauschen, Flüsterspiele
2. Reimen	Reime nachsprechen, Reimwörter finden
3. Satz und Wort	Zerlegen von Sätzen in Wörter, Verbinden von Wörtern (z. B. Schnee-Mann)
4. Silben	Silbenklatschen, -tanzen Zerlegen von Wörtern in Silben (Analyse), Zusammenfügen von Silben zu Wörtern (Synthese)
5. Anlaut	Indentifikation/Manipulation des ersten Lautes im Wort
6. Phoneme	Zerlegen von Wörtern in Einzellaute (Analyse), Zusammenfügen von Lauten zu Wörtern (Synthese)

Um einen kontinuierlichen Ablauf des Trainingsprogramms zu garantieren, sind tägliche Übungseinheiten von ca. 10 bis 15 Minuten, die von den Erzieherinnen im Kindergarten durchgeführt werden, vorgesehen. Insgesamt erstreckt sich der Förderzeitraum über 20 Wochen. Eine ausführliche Beschreibung des Trainingsprogramms findet sich bei Schneider, Roth und Küspert (1999). Die Anwendung des Förderprogramms im Vorschulbereich erleichterte Vorschulkindern nachweislich das Erlernen des Lesens und Rechtschreibens. Vorschulkinder, die an der Förderung teilgenommen hatten, waren besser auf den Schriftspracherwerb vorbereitet als Kinder, die diese spezifische Förderung nicht erhalten hatten (siehe Kapitel 1.6.2).

5.2 „Hören, lauschen, lernen 2"

Eine Ergänzung zu dem phonologischen Bewusstheitstraining stellt das Buchstaben-Laut-Training dar, das im Handel unter dem Titel „Hören, lauschen, lernen 2" (Plume & Schneider, 2004) erschienen ist. Besonders „Risikokinder" im Vorschulalter, für die Schwierigkeiten im Lesen und Rechtschreiben zu erwarten sind, profitieren am meisten von einer kombinierten Förderung der phonologischen Bewusstheit und der Buchstaben-Lautkenntnis, wie die Würzburger Trainingsstudie zeigte (siehe Kapitel 1.6). Eine Kombination aus den beiden Vorschulprogrammen („Hören, lauschen, lernen" und „Hören, lauschen, lernen 2") stellt eine effiziente Prävention von Lese-Rechtschreibschwierigkeiten für Risikokinder dar.

Das Buchstaben-Laut-Training verfolgt das Ziel, Vorschulkindern die Grundlage unseres alphabetischen Systems, d.h. das Prinzip der Zuordnung von Lauten zu Buchstaben und umgekehrt von Buchstaben zu Lauten zu vermitteln. In vielfältig spielerischer Form werden die 12 häufigsten Buchstaben-Laut-Verknüpfungen eingeübt. Zunächst werden in „Buchstaben-Laut-Geschichten" Laute, die Geräusche in der Umwelt oder Emotionen ausdrücken, erzeugt und mit dem dazugehörigen Buchstabenbild verknüpft. Beispielsweise wird ein Arztbesuch, bei dem ein Kind laut „aaah" sagen soll, szenarisch nachgespielt. Der Laut „aaah" wird dann mit dem Buchstabenbild, das auf einem Plakat und als Sandpapierbuchstaben dargestellt ist, verknüpft. In den nächsten Übungsschritten werden Anlaut-Assoziationen gebildet, indem der Anfangslaut eines Wortes mit dem entsprechenden Buchstabenbild zugeordnet wird (z. B. „A" und „Ameise", „E" und „Elefant"). Das Förderprogramm umfasst viele Materialien, wie Bildkarten, Buchstabenkarten, Buchstabenwürfel und Anlautdomino, die den Kindern den Erwerb der Buchstaben-Laut-Zuordnung interessant gestalten sollen.

6 Materialien

Übersicht	
M01	Explorationsschema für Lese- und Rechtschreibstörung (ESLRS)
M02	Checkliste zur organischen Diagnostik
M03	Muster für ein „Ärztliches Attest zur Vorlage beim Schulpsychologen"
M04	Muster für eine „Bescheinigung des schulpsychologischen Dienstes"
M05	Gliederung für die „ärztliche gutachterliche Stellungnahme zur Eingliederungshilfe nach § 35a SGB VIII" zur Vorlage beim Jugendamt

M01 Explorationsschema für Lese- und Rechtschreibstörung (ESLRS)

Patient: **Untersucher:**   **Datum:**

Beurteilungsbasis: O Patient   O Eltern/Bezugspersonen   O Lehrer   O Beobachtung

Angaben zum Patienten   Geburtsdatum: Alter:

Eltern   Mutter: _____
               Vater: _____
Geschwister (Alter): 1) _____
                          2) _____
                          3) _____

Schule: Klasse: Erzieher(in)/Lehrer(in):

Adresse:
Zustimmung der Eltern zu Kontaktaufnahme?

Aktuelle Schulleistungen

Schullaufbahn (Einschulung/Umschulung/Klassenwiederholungen, Diskrepanz Diktat-Leseleistung zu anderen Fächern, Fehlzeiten, Zeugnisnoten)
(entspricht Explorationsleitlinien L1, L2, L3)

Vorstellungsanlass/spontan berichtete Probleme

Vorstellung veranlasst durch:

Interessen/Freizeitaktivitäten/Kompetenzen des Patienten
(entspricht Sektion 3 der Explorationsleitlinien L2)

Freizeitaktivitäten/Interessen

Besondere Fähigkeiten/Kompetenzen/Eigenschaften
(z.B. Sportlichkeit, Witz, Charme, vielseitig interessiert)

1	Aktuelle Symptomatik im Lesen und Rechtschreiben und Grad der Beeinträchtigung/Belastung des Patienten und seines Umfeldes Problemstärke: 0 = nicht vorhanden; 1 = leicht; 2 = deutlich; 3 = stark ausgeprägt	Stärke	Alter (bei Beginn)
1.1	**in der Familie** nach Angaben: ○ der Eltern ○ der Lehrer ○ des Patienten		
1	schwieriges Verhalten bei den Hausaufgaben (z. B. Widerstand bei Lese- und Schreibarbeiten; Verweigerung: übermäßige Dauer, Unlust, Unaufmerksamkeit) und Zeichen von Schulangst (Schulverweigerung, Schlafstörungen, körperliche Beschwerden bei schulischen Anforderungen)		
2	Problematisches Leseverhalten (z. B. Verweigerung; Langsamkeit, viele Fehler trotz Übung) und Rechtschreibstörung (Fehlzahl hoch trotz Übung)		
3	Hinweise für durchschnittliche Intelligenzentwicklung (z. B. gutes Sinnverständnis; bessere Rechenleistung bei Hausaufgaben)		
4	Bedarf zusätzlicher Hilfen (z. B. Übungen mit Eltern, Nachhilfe im Deutschen) bei schriftsprachlichen Anforderungen		
5	Ablehnung Bücher zu lesen oder laut vorzulesen		
1.2	**in der Schule** nach Angaben: ○ der Eltern ○ der Lehrer ○ des Patienten		
1	Störung in Lese- und Rechtschreibentwicklung (Zeugnisbeurteilung im Lesen und Diktat diskrepant zu anderen Schulleistungen; Noten im Lesen und Rechtschreiben mangelhaft oder ungenügend, Versagen bei lautem Vorlesen)		
2	Bessere allgemeine Schulleistungen (bessere mündliche als schriftliche Leistungen; relativ bessere Leistungen z. B. in Mathematik, schlechter bei Textaufgaben)		
3	Auffälliges Allgemeinverhalten im Unterricht (z. B. Schüler wirkt unkonzentriert, stört; gehemmt, körperliche Beschwerden bei schulischer Anforderung)		
1.3	**bei Gleichaltrigen** nach Angaben: ○ der Eltern ○ der Lehrer ○ des Patienten		
1	altersadäquates Spiel- und Sozialverhalten (Grundschulalter)		
2	Berichte über Hänseleien von Mitschülern (z. B. beim Vorlesen im Unterricht; bei Versagen im Diktat)		
3	Dissoziales Verhalten außerhalb von Familie/Schule (z. B. Stehlen im Jugendalter)		

1.4 Klinische Diagnose
Instrumente: • Lesetest
  • Rechtschreibtest
  • Intelligenztest

Diagnose(n):

2	Spezifische psychische Komorbidität/differenzialdiagnostische Abklärung
	(andere als Lese- und Rechtschreibsymptome)

Instrumente zur klinischen Beurteilung:
- Diagnose-Checkliste für Hyperkinetische Störungen (DCL-HKS)
- Psychopathologisches Befund-System für Kinder und Jugendliche (CASCAP-D)
- Weitere Diagnose-Checklisten aus DISYPS (Angst, Depression, Autismus, Tic, Bindungsstörungen, Mutismus)

Exploration Problemstärke: 0 = nicht vorhanden; 1 = leicht; 2 = deutlich; 3 = stark ausgeprägt	Stärke	Alter (bei Beginn)
Rechenstörung		
Andere Entwicklungsstörungen/Teilleistungsschwächen (z.B. Sprachstörung, autistische Störung)		
Hyperkinetische Störung – Aufmerksamkeitsstörung		
Intelligenzentwicklung		
Schulische Unterforderung/hohe Intelligenz		
Anpassungsstörung (ängstlich, depressiv, Störung des Sozialverhaltens)		
Depressive Störung (u. a. mangelndes Selbstvertrauen/negatives Selbstkonzept)		
Angst (u. a. Leistungsangst, Schulangst, Trennungsangst)		
Andere Störungen (z. B. Störung des Sozialverhaltens, Schlafstörungen)		
Beeinträchtigung der Beziehungen zu Eltern, Geschwistern, Erziehern, Lehrern, Gleichaltrigen		

3	Störungsspezifische Entwicklungsgeschichte des Patienten
	Schwangerschafts-/Geburtskomplikationen, Komplikationen in der Neugeborenenperiode
	Verzögerungen der frühkindlichen Entwicklung (Sitzen, Krabbeln, Laufen, erste Worte, Sauberkeit)
	Temperamentsmerkmale im Säuglings- und Kleinkindalter (Schlafprobleme, Störungen der Nahrungsaufnahme, häufiges Schreien, Koliken,Unruhe; Belastungen der Eltern dadurch)
	Verhaltensprobleme im Kindergartenalter
	Verhaltensprobleme im Grundschulalter und ggf. im späteren Alter
	Beginn der Lese- und/oder Rechtschreibstörung, Belastungen zu diesem Zeitpunkt, Reaktionen/Konsequenzen auf Symptomatik
	Verlauf der Symptomatik und Zusammenhang mit der schulischen Laufbahn, psychosozialen Be- und Entlastungen, Hausaufgabenprobleme
	Schulischer Werdegang (Fehlverhalten; Klassenwiederholung; Zeugnisnoten; Schulwechsel; Anerkennung als Schüler mit „Legasthenie"; Nachteilsausgleich; Förderkurse), bisherige Behandlungen (Ergotherapie, Legasthenie-behandlung)
	Maßnahmen der Eingliederungshilfe (nach § 35a SGB VIII, Finanzierung von „Legasthenie-Therapie")

4	Spezifische medizinische Anamnese
	Medizinische/neurologische Primär-Diagnose (z. B. Sehstörung, Hörstörung, motorische Störung, Cerebralparese, Epilepsie, Verlust bereits erworbener Lese- und Rechtschreibfähigkeit durch Hirnschädigung)
	Psychiatrische Diagnose (z. B. Hyperkinetische Störung, Depression, Angststörung; „Verlustsyndrom" bei psychotischer Störung)
	Medikation (Stimulantien, Antiepileptika)

5 Spezifische Familienanamnese

Psychische Störungen bei Familienmitgliedern/erstgradig Verwandten (vor allem: Lesestörung, Rechtschreibstörung, Sprachstörung, Lernstörung, Hyperkinetische Störungen)

Vergangene und gegenwärtige Belastungen und Krisen in der Familie (Eheprobleme, Probleme mit anderen Familienmitgliedern, mit Verwandten, Nachbarn); **Veränderungen der Familienzusammensetzung; Umzüge verbunden mit Schulwechsel**

Organisationsgrad der Familie und besondere Ressourcen

Erziehungsverhalten, spezifische Bewältigungen in kritischen Erziehungssituationen
(Reaktion auf schlechte Noten, schlechte Zeugnisse, auf Hausaufgabenprobleme; auf Schulangstsymptome (Krankschreibungen?); weitere Exploration durch Checkliste für Eltern über Verhaltensprobleme bei den Hausaufgaben (HPCD-E)

Eltern-Kind-Beziehung und Beziehung zu Geschwistern

6 Bedingungen in der Schule und in der Gleichaltrigengruppe

Integration des Kindes in Gruppen (Schule, Gleichaltrige, Freizeitgruppen)

Belastende Bedingungen in der Schule (z. B. Gruppen-/Klassengröße, Anteil verhaltensauffälliger Kinder, Cliquenbildung), Unverständnis der Schule zu Lese-Rechtschreibstörung, fehlender Nachteilsausgleich

Ressourcen in der Schule (z. B. Kleingruppenunterricht, Kleingruppenbeschäftigung, Integrationsmaßnahmen, Förderunterricht) Umsetzung vom „Legasthenie-Erlass", Nachteilsausgleich?

Lehrer-Kind-Beziehung und Eltern-/Lehrer-Beziehung

7 Therapie

Bewältigungsversuche durch den Patienten, durch die Familie, die Schule und ihre Ergebnisse

Vorbehandlung

Alter (bei Beginn)	Behandlung (bei Medikation: Dosierung)	Dauer (Monate)	Verlauf

Ursachen der Probleme (organische, psychische, familiäre Ursachen) nach Meinung des Patienten:
… der Eltern:
… der Erzieher/Lehrer:
Therapieerwartungen (z. B. Schule muss sich ändern, Kind muss sich ändern, Medikament, emotionale Probleme vermindern, Veränderungen in der Familie; bessere Schulnoten, Erreichen einer weiterführenden Schule) des Patienten:
… der Eltern:
… der Erzieher/Lehrer:

Therapieziele (Zielsymptome und konkrete Ziele) des Patienten:

1

2

3

Therapieziele der Eltern:

1

2

3

Therapieziele der Eltern/Lehrer:

1

2

3

Therapiemotivation/-compliance: 0 = keine, 1 = gering, 2 = deutlich, 3 = stark ausgeprägt

Therapieart	Patient	Eltern	Lehrer
Beratung der Eltern/Intervention in der Familie			
Beratung der Lehrer, Intervention in der Schule			
Spezifische Übungsbehandlung im Lesen und Rechtschreiben („Legasthenie-Therapie")			
Verhaltens-/Psychotherapie des Kindes			
Pharmakotherapie			
Finanzierung			

8	Verhaltensauffälligkeiten während der Explorations/Untersuchung und psychopathologische Beurteilung (0 = nicht vorhanden, 1 = leicht, 2 = deutlich, 3 = stark ausgeprägt) differenzierte Beurteilung durch: Psychopathologisches Befund-System für Kinder und Jugendliche (CASCAP-D)				
Verhalten	Situation (z. B. Exploration der Eltern, Leseprüfung, Diktat, Testsituation)				
Kooperation					
Motorische Unruhe					
Lesestörung					
Rechtschreibstörung					
Ablenkbarkeit/Impulsivität					
Frustrationstoleranz					
Unsicherheit/Ängstlichkeit					
Andere:					
Andere:					

9 Weitere Diagnostik

9.1 Elternfragebogen

Breitbandverfahren, z. B.:
- Elternfragebogen über das Verhalten von Kindern und Jugendlichen (CBCL/4-18)

Ergebnis:

Störungsspez. Verfahren, z. B.:
- Fremdbeurteilungsbogen für Hyperkinetische Störungen (FBB-HKS)
- Elternfragebogen über Verhaltensprobleme in der Familie (KSQ-D)
- Checkliste für Eltern über Verhaltensprobleme bei Hausaufgaben (HPCD-E)

Ergebnis:

9.2 Fragebögen für Lehrer

Breitbandverfahren, z. B.:
- Lehrerfragebogen über das Verhalten von Kindern und Jugendlichen (TRF)

Ergebnis:

Störungsspez. Verfahren, z. B.:
- Fremdbeurteilungsbogen für Hyperkinetische Störungen (FBB-HKS)
- Fremdbeurteilungsbogen für Störungen des Sozialverhaltens (FBB-SSV)

Ergebnis:

9.3 Selbsturteil des Patienten über Verhaltensprobleme (ab ca. 10 Jahre)

Breitbandverfahren, z. B.:
Störungsspez. Verhalten, z. B.:
- Fragebogen für Jugendliche (YSR)
- Selbstbeurteilungsbogen für Hyperkinetische Störungen (SBB-HKS)
- Selbstbeurteilungsbogen für Störungen des Sozialverhaltens (SBB-SSV)
- Angstfragebogen für Schüler (AFS)

Ergebnis:

9.4 Intelligenz- und Leistungsdiagnostik
Intelligenztest:
Schulleistungstest:
Lesetest:
Rechtschreibtest:
Rechentest:
Andere Leistungstests (Sprache, Motorik):

9.5 Organische Diagnostik siehe M02

10	**Verlaufskontrolle, Datum** nach Angaben: O der Eltern, O Lehrer, O des Patienten, O anhand von Fragebögen, O Therapeut

Veränderung: -2 = stark verschlechtert, -1 = leicht verschlechtert, 0 = unverändert +1 = leicht verbessert, Therapieziel noch nicht erreicht +2 = stark verbessert, Therapieziel erreicht, 9 = keine Symptomatik	Veränderung
Leseverhalten, Leseleistung, Rechtschreibleistung	
… in der Schule	
Andere Verhaltensauffälligkeiten/emotionale Entwicklung (insbesondere Zielsymptome) in der Familie	
… in der Schule	
Beziehungen zu Gleichaltrigen und Freizeitaktivitäten	
Familiäre Interaktionen und familiäre Beziehungen	

Weitere Behandlungsplanung:

M02	**Checkliste zur organischen Diagnostik**	
Patient:	Untersucher:	Datum:
1 Angaben zum Patienten	Geburtsdatum:	Alter:
2 Somatischer Befund:		

Körpergröße: Körpergewicht:

Blutdruck, Puls:

Blutbild (bei beabsichtigter Stimulanzien-Medikation)

Neurologischer Befund
Dysmorphiezeichen

Hirnnerven/Reflexstatus

Seh-/Hörfähigkeit

Feinmotorik/Koordination/Graphomotorik/Cerebralparese

Sprache

Internistischer Befund

Andere Befunde

3 Klinische Diagnose

Diagnose(n):

M03	**Muster für ein „Ärztliches Attest zur Vorlage beim Schulpsychologen"**

Name,   Datum
Fachbezeichnung,
des Facharztes / der Einrichtung / der Fachkraft

Attest zur Bescheinigung einer Lese- und Rechtschreibstörung
(Legasthenie im Sinne von ICD-10, F81.0)
zur Vorlage beim Schulpsychologen

Der/Die Schüler/in ...., geboren am ....,

wohnhaft in ....,

wurde am .... ambulant in meiner Praxis untersucht.

Auf der Grundlage einer multiaxialen Diagnostik ergab sich eine

    ☐ Lese- und Rechtschreibstörung (ICD-10, F81.0)
    ☐ isolierte Rechtschreibstörung (Legasthenie ICD-10, F81.1)
    ☐ isolierte Lesestörung

Die Testung der intellektuellen Entwicklung erfolgte mit ....
    Erzielte Werte: ....

Die Rechtschreibung wurde mit .... bestimmt.
    Erzielte Werte (Gesamtnorm/schulartspezifische Norm) ....

    Die Leseleistung wurde mit .... bestimmt.
    Erzielte Werte: ....

Die T-Wert-Differenz zwischen Intelligenz und Rechtschreibtest beträgt ....
Die T-Wert-Differenz zwischen Intelligenz und Leseleistung beträgt ....

Aussagen zu den 5 Achsen der multiaxialen Diagnostik:

Achse I: ....

Achse II: ....

Achse III: ....

Achse IV: ....

Achse V: ....

Es handelt sich nicht um eine vorübergehende Lese- und Rechtschreibschwäche.

Weitere Details über die Untersuchungsergebnisse enthält der Untersuchungsbericht. Die Erziehungsberechtigten sind mit der Weitergabe einer Abschrift des Untersuchungsberichts – nicht – einverstanden.

....
Ort, Datum   Unterschrift

M04	**Muster für eine „Bescheinigung des Schulpsychologischen Dienstes"**

Schulpsychologe Datum
Dienststelle

Bescheinigung
einer Legasthenie bzw. einer Lese- und Rechtschreibschwäche
(gemäß der KMBeK vom 16. 11. 1999, KWMBl I S. 379)

Bei dem Schüler/der Schülerin ...., geboren am ....,

wohnhaft in ....,

Schule: ...., Klasse: ....,

wurde auf der Grundlage ☐ einer fachärztlichen Untersuchung
im Zusammenwirken mit dem Schulpsychologen
○ eine Lese- und Rechtschreibstörung (ICD-10, F81.0)
○ eine isolierte Rechtschreibstörung (Legasthenie ICD-10, F81.1)
○ eine isolierte Lesestörung

☐ einer schulpsychologischen Untersuchung
○ eine Lese- und Rechtschreibschwäche
○ eine Lese- und Rechtschreibschwäche für weitere 2 Jahre

festgestellt.

Zusätzlich haben sich aus der Untersuchung und den durchgeführten Tests folgende besondere Problembereiche des Schülers zur Beachtung für die Schule ergeben:
....
....

(für diese Mitteilung liegt die Einverständniserklärung der Eltern vor)

Empfohlene Förder- und Hilfsmaßnahmen:

○ Fördermaßnahmen: ....
....

Hilfsmaßnahmen zum Nachteilsausgleich:

○ Fach Deutsch ....

○ Fach Englisch ....

○ Fach Mathematik ....

○ Fach ....

○ Fach ....

 ....
 Unterschrift

M05 Gliederung für die „Ärztliche gutachterliche Stellungnahme zur Eingliederungshilfe nach § 35a SGB VIII" zur Vorlage beim Jugendamt

Philipp Legasthenie *31.02.1993
Whft. Legastheniestraße 9 in 00000 Legastheniestadt

Die gutachterliche Stellungnahme fußt auf der ambulanten Untersuchung von Philipp Legasthenie, der sich am 01.01.2004 in Begleitung seiner Eltern ambulant vorstellte.

Aktuelle Symptomatik:
Philipp besucht die 5. Klasse des Gymnasiums. Bis zur 2. Grundschulklasse unauffälliger Verlauf. In der 3. Klasse umzugsbedingter Schulwechsel und damit verbunden Wechsel von Druckschrift zu Schreibschrift und von geübten Diktaten zu ungeübten freien Aufsätzen. Innerhalb von wenigen Wochen kam es akut zu erheblichen schulischen Disziplinschwierigkeiten, mit Hausaufgabenverweigerung und Verweigerung aktiver Unterrichtsteilnahme. Die Rechtschreibleistungen wurden als ungenügend benotet. Eine schulpsychologische Untersuchung und außerschulische Testung in einem Institut zur Legasthenieförderung ergab die Diagnose einer Lese-Rechtschreibstörung (ICD-10 F81.0). In der Folge wurde in einem Institut über 1 $^1/_2$ Jahre hinweg in 2 Sitzungen pro Woche eine LRS-Therapie ambulant durchgeführt. Auf Grund des hinreichenden Notendurchschnitts wurde der Übergang auf das Gymnasium ermöglicht. In der 5. Klasse des Gymnasiums traten nun akut die in der Grundschule recht gut kompensierten schriftsprachlichen Probleme erneut auf. Schulisch wurde nach schulpsychologischer Prüfung eine Lese-Rechtschreibstörung anerkannt und dementsprechend Nachteilsausgleich gewährt. Dennoch erreicht Philipp in schriftsprachlichen Arbeiten keine ausreichenden Noten. Gemäß schriftlicher Auskunft der Schule ist eine Überforderung des Schülers infolge seiner Lese- und Rechtschreibdefizite gegeben, so dass, trotz des gewährten Nachteilsausgleichs, nicht damit gerechnet werden könne, dass Philipp das Klassenziel erreicht. Weitergehende schulische Förderung und Unterstützung seien nicht möglich. Leistungsbereitschaft und disziplinarisches Verhalten des Schülers seien ohne Tadel.

Eigenanamnese:
Die frühkindlichen Entwicklungen sind gemäß der elterlichen Angaben und der Ergebnisse der Vorsorgeuntersuchungen unauffällig. Lediglich die Sprachentwicklung begann verzögert.

Untersuchungsbefunde:
Psychopathologisch ergaben sich bei Philipp keine krankhaften Befunde. Ebenso war die körperliche und neurologische Entwicklung (einschl. des EEG) altersgemäß. Fachärztliche Untersuchungen zur Hörfähigkeit und zur Sehfähigkeit hatten bis auf eine leichtgradige Farbsehschwäche (rot/grün-Sehschwäche) keinen pathologischen Befund ergeben.

Die psychologische Untersuchung beinhaltete eine Überprüfung der Intelligenzentwicklung und der Lese-Rechtschreibentwicklung. Im Hamburg-Wechsler-Intelligenztest für Kinder erreichte Philipp ein gut durchschnittliches Leistungsniveau. Im diagnostischen Rechtschreibtest ergab sich ein Prozentrang von 6, im Lesetest ein Prozentrang von 1. Die T-Wert-Diskrepanz zum Intelligenztestwert lag bei 28 Punkten. Hinweise für eine emotionale Störung ließen sich nicht nachweisen.

Gutachterliche Beurteilung:
Diagnostisch wurde der Vorbefund einer umschriebenen Lese- und Rechtschreibstörung (ICD-10 F81.0; Achse II) bestätigt. Die Intelligenzentwicklung ist im Normbereich (Achse III). Es liegen keine körperlichen oder neurologischen Befunde vor, mit denen sich die Lese-Rechtschreib-

störung erklären lässt (Achse IV). Philipp hat eine qualifizierte familiäre und schulische Förderung und zusätzlich qualifizierte LRS-Therapie im Grundschulalter erhalten (Achse V).

Auf Grund des Schweregrades der Lese-Rechtschreibstörung ist trotz des gewährten schulischen Nachteilsausgleiches die begabungsadäquate gymnasiale Eingliederung gefährdet. Bei den vor Ort gegebenen schulischen Fördermöglichkeiten ist Philipp nicht in der Lage, im schriftsprachlichen Bereich ausreichende Noten zu erlangen. Die Kriterien der seelischen Behinderung und zur Gewährung der Eingliederungshilfe gemäß § 35a SGB VIII sind gegeben. Es empfiehlt sich eine stationäre Eingliederungsmaßnahme, wie sie im Rahmen eines qualifizierten Internats, das sich der spezifischen Förderung und schulischen Integration von Schülern mit Lese-Rechtschreibstörung auf gymnasialem Niveau eingerichtet hat, möglich ist.

Sollten sich Ihrerseits noch weitergehende Fragen ergeben, so stehen wir Ihnen gerne zu weiteren Auskünften zur Verfügung.

Mit freundlichen Grüßen

....
Unterschrift

7 Fallbeispiel

Angaben zur aktuellen Symptomatik

Die 10-jährige Petra wurde von ihrer Mutter nach einer Empfehlung der Klassenlehrerin wegen Lese-Rechtschreibschwierigkeiten vorgestellt. Zur Symptomentwicklung berichtete die Mutter, dass Petra die 5. Klasse des Gymnasiums besuche. Die Lese-Rechtschreibschwierigkeiten zeigten sich im Wesentlichen in den Fächern Deutsch und Englisch. Die Lese-Rechtschreibproblematik habe bereits in der 1. Grundschulklasse begonnen. Dies habe zusätzlich zu den Hausaufgaben Anlass zu vielfachen Lese- und Rechtschreibübungen im häuslichen Rahmen gegeben. In der Grundschulzeit habe Petra wegen einer schlechten Note in Deutsch den Übertritt auf das Gymnasium nicht geschafft. Sie habe jedoch den Probeunterricht bestanden, so dass der Gymnasialbesuch möglich war.

Zur aktuellen Problematik berichtete die Mutter, dass Petra nahezu tagtäglich bis zum Abend an den Hausaufgaben sitze, die Hausaufgabensituation sei ein „Drama" und führe zu großen Spannungen zwischen Mutter und Tochter. Nicht selten seien Mutter und Tochter am Ende ihrer Kräfte. Petra könne die Hausaufgaben auch nur mit Hilfe und in Anwesenheit der Mutter erledigen. Das Lesen sei fehlerhaft und oft ratend, so dass der Sinn des Gelesenen nicht immer erfasst werde. Textaufgaben in Mathematik fielen Petra schwer. Sie erreiche nur ausreichende Noten, während die Noten bei nicht sprachgebundenen Aufgaben mit gut bewertet würden.

Die vorgelegten Schulhefte gaben einen guten Einblick in die hohe Fehlerzahl bei der Rechtschreibung sowie die Art der Fehler (Dehnungsfehler, Dopplungsfehler, Regelfehler, Buchstabenauslassungen). Die schriftlichen Noten in Deutsch- und Englischdiktaten waren stets mangelhaft, womit Petra im Diktat jeweils zu den Schlechtesten der Klasse gehörte. Die Aufsätze seien inhaltlich jedoch stets deutlich besser bewertet worden. Die Zeugnisse der Grundschule dokumentieren eine deutliche Notendiskrepanz zwischen den Leistungen im Fach Deutsch und den übrigen Fächern.

Bezüglich ihrer Lese-Rechtschreibprobleme fand Petra ein sehr gutes Verständnis bei der Lehrerin. Eine Legasthenietherapie hatte nicht stattgefunden.

Als weitere Problematik schilderte die Mutter, dass Petra eine deutliche Schulunlust entwickelt habe. Petra habe Prüfungs- und Versagensängste. Besonders vor schulischen Leistungserhebungen komme es Tage zuvor zu Schlafstörungen.

Eigenanamnese

Petra war das einzige Kind der Familie. Die Geburt wurde nach unauffälliger Schwangerschaft 10 Tage nach dem errechneten Termin eingeleitet. Die Meilensteine der kindlichen Entwicklung waren unauffällig. Petra hatte jedoch bis zum Alter von

8 Jahren nächtlich eingenässt. Den Kindergarten hatte Petra ab dem Alter von 3 ½ Jahren bis zum Einschulen mit 6 Jahren bei guter Integration und unauffälliger Entwicklung besucht. Nach einer augenärztlichen Untersuchung erfolgte zur Verbesserung der Akkommodation die Verordnung einer Brille.

Seit drei Jahren lebten die Eltern getrennt, was für Petra mit einem Wohnortwechsel verbunden gewesen sei. Das Umgangsrecht mit dem Vater war geregelt und wurde auch zuverlässig wahrgenommen. Im bisherigen Schulverlauf war es bei Petra nicht zu schulischen Fehlzeiten gekommen. Emotional hatte Petra die Trennung der Eltern nach übereinstimmender Auskunft gut bewältigt. In der familiären Aszendenz war eine Lese-Rechtschreibstörung väterlicherseits eruierbar.

Psychischer Befund zum Zeitpunkt der Untersuchung

Im Kontakt war Petra freundlich und zugewandt; kein Anhaltspunkt für pathologische Ängste, Zwänge, Ich-Störungen, inhaltliche oder formale Denkstörungen. Affektiv und im Antrieb war Petra adäquat. Es wurden keine zirkadianen Besonderheiten berichtet.

Die psychometrischen Untersuchungen konzentrierten sich auf die Intelligenzdiagnostik, die Überprüfung der Lese- und Rechtschreibfähigkeit sowie der Konzentrationsfähigkeit. Darüber hinaus wurde das Ausmaß der emotionalen Belastung geprüft.

Im HAWIK-III erreichte Petra eine durchschnittliche intellektuelle Leistungsfähigkeit (T-Wert 52). Im Westermann Rechtschreibtest für 4. und 5. Klassen (WRT 4-5) erreichte Petra einen Prozentrang von 6 (T-Wert 34) in Bezug auf die Gesamtnorm und in Bezug auf die Schulform bezogene Norm einen Prozentrang von 0.

Auch die Leseleistung, erhoben mit dem Salzburger Lesetest (SLRT), war mit einem Prozentrang von 5 bis 8 als deutlich unterdurchschnittlich zu bewerten.

In einem halbprojektiven Satzergänzungsverfahren und in der Exploration zur emotionalen Befindlichkeit fanden sich keine Hinweise für eine emotional bedingte Leistungsstörung. Petra äußerte jedoch deutlich Schulunlustgefühle, Prüfungsängste und Misserfolgserwartungen.

Somatischer Befund

Der internistische und neurologische Befund war unauffällig. Ein augen- und ohrenärztliches Konzil war ohne pathologischen Befund.

Diagnose

Die Untersuchung Petras erfolgte auf Grund des Verdachts einer Lese- und Rechtschreibstörung. In ihren schulischen Leistungen stellten sich die schriftsprachlichen Noten deutlich schlechter dar als die Noten in weniger schriftsprachgebundenen Fächern. In Mathematik zeigte Petra bei Textaufgaben deutlich schlechtere Leistungen als bei nicht-sprachgebundenen Aufgaben. Diese Diskrepanz bestätigte sich auch bei der psychometrischen Untersuchung. Die Diskrepanz zwischen der allgemeinen Begabung und der Rechtschreibleistung betrug 18 T-Wertpunkte; die Diskrepanz zwischen der Begabung und der Leseleistung betrug zwischen 15 und 18 T-Wertpunkte.

Diagnostisch bestätigte sich der Befund einer umschriebenen Lese-Rechtschreibstörung (ICD-10, F81.0, Achse 2). Die Lese-Rechtschreibstörung erklärt sich nicht durch eine Intelligenzminderung, vielmehr liegt eine durchschnittliche Begabung vor (Achse 3). Die körperliche sowie neurologische Entwicklung ist altersgemäß, die Akkommodation ist durch die Verordnung einer Brille kompensiert (Achse 4). Psychosoziale oder schulische Einflüsse erklären die primären Lese-Rechtschreibschwierigkeiten nicht (Achse 5).

Die beginnende Schulunlust entwickelte sich in Folge der emotionalen Belastung, die sich aus der Lese-Rechtschreibstörung für Petra ergeben hat. Angesichts der Schwere der Rechtschreibstörung ergibt sich die Frage, inwieweit Petra den gymnasialen Anforderungen gewachsen sein kann. Von einer mittelgradigen Beeinträchtigung der psychosozialen Anpassung ist auszugehen (Achse 6).

Behandlungsplan

1. Aufklärung der Eltern, sowie des Mädchens und der Klassenlehrerin über die erhobenen Befunde und das Störungsbild

2. Ambulante Beratung der Mutter und der Tochter zur Hausaufgabensituation

3. Einleitung einer befristeten Übungsbehandlung in Form eines funktionellen Trainings der Lese- und Rechtschreibfertigkeiten

4. Aufbau einer neuen Lernmotivation und Stärkung des Selbstwertgefühls von Petra

5. Verbesserung der häuslichen Situation durch Aufbau von positiven Aktivitäten innerhalb der Familien, die nicht schul- bzw. leistungsbezogen sind

6. Schullaufbahnberatung

Therapieverlauf

Zunächst stand die Aufklärung der Familie und der Klassenlehrerin in Bezug auf das Störungsbild und die genetische Veranlagung im Vordergrund. Der Hinweis auf die erbliche Komponente, die durch den weiteren Fall in der Familie seine Bestätigung findet, führte zu einer deutlichen emotionalen Entlastung von Mutter und Tochter. Es wurde auf Elternverbände bzw. Selbsthilfegruppen vor Ort verwiesen, die auf verschiedenen Ebenen im Umgang mit der Störung bestens vertraut sind.

Hausaufgabensituation

Eine deutliche Entlastung in der Hausaufgabensituation konnte durch die Entwicklung eines Hausaufgabenplans erreicht werden. Der Hausaufgabenplan umfasste die Festlegung der Hausaufgabenzeit, den Hausaufgabenort, die Gestaltung des Arbeitsplatzes und der Arbeitseinheiten, Ablenkungsmöglichkeiten wurden minimiert, die Möglichkeiten des Lernstoffwechsels und des Lernwegwechsels verminderten Eintönigkeit und Konzentrationsverlust. Ein Hausaufgabenheft wurde eingeführt, die Schultasche wurde, um die Leistungssituation für den Tag abzuschließen am Abend gepackt. Zusätzliche Übungen im Bereich des Lesens und Rechtschreibens wurden in Absprache mit dem Therapeuten auf jeweils 10 Minuten Dauer festgelegt.

Ziel war es weiterhin, das Lernen in die Verantwortung von Petra zu übergeben und von der Mutter zu lösen. Zur Unterstützung wurde ein Verstärkerplan an den Hausaufgabenplan angeschlossen, der die Regelmäßigkeit des Übens belohnt und nicht an Erfolgen im schulischen Rahmen gebunden ist.

Um zu erkennen, inwieweit Petra die Hausaufgabe selbstständig machen konnte, wurde eine Lernreihe erstellt, wie sie Innerhofer (1979, S. 107-108) vorgeschlagen hat.

Erster Schritt: Hausaufgaben alleine vorbereiten!

Zweiter Schritt: In kurzen Abschnitten alleine arbeiten!

Dritter Schnitt: Der Zeitabschnitt wird verlängert!

Vierter Schritt. Die Zeitabschnitte werden immer größer!

Fünfter Schritt: Die Hausaufgaben allein machen!

Sechster Schritt: Ausblenden der Anwesenheit!

Gewährung von Nachteilsausgleich

Nach Antrag an den schulpsychologischen Dienst wurde bei Petra ein schulischer Nachteilsausgleich erreicht.

Bei schriftsprachlichen Leistungsfeststellungen wurde ein Zeitzuschlag gewährt, dem mündlichen Abfragen wurde eine größere Bedeutung zugemessen, mathematische Textaufgaben wurden vorgelesen.

Neben den schulischen Hilfen wurde die Finanzierung einer ambulanten Legasthenietherapie über Eingliederungshilfe nach § 35 a SGB VIII ermöglicht. Auf Grund einer Gefährdung der schulischen Integration wurde eine drohende seelische Behinderung anerkannt. Außerdem wurden 40 Therapiestunden gewährt.

Übungsbehandlung

Die Übungsbehandlung hatte das funktionelle Training des Lesens und Rechtschreibens als Schwerpunkt. Das Vorgehen beinhaltete folgende Schritte:

– Einsatz von zunächst lautgetreuem Wortmaterial (z.B. mit Übungen aus dem Kieler Rechtschreibprogramm oder dem lautgetreuen Wortmaterial von Reuter-Liehr, 1992)
– Phonem-Graphem-Zuordnung
– Rhythmische Hilfen (z. B. Silbenklatschen)
– vom Leichtem zum Schwierigen
– vom Häufigen zum Seltenen
– Individuelle Erarbeitung der Rechtschreibregeln wie Doppelungs- und Dehnungsfehler nach dem Marburger Rechtschreibprogramm (Schulte-Körne & Mathwig, 2001). Ziel des Trainings ist die Vermittlung von Regelwissen und die Vermittlung von Lösungsstrategien. Die Lösungsstrategien sind in Form von Entscheidungsbäumen dargestellt, die mit Ja/nein-Antworten Lösungsschritte vermitteln, und in Form von Visualisierung von primär auditiven Problemen.
– Vermittlung von Lernstrategien: Mit Petra wurden die sechs Wegweiser durch den „Hausaufgaben-Dschungel" nach Körndl (1994) erarbeitet:
  1. Ich mache meine Hausaufgaben immer zu einer bestimmten Uhrzeit und an einem festen Platz.
  2. Ich lege die Dinge auf den Tisch, die ich zum Arbeiten brauche.
  3. Damit mein Kopf frei wird, mache ich erst eine kleine Übung (zur Steigerung von Konzentration und Aufmerksamkeit).
  4. Ich teile meine Hausaufgaben in Portionen auf.
  5. So löse ich meine Aufgaben:
     Schau genau!
     Lese dir die Aufgaben langsam und laut vor!
     Überlege!

Beginne dann zu schreiben!

Hast du noch keine Lösung, und kommst du selbst nicht weiter? Dann gehe die die bisherigen Schritte nochmals durch. Wenn du gar nicht weiterkommst, hole dir Hilfe!

6. Ich mache bei den Hausaufgaben regelmäßig Pausen.

Aufbau einer Lernmotivation und des Selbstwertgefühls

- Die Übungsstunden bestanden aus einem hohen Anteil aus Inhalten, die bereits beherrscht wurden, um so Erfolgserlebnisse zu garantieren, die die Lernmotivation wieder steigerten und das Selbstwertgefühl erhöhten. Auch kleine Lernfortschritte beim Lesen und Rechtschreiben wurden von den Eltern deutlich anerkannt.
- Prinzipielle Förderung der Motivation zu schreiben und zu lesen; dies erfolgte, indem der Lernstoff (grammatikalische Regeln, Lernwörter, Texterarbeitung etc.) mit Hilfe von Themen erarbeitet wurden, die Petra besonders interessierten.

Computergestützte Therapie

Die Therapie wurde neben den Übungen in den Therapiestunden durch computergestützte Übungen ergänzt, die dem Kind selbstständiges Arbeiten und Überprüfen von Fehlern ermöglichte und ein integriertes Verstärkungssystem beinhaltete.

Verbesserung der häuslichen Situation

Die Entspannung der häuslichen Situation ließ sich dadurch aufbauen, dass Mutter-Kind oder auch Eltern-Kind-Interaktionen geplant wurden, die nicht durch schulische Themen beherrscht waren, sondern durch Unternehmungen ausgefüllt wurden, die sich auf Interessen von Petra bezogen.

Schullaufbahnberatung

Grundsätzlich wurde den Eltern geraten, auf Zeichen der schulischen und emotionalen Überforderung bei Petra zu achten. Trotz der vielfältigen schulischen und häuslichen Hilfen könnte eine Überforderungssituation entstehen, die eine Umschulung Petras notwendig erscheinen ließe.

Da mit Gewährung des Nachteilsausgleichs die Noten eine Versetzung in die 6. Klasse des Gymnasiums zuließen, wurde in Absprache mit der Klassenlehrerin die weitere gymnasiale Beschulung befürwortet.

Erfolg

Nach 20 Stunden der Übungsbehandlung hatte sich im WRT 4-5 der Prozentrang von 6 auf 20 verbessert. Schulisch wie auch in der Hausaufgabensituation war eine entscheidende Entlastung erfolgt. Die Rechtschreibleistung reichte jedoch nicht aus, um bei Diktaten ausreichende Noten zu erreichen, so dass weiterhin Bedarf für den Nachteilsausgleich besteht.

Literatur

American Psychiatric Association (1994). *Diagnostic and statistical manual of mental disorders.* DSM-IV (4th ed.). Washington: American Psychiatric Association.

Amorosa, H., Müller-Egloff, E. & Pretzlik, E. (1994). Treatment approaches in dyslexia. *Acta paedopsychiatrica, 56,* 155–248.

Angermaier, M. (1974). *Psycholinguistischer Entwicklungstest (PET).* Weinheim: Beltz.

Amthauer, R., Brocke, B., Liepmann, D. & Beauducel, A. (1999). *Intelligenz-Struktur-Test 2000.* Göttingen: Hogrefe.

Arbeitsgruppe Deutsche Child Behaviour Checklist (1993a). *Lehrerfragebogen über das Verhalten von Kindern und Jugendlichen.* Deutsche Bearbeitung der Teacher´s Report Form der Child Behaviour Checklist (TRF). Einführung und Anleitung zur Handauswertung (bearbeitet von M. Döpfner & P. Melchers). Köln: Arbeitsgruppe Kinder-, Jugend- und Familiendiagnostik (KJFD).

Arbeitsgruppe Deutsche Child Behaviour Checklist (1993b). *Elternfragebogen über das Verhalten von Kleinkindern (CBCL/2-3).* Köln: Arbeitsgruppe Kinder-, Jugend- und Familiendiagnostik (KJFD).

Arbeitsgruppe Deutsche Child Behaviour Checklist (1998a). Elternfragebogen über das Verhalten von Kindern und Jugendlichen. In *Einführung und Anleitung zur Handauswertung.* (2. Auflage mit deutschen Normen) (CBCL/4-18). M. Döpfner, J. Plück, S. Bölte, K. Lenz, P. Melchers & K. Heim. Köln: Arbeitsgruppe Kinder-, Jugend- und Familiendiagnostik (KJFD).

Arbeitsgruppe Deutsche Child Behaviour Checklist (1998b). Fragebogen für Jugendliche. In *Einführung und Anleitung zur Handauswertung.* (2. Auflage mit deutschen Normen). M. Döpfner, J. Plück, S. Bölte, K. Lenz, P. Melchers & K. Heim. Köln: Arbeitsgruppe Kinder-, Jugend- und Familiendiagnostik (KJFD).

Arbeitsgruppe Deutsche Child Behaviour Checklist (1998c). *Elternfragebogen über das Verhalten junger Erwachsener (YABCL).* Köln: Arbeitsgruppe Kinder-, Jugend- und Familiendiagnostik (KJFD).

Arbeitsgruppe Deutsche Child Behaviour Checklist (1998d). *Fragebogen für junge Erwachsene (YASR).* Köln: Arbeitsgruppe Kinder-, Jugend- und Familiendiagnostik (KJFD).

Arbeitsgruppe Deutsche Child Behaviour Checklist (2000a). *Elternfragebogen für Klein- und Vorschulkinder (CBCL/1 1/2 – 5).* Köln: Arbeitsgruppe Kinder-, Jugend- und Familiendiagnostik (KJFD).

Arbeitsgruppe Deutsche Child Behaviour Checklist (2000b). *Fragebogen für ErzieherInnen von Klein- und Vorschulkindern (CRF/ 1 1/2 – 5).* Köln: Arbeitsgruppe Kinder-, Jugend- und Familiendiagnostik (KJFD).

Aster, M. von (2001). *ZAREKI (Zahlenverarbietung und Rechnen bei Kindern). Testverfahren zur Dyskalkulie.* Frankfurt: Swets.

Bakker, D. J. (1990). Alleviation of dyslexia by stimulation of the brain. In G. T. Pavlidis (Ed.), *Perspectives on dyslexia* (pp. 285–292). Chichester: Wiley.

Baving, L. S. & Schmidt, M. H. (2000). Testpsychologie zwischen Anspruch und Wirklichkeit am Beispiel der Intelligenzdiagnostik. *Zeitschrift für Kinder- und Jugendpsychiatrie und Psychotherapie, 28,* 163–176.

Beckenbach, W. (2000). *Lese- und Rechtschreibschwäche, Diagnostizieren und Behandeln.* Lengerich: Pabst Science Publishers.

Behrndt, S.-M., Hoffmann, H. & Becker, M. (2002). Schulische Förderung nach der Grundschule: Tendenzen innerhalb der LRS-Förderstrategie in Mecklenburg-Vorpommern. In G. Schulte-Körne (Hrsg.), *Legasthenie: Zum aktuellen Stand der Ursachenforschung, der diagnostischen Methoden und der Förderkonzepte* (S. 259–265). Bochum: Winkler.

Behrndt, S.-M. & Steffen, M. (1996). Zur Lehreraus- und -fortbildung. In S.-M. Behrndt & M. Steffen (Hrsg.), *Lese-Rechtschreibschwäche im Schulalltag* (S. 279–289). Frankfurt: Lang.

Bildungsministerium des Landes Mecklenburg-Vorpommern (1998). *Forschungsgruppe „Frühförderung 1993 bis 1998 ".* Schwerin.

Bildungsministerium des Landes Mecklenburg-Vorpommern (2002). *Dokumentation 2002. „LRS-Förderstrategie in Mecklenburg-Vorpommern ".* Schwerin.

Birkel, P. (1994a). *Weingartener Grundwortschatz Rechtschreibtest für zweite und dritte Klassen (WRT 2+).* Göttingen: Hogrefe.

Birkel, P. (1994b). *Weingartener Grundwortschatz Rechtschreibtest für dritte und vierte Klassen (WRT 3+).* Göttingen: Hogrefe.

Birkel, P. (1995). *Weingartener Grundwortschatz Rechtschreibtest für erste und zweite Klassen (WRT 1+).* Göttingen: Hogrefe.

Birkel, P. (1998). *Grundwortschatz Rechtschreibtest für vierte und fünfte Klassen (GRT 4+).* Weinheim: Beltz.

Bischof, J., Strehlow, G. V., Haffner, J., Parzer P. & Resch F. (2002). Reliabilität, Trainierbarkeit und Stabilität auditiv diskriminativer Leistungen bei zwei computergestützten Mess- und Trainingsverfahren. *Zeitschrift für Kinder- und Jugendpsychiatrie und Psychotherapie, 30,* 261–270.

Blanz, B. (2002). Phonologische Defizite bei der Legasthenie. In Bundesärztekammer (Hrsg.), *Fortschritt und Fortbildung in der Medizin* (Band 26, S. 209–213). Köln: Deutscher Ärzte-Verlag.

Bondy, L., Cohen, R., Eggert, D. & Lüer, G. (1971). *Hamburger Version der Lincoln Oseretzky Motor Development Scale (LOS) in der Testbatterie für geistig behinderte Kinder (TBGB).* Weinheim: Beltz.

Borg-Laufs, M. (Hrsg.). (1999). *Lehrbuch der Verhaltenstherapie mit Kindern und Jugendlichen.* Band I und II. Tübingen: dgvt.

Breitenbach, E. & Lenhard, W. (2001). Aktuelle Forschung auf der Suche nach neurobiologischen Korrelaten der Lese-Rechtschreibstörung. *Zeitschrift für Kinder- und Jugendpsychiatrie und Psychotherapie, 29,* 167–177.

Breuer, H. & Weuffen, M. (1993). *Lernschwierigkeiten am Schulanfang. Schuleingangsdiagnostik zur Früherkennung und Frühförderung.* Weinheim: Beltz.

Brickenkamp, R. (1981). *Aufmerksamkeits-Belastungstest d2.* Göttingen: Hogrefe.

Bundesverband Legasthenie (Hrsg.). *Kongressberichte seit 1976 ff.* Königstr. 32, 30175 Hannover.

Cattell, R. B., Weiß, R. H. & Osterland, J. (1997). *Grundintelligenztest Skala 1 (CFT 1)* (5., revidierte Auflage). Göttingen: Hogrefe.

Castell, R., Le Pair, A., Amon, P. & Schwarz, A. (2000). Lese- und Rechtschreibförderung von Kindern durch Computerprogramme. *Zeitschrift für Kinder- und Jugendpsychiatrie und Psychotherapie, 28,* 247–253.

DeFries, J. C., Alarcon, M. & Olson, R. K. (1997). Genetic aetiologies of reading and spelling deficits: Developmental Differences. In C. Hulme & M. Snowling (Eds.), *Dyslexia: Biology, Cognition and Intervention* (pp. 20 – 37). London: Whurr.

Deutsche Gesellschaft für Kinder- und Jugendpsychiatrie und Psychotherapie, Berufsverband der Ärzte für Kinder- und Jugendpsychiatrie und Psychotherapie in Deutschland, Deutsche Gesellschaft für Kinder- und Jugendpsychiatrie und Psychotherapie, Bundesarbeitsgemeinschaft der leitenden Klinikärzte für Kinder- und Jugendpsychiatrie und Psychotherapie (2003). *Leitlinien zur Diagnostik und Therapie von psychischen Störungen im Säuglings-, Kindes- und Jugendalter.* Köln: Deutscher Ärzte-Verlag.

Dilling, H., Mombour, W. & Schmidt, M. H. (1991). *Internationale Klassifikation psychischer Störungen ICD-10 Kapitel V (F). Klinisch-diagnostische Leitlinien.* Bern: Huber.

Dilling, H., Mombour, W. & Schmidt, M. H. (1994). *Internationale Klassifikation psychischer Störungen ICD-10 Kapitel V (F). Forschungskriterien.* Bern: Huber.

Dilling, H., Mombour, W. & Schmidt, M. H. (1998). *Internationale Klassifikation psychischer Störungen (ICD-10 Kapitel V).* Bern: Huber.

Döpfner, M., Frölich, J. & Lehmkuhl, G. (2000a). *Hyperkinetische Störungen.* Göttingen: Hogrefe.

Döpfner, M., Frölich, J. & Lehmkuhl, G. (2000b). Ratgeber *Hyperkinetische Störungen. Informationen für Betroffene, Eltern, Lehrer und Erzieher.* Göttingen: Hogrefe.

Döpfner, M., Lehmkuhl, G., Heubrock, D. & Petermann, F. (2000). *Diagnostik psychischer Störungen im Kindes- und Jugendalter.* Göttingen: Hogrefe.

Dummer-Smoch, L. (1989). *Mit Phantasie und Fehlerpflaster. Hilfen für Eltern und Lehrer legasthenischer Kinder.* München: Reinhardt.

Dummer-Smoch, L. & Hackethal, R. (1994). *Handbuch zum Kieler Leseaufbau* (4. Auflage). Kiel: Veris.

Dummer-Smoch, L. & Hackethal, R. (1996). *Handbuch zum Kieler Rechtschreibaufbau* (3. Auflage). Kiel: Veris.

Eden, G. F., van Meter, J. W., Rumsey, J. M., Maisog, J. M., Woods, R. P. & Zeffiro, T. A. (1996). Abnormal processing of visual motion in dyslexia revealed by functional brain imaging. *Nature, 382,* 66–69.

Ehri, L. C. (1997). Sight word learning in normal readers and dyslexics. In B. Blachman (Ed.), *Foundations of reading acquisition and dyslexia: Implications for early intervention* (pp. 163 – 189). Mahwah, NJ: Erlbaum.

Einsiedler, W., Frank, A., Kirschhock, E. M., Martschinke, S. & Freinies, G. (2002). Der Einfluss verschiedener Unterrichtsmethoden auf die phonologische Bewusstheit sowie auf Lese-Rechtschreibleistungen im 1. Schuljahr. *Psychologie in Erziehung und Unterricht, 49,* 194–209.

Esser, G. (1991). *Was wird aus Kindern mit Teilleistungsschwächen?* Stuttgart: Enke.

Esser, G. & Schmidt, M. H. (1987). *Minimale cerebrale Dysfunktion - Leerformel oder Syndrom? Empirische Untersuchungen zur Bedeutung eines zentralen Konzepts der Kinder- und Jugendpsychiatrie.* Stuttgart: Enke.

Esser, G. & Schmidt, M. H. (1993). Die langfristige Entwicklung von Kindern mit Lese-Rechtschreibschwäche. *Zeitschrift Klinische Psychologie, 22,* 100–116.

Esser, G. & Schmidt, M. H. (2002). Umschriebene Entwicklungsstörungen. In G. Esser (Hrsg.), *Lehrbuch der Klinischen Psychologie und Psychotherapie des Kindes- und Jugendalters* (S. 134–151). Stuttgart: Enke.

Fippinger, F. (1991). *Allgemeiner Schulleistungstest für 3. Klassen (AST 3)* (2., völlig neu bearbeitete Auflage). Göttingen: Hogrefe.

Fippinger, F. (1992). *Allgemeiner Schulleistungstest für 4. Klassen (AST 4)* (3., völlig neu bearbeitete Auflage). Göttingen: Hogrefe.

Firnhaber, M. (1996). *Legasthenie und andere Wahrnehmungsstörungen. Wie Eltern und Lehrer helfen können.* Frankfurt: Fischer.

Fischer, B. & Hartnegg, K. (2000). Effects of visual training on saccade control in dyslexia. *Perception, 29,* 531–542.

Fisher, J. H. (1905). Case of congenital word blindness (inability to learn to read). *Revue général d'ophtalmologie, 24,* 315–318.

Frith, U. (1986). Psychologische Aspekte des orthographischen Wissens. In G. Augst (Ed.), *New trends in graphemics and orthography* (pp. 218–233). New York: de Gruyter.

Galaburda, A. M., Corsiglia, J., Rosen, G. D. & Sherman, G. F. (1987). Planum temporale asymmetry, repraisel since Geschwind and Levitsky. *Neuropsychologia, 25,* 853–868.

Galaburda, A. M. & Livingstone, U. (1993). Evidence for a magnocellular defect in developmental dyslexia. *Annals of the New York Academy of Sciences, 682,* 70–82.

Galaburda, A. M., Menard, M. T. & Rosen, G. D. (1994). Evidence for aberrant auditory anatomy in developmental dyslexia. *Proceedings of the National Academy of Science, 91,* 8010–8013.

Galaburda, A. M., Sherman, G. F., Rosen, G. D., Aboititz, F. & Geschwind, N. (1985). Developmental dyslexia: Four consecutive patients with cortical anomalies. *Annals of Neurology, 18,* 222–233.

Ganser, B. (2000). *Lese-Rechtschreibschwierigkeiten. Diagnose, Förderung, Materialien.* Donauwörth: Auer.

Georgiewa, P., Rzanny, R., Hopf, J.-M., Knab, R., Glauche, V., Kaiser, W.-A. & Blanz, B. (1999). fMRI during word processing in dyslexic and normal reading children. *Neuroreport: For Rapid Communication of Neuroscience Research, 19,* 3459–3465.

Grigorenko, E. L. (2001). Developmental dyslexia: An update on genes, brains, and environments. *Journal of Child Psychology and Psychiatry, 42,* 91–125.

Grimm, H. (1991). *Heidelberger Sprachentwicklungstest (HSET).* Göttingen: Hogrefe.

Grimm, T. & Warnke, A. (2002). Legasthenie. In C. Rieß & L. Schöls (Hrsg.) *Neurogenetik* (2. Auflage, S. 285-289). Stuttgart: Kohlhammer.

Grissemann, H. (1996). *Zürcher Lesetest (ZLT). Förderdiagnostik bei gestörtem Schriftspracherwerb.* Bern: Huber.

Grissemann, H. (1998). *Psycholinguistische Lese-Rechtschreibförderung. Eine Arbeitsmappe zum klinisch sonderpädagogischen Einsatz.* Bern: Huber.

Grissemann, H. & Baumberger, W. (1986). *Zürcher Leseverständnistest (ZLVT) für das 4.-6. Schuljahr.* Bern: Huber.

Grissemann, H. & Weber, A. (2000). *Grundlagen und Praxis der Dyskalkulietherapie.* Bern: Huber.

Grund, M., Haug, G., Naumann, C. L. & Ingenkamp, K. (1994). *Der diagnostische Rechtschreibtest für 4. Klassen (DRT 4).* Weinheim: Beltz.

Grund, M., Haug, G., Naumann, C. L. & Ingenkamp, K. (1995). *Der Diagnostische Rechtschreibtest für 5. Klassen (DRT 5).* Weinheim: Beltz.

Haecker, H. & Bulheller, S. (1998). *Advanced Progressive Matrices (APM).* Frankfurt: Swets-Test.

Haffner, J., Zerahn-Hartung, C., Pfüller, U., Parzer, P., Strehlow, U. & Resch, F. (1998). Auswirkungen und Bedeutung spezifischer Rechtschreibprobleme bei jungen Erwachsenen - Empirische Befunde in einer epidemiologischen Stichprobe. *Zeitschrift für Kinder- und Jugendpsychiatrie und Psychotherapie, 26,* 124–135.

Hasselhorn, M., Schneider, W. & Marx, H. (2000). *Diagnostik von Lese-Rechtschreibschwierigkeiten.* Göttingen: Hogrefe.

Heller, K. A., Kratzmeier, H. & Lengfelder, A. (1998). *Standard Progressive Matrices (SPM).* Göttingen: Hogrefe.

Hemminger, U., Roth, E., Schneck, S., Jans, T. & Warnke, A. (1998). Testdiagnostische Verfahren zur Überprüfung der Fertigkeiten im Lesen, Rechtschreiben und Rechnen. Eine kritische Übersicht. *Zeitschrift für Kinder- und Jugendpsychiatrie und Psychotherapie, 28,* 188–201.

Hinshelwood, J. (1907). *Four cases of congenital word-blindness occurring in the same family. British Medical Journal, 2,* 1229–1232.

Hoffmann, H. & Koschay, E. (1996). Erarbeitung einer „LRS-spezifischen Lesehilfe" für Kinder mit einer Lese-Rechtschreibschwäche. In S.-M. Behrndt & M. Steffen (Hrsg.), *Lese-Rechtschreibschwäche im Schulalltag* (S. 211–230). Frankfurt: Lang.

Hynd, G. W. & Hiemenz, J. R. (1997). Dyslexia and gyral morphology variation. In C. Hulme & M. Snowling (Eds.), *Dyslexia: Biology, Cognition and Intervention* (pp. 38–58). London: Whurr.

Hynd, G. W., Semrud-Cukeman, M., Lorys, A. R., Novea, E. S. & Euopulos, D. (1990). Brain morphology in developmental dyslexia and attention deficit disorder/hyperactivity. *Archives of Neurology, 47*, 919–926.

Jäger, R. S. & Jundt, E. (1981). *Mannheimer Rechtschreib-Test (M-R-T)*. Göttingen: Hogrefe.

Jansen, H. & Skowronek, H. (1997). *Lese- und Rechtschreibschwäche und funktionaler Analphabetismus in der Sekundarstufe I. Abschlussbericht*. Universität Bielefeld.

Jansen, H., Mannhaupt, G., Marx, H. & Skowronek, H. (1999). *Bielefelder Screening zur Früherkennung von Lese-Rechtschreibschwierigkeiten (BISC)*. Göttingen: Hogrefe.

Kaufman, A. S. & Kaufman, N. L. (1994). *Kaufman Assessment Battery for Children (K-ABC)*, (deutschsprachige Fassung von P. Melchers & U. Preuß). Amsterdam: Swets & Zeitlinger.

Kersting, M. & Althoff, K. (2003). *Rechtschreibungstests (R-T)*, (3., vollständig überarbeitete und neu normierte Auflage). Göttingen: Hogrefe.

Kiphard, E. & Schilling, F. (1974). *Körperkoordinationstest für Kinder – KTK*. Weinheim: Beltz.

Klasen, E. (1998). *Legasthenie, umschriebene Lese-Rechtschreib-Störung*. Information und Ratschläge. Stuttgart: Trias.

Klicpera, C. (1985). *Leistungsprofile von Kindern mit spezifischen Lese- und Rechtschreibschwierigkeiten*. Heidelberg: Edition Schindele.

Klicpera, C. & Gasteiger-Klicpera, B. (1995). *Psychologie der Lese-Rechtschreibschwierigkeiten. Entwicklung, Ursachen, Förderung*. Weinheim: Beltz.

Klicpera, C. & Gasteiger-Klicpera, B. (1999). Lese-Rechtschreibprobleme – Einführung in den Themenschwerpunkt. *Kindheit und Entwicklung, 8*, 131–134.

Klicpera, C., Warnke, A., Kutschera, G., Heyse, I. & Keeser, W. (1981). Eine Nachuntersuchung von verhaltensgestörten Kindern zwei bis zehn Jahre nach stationärer kinderpsychiatrischer Betreuung. *Der Nervenarzt, 52*, 531–537.

Kossow, H.-J. (1979). *Zur Therapie der Lese-Rechtschreibschwäche*. Berlin: Verlag der Wissenschaften.

Kossow, H.-J. (1991). *Leitfaden zur Bekämpfung der Lese-Rechtschreibschwäche. Übungsbuch und Kommentare*. Berlin: Deutscher Verlag der Wissenschaften.

Kossow, H.-J. (1996). Zum Rostocker Wahrnehmungstraining. In S.-M. Behrndt & M. Steffen (Hrsg.), *Lese-Rechtschreibschwäche im Schulalltag* (S. 151–186). Frankfurt: Lang.

Krajewski, K., Küspert, P. & Schneider, W. (2002). *Deutscher Mathematiktest für 1. Klassen (DEMAT 1+)*. Göttingen: Hogrefe.

Kubinger, K. D. & Wurst, E. (2000). *Adaptives Intelligenz Diagnostikum 2 (AID 2)*. Göttingen: Hogrefe.

Küspert, P. (1998). *Phonologische Bewusstheit und Schriftspracherwerb: Zu den Effekten vorschulischer Förderung der phonologischen Bewusstheit auf den Erwerb des Lesens und Rechtschreibens*. Frankfurt: Lang.

Küspert, P. & Schneider, W. (2000a). *Hören, lauschen, lernen. Sprachspiele für Kinder im Vorschulalter. Würzburger Trainingsprogramm zur Vorbereitung auf den Erwerb der Schriftsprache* (2. Auflage). Göttingen: Vandenhoeck & Ruprecht.

Küspert, P. & Schneider, W. (2000b). *Würzburger Leise Leseprobe (WLLP)* (2. Auflage). Göttingen: Hogrefe.

Küspert, P. (2001). *Wie Kinder leicht lesen und schreiben lernen.* Ratingen: Oberstebrink.

Landerl, K., Wimmer, H. & Moser, E. (1997). *Salzburger Lese- und Rechtschreibtest (SLRT) Verfahren zur Differentialdiagnose von Störungen des Lesens und Schreibens für die 1. bis 4. Schulstufe.* Bern: Huber.

Lauth, G., Brack, U. & Linderkamp, F. (2001). *Verhaltenstherapie mit Kindern und Jugendlichen.* Weinheim: Beltz.

Lauth, G. W., Roth, N., Schlottke, P. R. & Schmidt, A. (1993). *Continuous Performance Test (CPT-K) – Kinderform.* Weinheim: Beltz.

Linder, M. & Grissemann, H. (1996). *Zürcher Lesetest (ZLT)* (5. Auflage). Bern: Huber.

Livingstone, M. S., Rosen, C. D., Dislane, F. W. & Galaburda, A. M. (1991). Physiological an danatomical evidence for a magnocellular defect in developmental dyslexia. *Proceedings of the National Academy of Sciences of the United States of America, 88,* 7943–7947.

Lockowandt, O. (1990). *Frostigs Entwicklungstest in der visuellen Wahrnehmung (FEW).* Weinheim: Beltz.

Lorenz, J. H. & Radatz, H. (1993). *Handbuch des Förderns im Mathematikunterricht.* Hannover: Schroedel.

Lundberg, I., Frost, J. & Petersen, O. (1988). Effects of an extensive training program for stimulating phonological awareness in preschool children. *Reading Research Quarterly, 23,* 263–284.

Mahlstedt, D. (1994). *Lernkiste Lesen und Schreiben. Fibelunabhängige Materialien zum Lesen- und Schreibenlernen für Kinder mit Lernschwächen.* Weinheim: Beltz.

Mann, C., Oberländer, H. & Scheid, C. (2001). *LRS – Legasthenie.* Weinheim: Beltz.

Mannhaupt, G. (1994). Deutschsprachige Studien zur Intervention bei Lese-Rechtschreibschwierigkeiten: Ein Überblick zu neueren Forschungstrends. *Zeitschrift für Pädagogische Psychologie, 8,* 123–138

Mannhaupt, G. (2002). Evaluationen von Förderkonzepten bei Lese-Rechtschreibschwierigkeiten - Ein Überblick. In G. Schulte-Körne (Hrsg.), *Legasthenie: Zum aktuellen Stand der Ursachenforschung, der diagnostischen Methoden und der Förderkonzepte* (S. 245–258). Bochum: Winkler.

Marx, H. (1998). *Knuspels Leseaufgaben (KNUSPEL-L).* Göttingen: Hogrefe.

Marx, H. (1999). Fördermaßnahmen zur Verbesserung der Lese-Rechtschreibschwierigkeiten im Sekundarstufenbereich. *Kindheit und Entwicklung, 8,* 162–166.

Marx, H., Jansen, H. & Skowronek, H. (2000). Prognostische, differentielle und konkurrente Validität des Bielefelder Screenings zur Früherkennung von Lese-Rechtschreibschwierigkeiten (BISC). In M. Hasselhorn, W. Schneider & H. Marx (Hrsg.), *Diagnostik von Lese-Rechtschreibschwierigkeiten* (S. 9–34). Göttingen: Hogrefe.

Maughan, B., Gray, G. & Rutter, M. (1985). Reading retardation and antisocial behavior: A follow-up into employment. *Journal of Child Psychology and Psychiatry, 26,* 741–58.

May, P. (2000). *Hamburger Schreibprobe (HSP)* (5. unveränderte Auflage). Hamburg: vpm.

Müller, R. (1996a). *Diagnostischer Rechtschreibtest für 2. Klassen (DRT 2).* Göttingen: Hogrefe.

Müller, R. (1996b). *Diagnostischer Rechtschreibtest für 3. Klassen (DRT 3).* Göttingen: Hogrefe.

Müller, R. (1994). *Der Diagnostische Rechtschreibtest für 1. Klassen (DRT 1).* Weinheim: Beltz.

Naegele, I. M. & Valtin, R. (2001). *LRS - Legasthenie in den Klassen 1-10. Handbuch der Lese-Rechtschreibschwierigkeiten (Band 1 und 2).* Weinheim: Beltz.

Näslund, C. & Schneider, W. (1991). Longitudinal effects of verbal ability, memory capacity, and phonological awareness on reading performance. *European Journal of Psychology of Education, 6,* 375–392.

Noterdaeme, M. & Breuer-Schaumann, A. (Hrsg.) (2003). *Lesen und Schreiben. Bausteine des Lebens. Übungsprogramm zum Schriftspracherwerb.* Dortmund: Modernes Lernen.

Noterdaeme, M. & Amorosa, H. (2002). Die Ausbildung zum Legasthenie-Therapeuten. In G. Schulte-Körne (Hrsg.), *Legasthenie – Zum aktuellen Stand der Ursachenforschung, der diagnostischen Methoden und der Förderkonzepte.* Bochum: Winkler.

Olson, R. K., Forsberg, H. & Wise, B. (1994). Genes, environment and the development of orthographic skills. In V.W. Berninger (Ed.), *The Varieties of Orthographic Knowledge I: Theroretical and Developmental Issues* (pp. 27–71). Dordrecht: Kluwer.

Paulesu, E. et al. (1996). Is developmental dyslexia a disconnection syndrome? *Brain, 119,* 143–157.

Paulesu, E. et al. (2000). A cultural effect on brain function. *Nature Neuroscience, 3,* 91–96.

Paulesu, E. et al. (2001). Dyslexia: Cultural diversity and biological unity. *National Library of Medicine, 291,* 2165–2167.

Pennington, B. F. (1999). Toward an integrated unterstanding of dyslexia: Genetic, neurological, and cognitive mechanisms. *Development and Psychopathology, 11,* 1629–54.

Plume, E. & Schneider, W. (2004). *Hören, lauschen, lernen 2. Spiele mit Buchstaben und Lauten für Kinder im Vorschulalter. Das Würzburger Buchstaben-Laut-Training.* Göttingen: Vandenhoeck & Ruprecht.

Pöppel, D. (1996). A critical overview of PET studies of phonological processing. *Brain and Language, 55,* 317–351.

Rathenow, P. (1980). *Westermann Rechtschreibtest 4/5 (WRT 4/5)* (2. Auflage). Braunschweig: Westermann.

Rathenow, P., Vöge, J. & Laupenmühlen, D. (1981). *Westermann Rechtschreibtest 6+ (WRT 6+).* Braunschweig: Westermann.

Remschmidt, H. (1997). *Kinder- und Jugendpsychiatrie* (2. Auflage). Stuttgart: Thieme.

Remschmidt, H., Schmidt, M. H. & Poustka, F. (2001). *Multiaxiales Klassifikationsschema für psychische Störungen des Kindes- und Jugendalters nach ICD-10 der WHO* (3. Auflage). Bern: Huber.

Reuter-Liehr, C. (1993). Behandlung der Lese-Rechtschreibschwäche nach der Grundschulzeit: Anwendung und Überprüfung eines Konzeptes. *Zeitschrift für Kinder- und Jugendpsychiatrie, 21,* 135–147.

Reuter-Liehr, C. (2001). *Lautgetreue Rechtschreibförderung* (2. überarbeitete Auflage). Bochum: Winkler.

Rieder, O. (1991). *Allgemeiner Schulleistungstest für 2. Klassen (AST 2)* (2. Auflage). Göttingen: Hogrefe.

Rieder, O. (1992). *Rechtschreibtest für 6. und 7. Klassen* (2. Auflage). Göttingen: Hogrefe.

Rispens, J., van Yperen, T. & Yule, W. (1998). *Perspectives on the Classification of Specific Developmental Disorders.* Dordrecht: Kluwer.

Roth, E. (1999). *Prävention von Lese-Rechtschreibschwierigkeiten. Evaluation einer vorschulischen Förderung der phonologischen Bewusstheit und der Buchstabenkenntnis.* Frankfurt: Lang.

Roth, E. & Schneider, W. (2002). Langzeiteffekte einer Förderung der phonologischen Bewusstheit und der Buchstabenkenntnis auf den Schriftspracherwerb. *Zeitschrift für Pädagogische Psychologie, 16,* 99–107.

Roth, E. & Warnke, A. (2001). Therapie der Lese-Rechtschreibstörung. *Kindheit und Entwicklung, 10*, 87–96.

Saß, H., Wittchen, H. U. & Zaudig, M. (1996). *Diagnostisches und statistisches Manual psychischer Störungen DSM-IV.* Göttingen: Hogrefe.

Schäfer, W. D. (1998). Visuelle Wahrnehmung bei Legasthenie. *Sprache – Stimme – Gehör, 22*, 13–16.

Schäfer, W. D. & Mühlendyck, L. L. (2000). Legasthenie und okulär bedingte Lesestörungen. In P. Haase (Hrsg.), *Schreiben und Lesen sicher lehren und lernen* (S. 121–132). Dortmund: Borgmann.

Scheerer-Neumann, G. (1987). Ein Entwicklungsmodell zur Analyse der Rechtschreibschwäche. In L. Dummer (Hrsg.), *Legasthenie - Bericht über den Fachkongress 1986.* Hannover: Bundesverband Legasthenie.

Schenk-Danzinger, L. (1993). *Legasthenie. Zerebral-funktionelle Interpretation. Diagnose und Therapie.* München: Reinhardt.

Schneider, W., Küspert, P., Roth, E., Visé, M. & Marx, H. (1997). Short- and long-term effects of training phonological awareness in kindergarten: Evidence from two German studies. *Journal of Experimental Child Psychology, 66*, 311–340.

Schneider, W. & Näslund, C. (1999). Impact of early phonological processing skills on reading and spelling in school: Evidence from the Munich Longitudinal Study. In F.E. Weinert & W. Schneider (Eds.), *Individual development from 3 to 12: Findings from the Munich Longitudinal Study.* Cambridge: Cambridge University Press.

Schneider, W., Roth, E. & Ennemoser, M. (2000). Training phonological skills and letter knowledge in children at risk for dyslexia: A comparison of three kindergarten intervention programs. *Journal of Educational Psychology, 92*, 284–295.

Schneider, W., Roth, E. & Küspert, P. (1999). Frühe Prävention von Lese-Rechtschreibproblemen: Das Würzburger Trainingsprogramm zur Förderung sprachlicher Bewusstheit bei Kindergartenkindern. *Kindheit und Entwicklung, 8*, 147–152.

Schulte-Körne, G. (2000). *Lese-Rechtschreibschwäche und Sprachwahrnehmung.* Münster: Waxmann.

Schulte-Körne, G. (2002). *Legasthenie: Zum aktuellen Stand der Ursachenforschung, der diagnostischen Methoden und der Förderkonzepte.* Bochum: Winkler.

Schulte-Körne, G., Deimel, W., Hülsmann, J., Seidler, T. & Remschmidt, H. (2001). Das Marburger Rechtschreib-Training - Ergebnisse einer Kurzzeit-Intervention. *Zeitschrift für Kinder- und Jugendpsychiatrie und Psychotherapie, 29*, 7–15.

Schulte-Körne, G., Deimel, W., Müller, K., Gutenbrunner, C. & Remschmidt, H. (1996). Familial aggregation of spelling disability. *Journal of Child Psychology and Psychiatry, 37*, 817–22.

Schulte-Körne, G., Deimel, W. & Remschmidt, H. (1998). Das Marburger Eltern-Kind-Rechtschreibtraining - Verlaufsuntersuchung nach zwei Jahren. *Zeitschrift für Kinder- und Jugendpsychiatrie und Psychotherapie, 26*, 167–173.

Schulte-Körne, G., Deimel, W. & Remschmidt, H. (2001). Zur Diagnostik der Lese-Rechtschreibstörung. *Zeitschrift für Kinder- und Jugendpsychiatrie und Psychotherapie, 29*, 113–116.

Schulte-Körne, G. & Mathwig, F. (2001). *Das Marburger Rechtschreibtraining.* Bochum: Winkler.

Schulte-Körne, G., Remschmidt, H. & Warnke, A. (1991). Selektive visuelle Aufmerksamkeit und Daueraufmerksamkeit bei legasthenen Kindern. Eine experimentelle Untersuchung. *Zeitschrift für Kinder- und Jugendpsychiatrie und Psychotherapie, 19*, 99–106.

Schulte-Körne, G., Schäfer, J., Deimel, W. & Remschmidt, H. (1997). Das Marburger Eltern-Kind-Rechtschreibtraining. *Zeitschrift für Kinder- und Jugendpsychiatrie und Psychotherapie, 25*, 151–159.

Seidenberg, M. S. & McClelland, J. (1989). A distributed, developmental model of word recognition. *Psychological Review, 94,* 523–568.

Shaywitz, B. A., Shaywitz, S. E. & Pugh, K. R. (1996). Functional magnetic resonance imaging as a tool to understand reading and reading disability. In R. W. Thatcher & G. R. Lyon (Eds.), *Developmental neuroimaging: Mapping the development of brain and behavior* (pp. 157–167). San Diego, California: Academic Press.

Shaywitz, S. E., Shaywitz, B. A., Fletcher, J. M. & Escobar, M. D. (1990). Prevalence of reading disability in boys and girls: Results of the Connecticut longitudinal study. *The Journal of the American Medical Association, 264,* 998–1002.

Shaywitz, B. A., Shaywitz, S. E. et al. (2002). Disruption of posterior brain systems for reading in children with developmental dyslexia. *Biological Psychiatry, 52,* 101–110.

Siegel, L. (1998). The discrepancy formula. In B. K. Shapiro, P. J. Accardo & A. J. Capute (Eds.), *Specific Reading Disability* (pp. 123–35). Timonium, Maryland: York Press.

Silbernagl, S. & Lang, F. (1998). *Taschenatlas der Pathophysiologie.* Stuttgart: Thieme.

Snijders, J. T., Tellegen, P. J. & Laros, J. A. (1997). *Snijders-Oomen nonverbaler Intelligenztest (SON-R 5 $^1/_2$ – 17).* Frankfurt: Swets.

Staabs, G. von (1988). *Der Scenotest.* Bern: Huber.

Steinhausen, C. (1999). *Verhaltenstherapie und Verhaltensmedizin bei Kindern und Jugendlichen.* Weinheim: Beltz.

Stevenson, J. & Fredman, G. (1990). The social environmental correlates of reading ability. *Journal of Child Psychology and Psychiatry, 31,* 681–98.

Stevenson, J., Graham, P., Fredman, G. & McLoughlin, V. (1987). A twin study of genetic influences on reading and spelling ability and disability. *Journal of Child Psychology and Psychiatry, 28,* 229–247.

Stock, C., Marx, P. & Schneider, W. (2003). *Basiskompetenzen für Lese-Rechtschreibleistungen (BAKO). Ein Test zur Erfassung der phonologischen Bewusstheit vom ersten bis vierten Grundschuljahr.* Göttingen: Beltz.

Strehlow, U. (1998). Der Verlauf der umschriebenen Lese-Rechtschreibschwäche. *Sprache – Stimme – Gehör, 22,* 31–33.

Strehlow, U. & Haffner, J. (2002). Definitionsmöglichkeiten und sich daraus ergebende Häufigkeit der umschriebenen Lese- bzw. Rechtschreibstörung - Theoretische Überlegungen und empirische Befunde an einer repräsentativen Stichprobe junger Erwachsener. *Zeitschrift für Kinder- und Jugendpsychiatrie und Psychotherapie 30,* 113–126.

Strehlow, U., Kluge, R., Möller, H. & Haffner, J. (1992). Der langfristige Verlauf der Legasthenie über die Schulzeit hinaus: Katamnesen aus einer kinderpsychiatrischen Ambulanz. *Zeitschrift für Kinder- und Jugendpsychiatrie und Psychotherapie, 20,* 254–265.

Suchodoletz, W. von (1999). 100 Jahre LRS-Forschung – Was wissen wir heute? *Zeitschrift für Kinder- und Jugendpsychiatrie und Psychotherapie, 27,* 199–206.

Suchodoletz, W. von (Hrsg.) (2003). *Therapie der Lese-Rechtschreibstörung. Traditionelle und alternative Behandlungsverfahren im Überblick.* Stuttgart: Kohlhammer.

Tacke, G. (1999a). *Flüssig lesen lernen. Übungen, Spiele und spannende Geschichten. Ein Leseprogramm für den differenzierenden Unterricht, für Förderkurse und für die Freiarbeit.* Je ein Heft für Klasse 1-2, 2-3 und 4-5. Donauwörth: Auer.

Tacke, G. (1999b). *Mit Hilfe der Eltern: Flüssig lesen lernen. Übungen, Spiele und spannende Geschichten.* Je ein Heft für Klasse 1-2, 2-3 und 4-5. Donauwörth: Auer.

Tacke, G. (1999c). Schulische und häusliche Förderung: Empirische Befunde und Förderprogramme. *Kindheit und Entwicklung, 8,* 153-157.

Tacke, G., Völker, R. & Lohmüller, R. (2001). Die Hamburger Schreibprobe: Probleme mit einem neuen Rechtschreibtest. *Psychologie in Erziehung und Unterricht, 48,* 153-156.

Tallal, P., Miller, S. & Fitch, R.H. (1993). Neurobiological basis of speech: A case for the preeminence of temporal processing. In P. Tallal, A. Galaburda, R. R. Llinás & C. von Euler (Eds.), *Temporal Information Processing in the Nervous System: Special Reference to Dyslexia and Dysphasia.* New York: Annual New York Academic Science, 682, 27-47.

Tewes, U. (1991). *Hamburg-Wechsler Intelligenztest für Erwachsene (HAWIE-R).* Bern: Huber.

Tewes, U., Rossmann, P. & Schallberger, U. (Hrsg.) (1999). *Hamburg-Wechsler-Intelligenztest für Kinder - Dritte Auflage (HAWIK-III).* Bern: Huber.

Vanni, S., Uusitalo, M., Kiesilä, P. & Hari, R. (1997). Visual motion activates V5 in dyslexics. *NeuroReport, 8,* 1939-1942.

Walter, J., Malinowski, F., Neuhaus, N., Reiche, T. & Rupp, M. (1997). Welche Effekte bringt das zusätzliche Einbinden von Lautgebärden für den Leseunterricht bei Förderschülern? *Heilpädagogische Forschung, 23,* 122-131.

Warnke, A. (1990). *Legasthenie und Hirnfunktion.* Bern: Huber.

Warnke, A. (1999). Sozialrechtliche Hilfen für Schüler mit Lese-Rechtschreibstörung. *Kindheit und Entwicklung, 8,* 167-170.

Warnke, A. (2003). Umschriebene Entwicklungsstörungen des Lesens und der Rechtschreibung. In B. Herpertz-Dahlmann, F. Resch, M. Schulte-Markwort & A. Warnke (Hrsg.), *Entwicklungspsychiatrie – Biopsychologische Grundlagen und die Entwicklung psychischer Störungen* (S. 404-436). Stuttgart: Schattauer.

Warnke, A., Hemminger, U., Roth, E. & Schneck, S. (2002). *Legasthenie: Leitfaden für die Praxis.* Göttingen: Hogrefe.

Warnke, A., Hemminger, U. & Plume, E. (2004). *Ratgeber Lese-Rechtschreibstörung. Informationen für Betroffene, Eltern, Lehrer und Erzieher.* Göttingen: Hogrefe.

Warnke, A. & Küspert, P. (2001). Rechenschwäche (Dyskalkulie). In G. Lauth, U. Brack & F. Linderkamp (Hrsg.), *Verhaltenstherapie mit Kindern und Jugendlichen* (S. 221-232). Weinheim: Beltz.

Warnke, A., Remschmidt, H. & Niebergall, G. (1989). Legasthenie, sekundäre Symptome und Hausaufgabenkonflikte. In Bundesverband Legasthenie (Hrsg.), *Legasthenie als bildungspolitisches Problem* (S. 311-331). Hannover: Bundesverband Legasthenie.

Weinschenk, C. (1981). *Entschluss zur Tat, Schuldfähigkeit, Resozialisierung, Prävention.* Königstein: Athenäum.

Weiß, R. H. (1997). *Grundintelligenztest Skala 2 (CFT 20)* (4., überarbeitete Auflage). Göttingen: Hogrefe.

Wiener Determinationsgerät. (1996). Moedling: Schuhfried.

Wilsher, C., Atkins, G. & Manfield, P. (1985). Effect of Piracetam on dyslexic's reading ability. *Journal of Learning Disabilities, 18,* 19-25.

Die Reihe **Leitfaden** Kinder- und Jugend**psychotherapie**

Die Reihe Leitfaden Kinder- und Jugendpsychotherapie vermittelt die allgemein akzeptierten Standards in der Diagnostik und Therapie einzelner psychischer Störungen im Kindes- und Jugendalter. Ziel ist es, dem Therapeuten Hilfsmittel zur Umsetzung dieser Standards an die Hand zu geben.

Zielgruppe: Kinder- und Jugendlichenpsychotherapeuten, Ärztliche und Psychologische Psychotherapeuten, Kinder- und Jugendpsychiater, Kinderärzte, Psychiater und Neurologen, Psychologen, Pädagogen, Heil- und Sonderpädagogen, Ergo-, Moto- und Sprachtherapeuten.

Manfred Döpfner
Jan Frölich / Gerd Lehmkuhl

Hyperkinetische Störungen

Band 1: 2000, X/164 Seiten,
ISBN 3-8017-1354-7

Alexander von Gontard
Gerd Lehmkuhl

Enuresis

Band 4: 2002, XII/173 Seiten,
ISBN 3-8017-1371-7

Manfred Döpfner / Gerd Lehmkuhl
Dietmar Heubrock / Franz Petermann

Diagnostik psychischer Störungen im Kindes- und Jugendalter

Band 2: 2000, X/174 Seiten,
ISBN 3-8017-1373-3

Fritz Poustka / Sven Bölte
Sabine Feineis-Matthews
Gabriele Schmötzer

Autistische Störungen

Band 5: 2004, XI/178 Seiten,
ISBN 3-8017-1632-5

Franz Petermann
Manfred Döpfner / Martin H. Schmidt

Aggressiv-dissoziale Störungen

Band 3: 2001, VIII/174 Seiten,
ISBN 3-8017-1372-5

Andreas Warnke
Uwe Hemminger / Ellen Plume

Lese-Rechtschreibstörungen

Band 6: 2004, XII/169 Seiten,
ISBN 3-8017-1634-1

Bezugsmöglichkeiten: Bestellen Sie jetzt die Reihe Leitfaden Kinder- und Jugendpsychotherapie zur Fortsetzung und Sie erhalten alle Bände automatisch nach Erscheinen zum günstigen Fortsetzungspreis von je € 17,95 / sFr. 30,80. Sie sparen mehr als 20% gegenüber dem Einzelpreis von € 22,95 / sFr. 39,80.

Hogrefe

Hogrefe Verlag

Rohnsweg 25 • 37085 Göttingen
Tel.: 05 51 - 4 96 09-0 • Fax -88
E-Mail: verlag@hogrefe.de
Internet: www.hogrefe.de

Ratgeber
für Betroffene, Eltern, Lehrer und Erzieher

Die Ratgeber bieten Informationen über das jeweilige Störungsbild, seine Ursachen und die Behandlungsmöglichkeiten. Außerdem werden konkrete Ratschläge zum Umgang mit der Problematik in der Familie, im Kindergarten und in der Schule gegeben.

Band 1
Manfred Döpfner / Jan Frölich / Gerd Lehmkuhl
Ratgeber Hyperkinetische Störungen
2000, 48 Seiten, € 5,95 / sFr. 9,80
ISBN 3-8017-1368-7

Band 2
Manfred Döpfner / Gerd Lehmkuhl
Dietmar Heubrock / Franz Petermann
Ratgeber Psychische Auffälligkeiten bei Kindern und Jugendlichen
2000, 73 Seiten, € 7,95 / sFr. 14,80
ISBN 3-8017-1374-1

Band 3
Franz Petermann / Manfred Döpfner / Martin H. Schmidt
Ratgeber Aggressives Verhalten
2001, 39 Seiten, € 5,95 / sFr. 9,80
ISBN 3-8017-1452-7

Band 4
Alexander von Gontard / Gerd Lehmkuhl
Ratgeber Einnässen
2004, 69 Seiten, ca. € 6,95 / sFr. 12,–
ISBN 3-8017-1454-3

Band 5
Fritz Poustka / Sven Bölte
Sabine Feineis-Matthews / Gabriele Schmötzer
Ratgeber Autistische Störungen
2004, 64 Seiten, € 7,95 / sFr. 13,80
ISBN 3-8017-1633-3

Band 6
Andreas Warnke / Uwe Hemminger / Ellen Plume
Ratgeber Lese-Rechtschreibstörungen
2004, 40 Seiten, € 5,95 / sFr. 10,50
ISBN 3-8017-1635-X

Hogrefe

Hogrefe Verlag
Rohnsweg 25 • 37085 Göttingen
Internet: www.hogrefe.de